Christian Füller
Ausweg Privatschulen?

Christian Füller

Ausweg Privatschulen?

Was sie besser können, woran sie scheitern

Unter Mitarbeit von
Annegret Nill und Wolf Schmidt

Die Kapitel *Die Steiner-Schulen* und *Die Graswurzeldemokraten* verfasste
Annegret Nill; das Kapitel *Die Profitmacher* schrieb Wolf Schmidt.

Mix
Produktgruppe aus vorbildlich bewirtschafteten
Wäldern und anderen kontrollierten Herkünften
www.fsc.org   Zert.-Nr. GFA-COC-001223
© 1996 Forest Stewardship Council

Bibliografische Information der Deutschen Nationalbibliothek

Die Deutsche Nationalbibliothek verzeichnet diese Publikation
in der Deutschen Nationalbibliografie; detaillierte bibliografische
Daten sind im Internet über http://dnb.d-nb.de abrufbar.

© edition Körber-Stiftung, Hamburg 2010
Umschlag: Groothuis, Lohfert, Consorten | glcons.de
unter Verwendung eines Fotos von David Ausserhofer /Intro
Herstellung: Das Herstellungsbüro, Hamburg |
buch-herstellungsbuero.de
Druck und Bindung: CPI – Clausen & Bosse, Leck
Printed in Germany
ISBN 978-3-89684-077-6
Alle Rechte vorbehalten

www.edition-koerber-stiftung.de

Inhalt

Einleitung 7

Privatschulen
Eine deutsche Hassliebe **16**

Die Konfessionellen
Frischer Geist an christlichen Schulen
Zu Besuch im Kolleg St. Blasien und in der Evangelischen Schule
Berlin Zentrum **36**

Die Reformpädagogen
Zwischen Geschichte und Vision
Zu Besuch in der Odenwaldschule und der Freien Schule Anne-Sophie **68**

Die Profitmacher
Bildung als lukratives Geschäft
Zu Besuch in der Phorms-Schule und der Metropolitan School
Frankfurt **100**

Die Steiner-Schulen
Aufbruch mit Bedacht
Zu Besuch in den Interkulturellen Waldorfschulen Mannheim
und Berlin-Kreuzberg **128**

Die Graswurzeldemokraten
Selbstbestimmung als Prinzip
Zu Besuch in der Werkstattschule Rostock und der Neuen Schule
Hamburg **157**

Privatschulen am Gängelband des Staates
Eine bedrohte Spezies als Impulsgeber   **187**

Zukunftsmodell Charter School
Staatliche Schulen, die mehr Autonomie wagen
*Zu Besuch in der Jenaplan-Schule in Jena und der Wartburg-Grundschule
Münster*   **225**

Zehn Thesen zu Privatschulen im Bildungssystem   **251**

Worauf Sie bei der Wahl einer Privatschule achten sollten   **256**

Webadressen   **264**

Literatur   **269**

Einleitung

Ein Gespenst geht um in Deutschland. Alle haben schon von ihm gehört, aber keiner weiß, ob wir uns vor ihm fürchten müssen. Dieses Gespenst ist die Privatschule. Ist sie die Wiederauferstehung der exklusiven Standesschule? Oder ein guter Geist, der den Spuk der deutschen Verliererschule vertreiben hilft? Ist sie ein Poltergeist, der den Kindern armer Leute Angst einjagt? Oder vielleicht doch nur eine Sinnestäuschung?

Seit der PISA-Schock das Land erfasst hat, haben die Deutschen das Vertrauen in ihre Schulen verloren. Die hektischen Notoperationen der Kultusminister haben wenig geholfen. Sie haben die Nervosität nur verstärkt. Eltern sind seitdem bestürzt auf der Suche nach einer guten Schule für ihre Kinder. Sie nehmen Umwege in Kauf, sie fahren ihre Lieben durch die halbe Stadt oder stundenlang über Land. Und sie wählen immer öfter die Privatschule als Ausweg. Ist sie das?

Für die einen ist die Privatschule *die Alternative* zum Monopol der staatlichen Schule. Neun von zehn Schulen betreibt der Staat, aber er sieht Kinder viel zu oft als Störfaktor an. Lernen heißt dort Kinder *beschulen* und fühlt sich manchmal an wie Dienst nach Vorschrift. Eltern sehen sich nicht selten in der Rolle lästiger Bittsteller. Kurz: Die staatliche Regelschule hat bisher keine Antwort auf Bildungsarmut und Lernkrise gefunden. Für die anderen ist die Privatschule Ausweg im Sinne eines *notwendigen Übels*. Gegen keine Schule mobilisieren die Menschen so viel Misstrauen wie gegen die vermeintliche Schnöselschule, die Profit aus der Not der Eltern schlagen möchte. Das gilt als verwerflich – weil Bildung keine Ware sein darf. Die Privatschule ist auch eine verhasste Schule.

Das Verrückte an der Privatschule ist, dass sie ein Phantom ist. Alle reden über Privatschulen, aber kaum einer weiß über sie Bescheid. Es gibt nur eine jüngere Publikation von Helmut E. Klein, die seriös über Privatschulen Auskunft geben kann, allerdings ohne dass sich der sonst so kundige Autor diese auch von innen angesehen hätte.

Die Wissenschaft hat inzwischen fast jede staatliche Schule in Deutschland vielfach gemessen, gewogen und meistens für zu leicht befunden. Die Privatschulen aber bleiben mysteriös. Sie sind wahnsinnig gut und elitär – angeblich. Das größte Sample einer Privatschulstudie freilich ist 32 Fälle schwach, will sagen: Die größte systematisch untersuchte Zahl an Privatschulen war zweistellig. Keine sehr solide Basis für stichhaltige Aussagen – gibt es in Deutschland doch 34000 allgemeinbildende Schulen.

Als Journalist und Autor zweier Bücher über »Schlaue Kinder« und »Gute Schulen« suchen die Menschen meinen Rat in Bildungsfragen – und sind meistens erfreut und dankbar dafür. Bei Privatschulen ist das ganz anders, da wird jeder Hinweis zum Objekt der Leidenschaften. Äußert man sich zur privaten Schule, dann wird man verdammt oder geküsst. Freunde fragen mich besorgt, ob ich eine gute Schule für ihr Kind wüsste – aber wehe, wenn ich *privat* sage. Wenn ich wage, in der linken *taz – die tageszeitung* zu schreiben, dass private Schulen ein großes emanzipatorisches Potenzial haben – dann hagelt es böse Leserbriefe. Viele klagen mich als »Agenten des Neoliberalismus« an, nicht wenige fordern: »Werft ihn raus!«

Zu Privatschulen hatte ich lange ein Nichtverhältnis. Das änderte sich schlagartig, als ich miterleben durfte, mit welcher Chuzpe man in Berlin-Kreuzberg Privatschulen im Prinzip verboten hat. Mehrere engagierte Gruppen wollten in der Bildungswüste des türkisch-deutschen Kiezes gute Schule machen. Ein paar Bezirkspolitiker aber untersagten die Gründung einer neuen Schule – nur weil die Bewerber Privatleute und Unternehmen waren. Der Bezirk berief sich dabei frech auf das Grundgesetz. Dabei will die Verfassung genau das Gegenteil: Sie erklärt die Gründung von Privatschulen zum Grundrecht. Als unter Beifall das Grundgesetz verletzt wurde, wusste ich: Es wird Zeit, dass die Bürger mehr über Privatschulen erfahren. Daher habe ich mich mit zwei neugierigen Kollegen auf die Suche nach dem Gespenst Privatschule gemacht. Es beißt nicht, so viel darf man verraten. Die Privatschule ist keine Bedrohung des Schulsystems, sondern selbst eine bedrohte Spezies.

Zunächst wollen wir kurz beschreiben, wie und mit welchem Interesse wir den verschiedenen Arten der Privatschule nachgespürt haben. Wir wollen herausfinden, ob Privatschulen wirklich jene Reformwerkstätten sind, als die sie sich gerne bezeichnen. Wir versuchen, eine Antwort auf die heikle Frage zu finden, ob private Einrichtungen die deutsche Schule noch ungerechter machen, als sie es ohnehin schon ist. Dazu sichten wir jene wissenschaftlichen Studien, die Privatschulen zum Gegenstand haben. Vor allem aber soll es darum gehen, das Entwicklungspotenzial von Schule zu erkunden.

Die deutschen Schulen haben einen enormen Entwicklungsbedarf – in ihren Leistungen, in der Art des Lernens und bei ihrem Anspruch, jedem Kind eine Chance auf Zukunft geben zu können. Immerhin zeigen die verschiedenen Studien des »Programme for International Student Assessment«, kurz PISA, dass das deutsche Schulwesen ungerecht ist, leistungsschwach und systematisch Bildungsarmut produziert. Die Analyse des Privatschulwesens ist also keine Fingerübung, sondern der ernsthafte Versuch zu fragen: Was kann die krisengeschüttelte deutsche Regelschule von der privaten lernen?

Um das herauszufinden, haben wir die interessantesten deutschen Privatschulen besucht. Das bedeutet, wir haben die auf ihrem Gebiet führenden Einrichtungen ausgewählt. Wir waren zu Gast auf zwei Flaggschiffen des Internatsschulwesens, dem legendären Landerziehungsheim *Odenwaldschule* und dem elitären *Jesuitenkolleg St. Blasien*. Wir haben die größte und ambitionierteste Neugründung im Südwesten gesehen, einen Ableger der milliardenschweren Würth-Gruppe, die *Freie Schule Anne-Sophie*. Wir haben eine visionäre evangelische Privatschule besucht, die *Evangelische Schule Berlin Zentrum*, und waren Zeuge des sehr selbstbestimmten Lernens der Kinder an der *Neuen Schule Hamburg*, die die Sängerin Nena mitgegründet hat.

Wir waren in der *Werkstattschule in Rostock*, einer exzellenten reformpädagogischen Elterninitiativschule, und in einer Schule der umstrittenen Privatschulkette, der *Phorms-Schule* in Berlin. Wir schauten den Lehrern der *Metropolitan School* in Frankfurt/Main zu. Wir haben in den beiden führenden deutschen Waldorfschulen hospitiert, der *Freien Interkulturellen Waldorfschule* in Mannheim und der in Berlin-Kreuzberg. Und wir haben auch zwei herausragende staatliche Schulen ins Programm genommen. Sie wollen auf keinen Fall Privatschulen sein – aber sie sehnen sich nach deren Freiheiten, um endlich neue Wege gehen zu können. Es sind die Träger des Deutschen Schulpreises, die *Wartburg-Grundschule* in Münster und die *Jenaplan-Schule* in Jena.

»Kannst du mir mal erklären, warum ich als Hauptschüler weniger wert bin?« Die Frage meines damals 19-jährigen Neffen schockierte mich. Selbstverständlich war ich gegen Hauptschulen. Aber einem jungen Mann zu erklären, warum ihn Schule bereits im Alter von zehn Jahren zu einem Ungleichen gemacht hatte, empörte mich auch über mich selbst. Wie kann es sein, dass wir es – bei aller Kritik an der gegliederten Schule – hinnehmen, dass jedes Jahr Hunderttausende Kinder zu Menschen zweiter Klasse abgestempelt werden? Dass man ihnen weniger beibringt? Ihnen den Wechsel in höhere Schulen erschwert? Sie wegen ihrer Schule geringschätzt? Oliver hat nach einem guten Hauptschulabschluss eine Lehre als Zimmermann absolviert – mit Auszeichnung. Er wird zum gefragtesten Gesellen seines Bezirks. Er entschließt sich nach ein paar Jahren, das Abitur auf dem Abendgymnasium nachzuholen. Und trifft auf einen Studienrat, der ihn von einem selbstbewussten Mann wieder zu einem dummen Schüler zurückverwandeln will – mit den Mitteln der staatlichen Schule: frontal unterrichten, verunsichern, rausprüfen.

Oliver ist keine Ausnahme, sondern der Normalfall eines Schulsystems, das in seinen Grundstrukturen aus dem 19. Jahrhundert stammt. Eines Systems, das Menschen in höhere, mittlere, niedere und Sonderschulen wie für eine ständische Gesellschaft sortiert. Einer staatlichen Anstalt, die einen veralteten frontalen Lernstil praktiziert, wie nicht nur die DESI-Videostudien aus dem Unterricht zeigen. Einer Schule, die behauptet, nach Leistung zu sortieren – aber schulischen Erfolg in Wahrheit noch nach Herkunft verteilt. Einem Schulsystem, das nicht ins 21. Jahrhundert passt.

Was hat dies alles mit Privatschulen zu tun? Die Schwäche der Privatschulen ist die Kehrseite des ungerechten staatlichen Schulsystems. Der Staat hat im 18. Jahrhundert begonnen, den Klöstern, Kirchen und Kommunen die Schulen wegzunehmen. Seitdem braucht er private Konkurrenz nicht mehr zu fürchten. Er hat das Schulsystem monopolisiert und bürokratisiert, aber er hat vergessen, es zu demokratisieren und zu modernisieren. Und es besteht wenig Hoffnung, dass er die offenkundigen Schwächen seines Systems beheben will. Im Gegenteil. Die verschärfte Auslese in der bayerischen Grundschule sowie das rücksichtslose Verkürzen des Abiturs auf acht Jahre in ganz Deutschland zeigen: Im Mittelpunkt des Schulwesens steht nach wie vor nicht etwa das Kind, sondern der Sortierauftrag des Staates.

Privatschulen waren immer auch elitäre Veranstaltungen des Bürgertums. Aber sie sind umso mehr freie, demokratische und eigensinnige Schulen, die der staatlichen Lehrplananstalt Orte des selbstständigen Lernens entgegensetzen. Hier sind die großen Lehrer zuhause, die in ihren Schulen eine – wie Ellen Key schrieb – »Pädagogik vom Kinde« aus dachten und praktizierten. »Wir unterrichten Kinder, nicht Fächer«, heißt heute die Formel pragmatischer Reformpädagogen. Maßstab von guten Schulen, egal ob staatlich oder privat, kann im 21. Jahrhundert nur der Begriff des *individuellen Lernens* sein. Das individuelle, selbstständige und forschende Lernen ist die Zukunft – und nicht etwa das rezeptive, fremdgesteuerte Lernen in prädestinierten Schulformen. Die Maßstäbe unserer Untersuchung lauten: Hat die Privatschule ein Konzept individuellen Lernens? Wendet sie moderne Methoden der Schulentwicklung an? Achtet sie auf ein möglichst breites Spektrum an Schülern?

Lassen Sie uns, weil wir die Ungeduld der Bürger bei Privatschulen kennengelernt haben, vorab fünf häufig gestellte Fragen beantworten.

1) Soll ich mein Kind auf eine Privatschule schicken?

Warum nicht? Wer aufmerksam prüft und ein paar Regeln zur Sicherung einhält, kann ruhig eine Privatschule in Betracht ziehen. Er tut dabei nichts Verwerfliches, sondern er spornt die staatliche Schule an. Sinkende Schülerzahlen könnten für die Regelschulen ein Anlass werden, ihre Blockadehaltung gegen Reformen aufzugeben – wenn es den Privatschulen gelingt, die Konkurrenz um die Schüler zu erhöhen.

2) Sind Privatschulen besser?

Ihre Schüler erzielen bessere Leistungen, ja. Um es präzise zu sagen: Im Durchschnitt liegen in Deutschland die PISA-Ergebnisse von Privatschulen über dem Durchschnitt staatlicher Schulen. Die besseren Leistungen haben allerdings wenig mit der Qualität der Privatschulen zu tun, sondern viel mit der besonderen Auswahl ihrer Schüler. Was die Privatschulen wirklich besser können, ist dieses: Sie können sich schneller entwickeln – indem sie ihr Konzept bestimmen, ihre Lehrer auswählen und ihr Geld selbst verwalten. Und: Viele Privatschulen bringen Schüler zum Erfolg, die die Regelschule längst aufgegeben hat.

3) Sind Privatschulen wirklich privat?

Nein, Privatschulen sind fast immer öffentlich, das heißt: offen für alle. Besser ist es, sie unter dem Oberbegriff *Schulen in freier Trägerschaft* zu fassen. Zu diesen Schulen gehören zunächst die *konfessionellen Schulen*. Hinzu kommen die *Waldorfschulen*, *reformpädagogische Schulen* und die *freien demokratischen Schulen*, die meistens Gründungen von Eltern oder Initiativen sind. Als echte *Privatschulen*, die kommerziell betrieben werden, bleiben nur wenige Exemplare übrig. Selbst der Präsident des Verbandes der Privatschulverbände, Michael Bürsch, kokettiert damit, dass seine Schulen keine Privatschulen, sondern *öffentliche Schulen* seien. Er meint damit zu Recht: Erhöht die staatlichen Zuschüsse für Privatschulen, denn sie sind bei weitem nicht kostendeckend.

4) Gibt es einen Boom der Privatschulen?

Die Zahl der Privatschulen wächst stetig. Seit dem PISA-Schock stieg die Zahl der Schüler an allgemeinbildenden Privatschulen um 18 Prozent – auf heute rund 560 000. Aber die deutsche Privatschule startet von einem denkbar niedrigen Niveau. Nach wie vor sind über 90 Prozent der Schulen staatlich.

5) Warum gibt es so wenig Privatschulen in Deutschland?

Die jüngere deutsche Geschichte kennt viele Regime, die Privatschulen das Leben schwer machten. Die Nationalsozialisten etwa schlossen der Reihe nach die jüdischen, die Waldorf- und die konfessionellen Schulen. In der DDR waren Privatschulen gar nicht erst zugelassen. Der eigentliche Grund für den Mangel an Privatschulen liegt aber viel weiter zurück. Das Bürgertum brauchte in Deutschland keine Privatschulen zu eröffnen. Denn der Staat errichtete ihm eine Speziallehranstalt, die über

Jahrhunderte fast ausschließlich für seine höheren Töchter und Söhne reserviert blieb – das Gymnasium. Deswegen sprechen wir auch von Bildungsbürgern. Das ist die wichtigste Ursache für den Mangel an Privatschulen. Und der nächste Aderlass steht bevor: Wenn demnächst Hunderttausende Lehrer in Ruhestand gehen, könnten die Privatschulen das erste Opfer sein. Denn sie werden wegen der geringen staatlichen Zuschüsse beim Gehaltswettlauf unter den Bundesländern nur schwer mithalten können.

Höchste Zeit also, sich die gefährdete Spezies genauer anzuschauen.

Privatschulen

Eine deutsche Hassliebe

Am Kollwitzplatz herrscht ein Idyll, wie man es in Deutschland kaum kennt. Kinder, wohin das Auge blickt. Mütter, die Kinderwagen in Kolonne schieben. Steppkes aller Größe und Lautstärke beherrschen die Szenerie. Auf zwei eng beieinanderliegenden Spielplätzen buddeln die Kleinen im Sand. Väter halten bunte Schäufelchen bereit. Oder blicken gedankenversunken auf den großen Sandkasten, in dem wohl 100 Kinder herumwuseln. Sie helfen ihrem Nachwuchs auf die Babyschaukel. Deren Verankerung besteht nicht etwa aus simplen Holzpfosten. Nein, im Babyboombezirk tragen eine große Möhre und überdimensionale Lauchzwiebeln aus Holz die Schaukeln samt ihrer wertvollen Fracht.

Experten streiten noch: Ist die Gegend rund um den Kollwitzplatz in Berlin-Prenzlauer Berg nun der fruchtbarste deutsche Kiez? Oder zieht er vielleicht nur überdurchschnittlich viele junge Familien an, weil es hier eben schick ist, Kinder zu haben? Egal, Dutzende Babyausstatter, Spielwarenläden und Kinder-Secondhandshops auf einem Areal von wenigen Straßen – das fühlt sich an wie ein Kinderparadies.

Nur heute ist alles anders. Eine Gruppe wütender Eltern hat sich versammelt. Sie halten Transparente in die Luft und schmettern Parolen in ein Megafon. Eine Demonstration. So etwas gibt es selten, zu viel Aufregung mag man rund um den Kollwitzplatz nicht. Aber diesmal muss es sein – denn es geht um die Kinder. »Wie konnten die Schulbehörden den Babyboom nur übersehen!«, schimpfen die Demonstranten. 50 Protestierer mögen es sein, viele haben ihre Kinder mitgebracht. Umringt werden sie von beinahe genau so vielen Journalisten, Radio- und Kameraleuten. »Es ist nicht einzusehen«, sagt eine demonstrierende Mutter, »warum eine verfehlte Schulpolitik auf dem Rücken der Kinder ausgetragen werden soll.«

Der Skandal, von dem die Eltern sprechen, handelt von den Schulen, genauer von den Grundschulen. Es gibt nicht genug Plätze für die Erstklässler im Prenzlauer Berg. Obwohl Statistiken den Schulbeamten den Schülerboom zeigten, ist es ihnen nicht gelungen, genug Klassenzimmer für alle Schulanfänger bereitzustellen. Die Schulen haben daher begonnen, die Kinder auf freie Plätze zu losen. Einen anderen Ausweg scheint es nicht zu geben.

Kein Ausweg? Das sieht die Frau, die sich in Kostüm und auf Stöckelschuhen unter die Demonstranten gemischt hat, ganz anders. »Darf ich Ihnen unsere Schule vorstellen«, sagt sie freundlich und hält wütenden Eltern ihren Werbeflyer unter die Nase. »Bei uns finden Sie einen Platz für Ihr Kind.« Sie händigt das Faltblatt mit Informationen über die Phorms-Schule aus, eine Privatschule.

»Das ist nicht Ihr Ernst«, blafft ein Vater die Frau an. »Hier gehen verzweifelte Eltern dafür auf die Straße, dass ihr Kind einen Platz in der Schule findet – und Sie wollen Profit aus der Situation schlagen?« Auch andere Eltern sind wütend. An der Phorms-Schule kostet ein Platz bis zu 800 Euro – im Monat. »Wer soll sich das leisten können! Frechheit!«, schimpft ein anderer. Die elegante Frau kann das nicht aus der Fassung bringen. Béa Beste ist die Geschäftsführerin der Phorms-Schulen, einer 2006 gegründeten Kette von Privatschulen in Berlin, München und anderen deutschen Großstädten. Beste war zuvor Unternehmensberaterin. Jetzt hat sie eine Vision: gute Bildung für die Kinder enttäuschter Eltern. Bessere Bildung als der Staat sie anbietet.

Als die Demonstration vorbei ist, erklärt Béa Beste selbstbewusst, was die Vorteile ihrer Schule sind: »Wir schwatzen nicht, wir machen.« Wenn der Staat es nicht mehr schaffe, allen Kindern Schulen anzubieten, dann könne sie da gerne helfen. Beste schlägt keinem Geringeren als dem Berliner Bürgermeister Klaus Wowereit (SPD) eine Art *Runden Tisch* vor. »Warum sollten private und staatliche Schulen nicht kooperieren, wenn wir auf die Schnelle eine neue Schule schaffen müssen?«, fragt die Phorms-Geschäftsführerin. »Nur kein Missverständnis – die Privatschulen sind Teil der Lösung, nicht Teil des Problems.«

Was Béa Beste konstatiert, ist kein Phänomen des Berliner Babyboomer-Bezirks. Es ist Ausdruck der Zerrissenheit der deutschen Eltern. Sie wissen nicht, wie sie mit Privatschulen umgehen sollen. Im Prenzlauer Berg ist die Lage nur besonders zugespitzt. Aufgebrachte Eltern schauen die Schulgründerin schief an – zugleich aber sprießen genau hier private Bildungsprojekte wie Pilze aus dem Boden.

Nur an wenigen Orten in Deutschland ist das Angebot an privaten Bildungseinrichtungen in den letzten Jahren so explodiert wie im Prenzlauer Berg. Es gibt Dutzende selbst organisierter Kindertagesstätten, kurz Kitas. Dazu gehören die »Kirschkerne«, »Die kleinen Kobolde« und die »Kritzelknirpse«, aber eben auch internationale Angebote wie »Secret Garden«,

»P'tits Loups« und die »Berlin Kids International«. Jedes Jahr kommen Dutzende sogenannter Ei-Kitas hinzu, Elterninitiativ-Kitas.

Es finden sich hier auch Privatschulen aller Couleur. Der beliebte Wohnbezirk im Norden der Hauptstadt ist so etwas wie eine Miniatur der deutschen Privatschullandschaft. Hier gibt es jeden nur denkbaren Typ Privatschule. Eine basisdemokratische Sudbury-School, an der die Kinder völlig frei entscheiden, ob sie überhaupt und was sie lernen wollen. Die Schule eines professionellen Kita-Betreibers, für den es sich hier lohnte, auch ins Schulgeschäft einzusteigen. Einige konfessionelle Schulen, darunter ein alteingesessenes katholisches Gymnasium und die Schule einer gestrengen evangelischen Freikirche. Die »Pankower Früchtchen«, eine neue, betont reformpädagogische Neugründung. Dazu direkt am Rand des Bezirks zweisprachige Metropolitan- und Cosmopolitan-Schools, die dem zahlungskräftigen Prenzlauer-Berg-Publikum eine Heimat geben wollen. Ebenfalls an den Bezirksgrenzen sind zwei Waldorfschulen zuhause. In und an diesem Bezirk zeigt sich das ganze verwirrende Spektrum der privaten Schulen. Und doch blüht hier zugleich das Vorurteil, Privatschulen seien etwas Böses und nur auf Profit aus.

Die Deutschen und ihre Privatschulen – das ist eine Hassliebe. So widersprüchlich wie in Berlin ist die Situation im ganzen Land. Die Nation erholt sich nur langsam vom Schock, den die PISA-Studien ausgelöst haben. Auch nach dem bisher letzten der internationalen Schulvergleiche, PISA 2006, sind über 20 Prozent der deutschen Schüler nicht in der Lage, sinnvoll zu lesen. Der Staat hat bisher keine befriedigende Antwort geben können, wie er diese Bildungsarmut bekämpfen könnte. Immerhin ist er beinahe Monopolist auf dem Schulsektor. Inzwischen aber drängen vermehrt private Anbieter auf den Markt. Nicht nur an den Rändern des Bildungssektors wird die Branche aktiv, wie etwa auf dem milliardenschweren Nachhilfemarkt oder bei den kommerziellen Weiterbildungen. Mehr und mehr Privatschulen machen dem Staat Konkurrenz. Die Zahl der Privatschüler hat seit 1987 um ein Viertel zugenommen. Sie liegt heute bei knapp 700 000. Die Zahl der Einrichtungen stieg seit 1992 sogar um mehr als 50 Prozent. Insgesamt ist der Anteil an privaten Schulen zwar immer noch moderat: 3000 von etwa 40 000 Schulen sind in privater Trägerschaft. Die Rate liegt damit bei etwas über sieben Prozent. Sie ist also weit entfernt von den über knapp 70 Prozent an Privatschülern, die es zum Beispiel in den Niederlanden gibt. Dennoch machen seit einigen Jahren beinahe hysterische Berichte die Runde, wonach das deutsche Schulwesen vor einer feindlichen Übernahme durch den privaten Sektor stehe.

»Die soziale Spaltung in unserer Gesellschaft droht weiter zuzunehmen. Dem muss dringend Einhalt geboten werden«, sagt etwa die Vizechefin der Gewerkschaft Erziehung und Wissenschaft, Marianne Demmer. Auch der konservative Präsident des Deutschen Lehrerverbandes, Josef Kraus, mit dem Demmer sonst in keinem Punkt übereinstimmt, warnt vor »einer Art schulischem Beverly Hills. Wir haben auch in Deutschland Schulen, die 2600 Euro im Monat kosten – das ist nicht in Ordnung.« Das sind gewiss überspitzte Beschreibungen der aktuellen Situation. Dennoch gilt es im Auge zu behalten, dass sich das föderale Schulwesen in bestimmten Regionen zunehmend privatisiert. Es finden sich bereits Orte, an denen die Privaten jede fünfte Einrichtung stellen.

Die Hassliebe der Deutschen zu Privatschulen entsteht aus einer widersprüchlichen Befindlichkeit. Die Passion des deutschen Bildungsbürgers ist die umfassende, die ganze Persönlichkeit ergreifende Bildung. Im Zentrum dieser Passion stehen sich das Gute und das Böse schroff gegenüber: Die Privatschule ist das Gute, weil sie den Traum vieler nach einer idealen, weil zweckfreien Bildung zu erfüllen hilft. Und die Privatschule ist gleichzeitig das Böse, weil sie die dunkelsten Ängste der Deutschen vor dem Markt wachruft.

Die Deutschen lieben ihre Privatschule, weil sie ihnen die Möglichkeit gibt, endlich die althergebrachten, aber bis heute nicht in die Fläche getragenen Ideen der Reformpädagogik zu verwirklichen. Die Privatschule ist die Reformwerkstatt für ein anderes Lernen und Leben. In mehr oder minder deutlicher Abgrenzung zur staatlichen Schule werden alternative Lernprojekte ausprobiert: Lernen ohne Noten, ohne staatliche Bevormundung, ohne fest vorgegebenen Lehrplan, ohne Beamtenstatus der Lehrenden, ohne strengen Fächerkanon – aber eben auch ohne 100-prozentigen staatlichen Zuschuss. Aber zugleich verneinen die Deutschen die Privatschule. Und das voller Leidenschaft. Bildung ist keine Ware, heißt es. Privatschulen machten aber genau dies aus ihr. Sie tragen zur sozialen Entmischung bei und zerstören so die Gemeinschaft. So lauten die immer wiederkehrenden Argumente, die quer durch die gesellschaftlichen und geistigen Strömungen von links bis rechts, von Gewerkschaft bis Philologenverband, von Schülerdemonstrationen bis zu Rektorenkongressen reichen. Die Furcht vor sozialer Segregation hat ihren Niederschlag sogar im Grundgesetz gefunden. Es verwehrt Privatschulen die Genehmigung – wenn sie zur Sonderung der Schüler nach der wirtschaftlichen Kraft ihrer Eltern führen.

Wer über Privatschulen spricht, lässt stets einen kritischen Unterton mitschwingen. Wer in eine Privatschule geht oder für sie arbeitet, entschuldigt sich früher oder später dafür. Die Schauspielerin Sabine Postel hat ihren Sohn auf eine englische Privatschule gegeben. Als sie in einer Talkshow gefragt wurde, warum sie so entschieden habe, antwortete Postel: »Mein Sohn hat das entschieden. Mir als Mutter hat das gar nicht so gepasst. Aber dann habe ich in den sauren Apfel gebissen.« Anschließend lobt die Schauspielerin sogleich die Bedeutung des öffentlichen Schulwesens.

Zum Thema Privatschulen gab es lange Zeit mehr Befürchtungen und Vorurteile als verlässliche Studien. Die Privatschule ist eines der am lautesten diskutierten und am wenigsten untersuchten Bildungsthemen. Ein Wunder angesichts des verstärkten Zulaufs, der bereits seit zwei Jahrzehnten zu verzeichnen ist. Jüngste Meinungsumfragen zeigen, dass das Thema für die Bürger eine wachsende Bedeutung hat.

Kurz vor der Bundestagswahl 2009 wollte es die Zeitschrift *Eltern* genauer wissen. Sie ließ Mütter und Väter befragen, wie sie zum Thema Bildung stehen und besonders zu Privatschulen. Das Ergebnis war repräsentativ – und spektakulär. Denn eine Mehrheit der Befragten zeigte sich bereit, ihre Kinder auf eine Privatschule zu schicken. 54 Prozent gaben an, dass sie dies tun würden – unter einer Voraussetzung: »Wenn ich es mir leisten könnte.« Überraschend war, dass dabei auch eine Gruppe von Eltern angab, »ihr Kind auf eine Privatschule zu geben«, die sich dafür bisher kaum interessiert hatte: Eltern mit Hauptschulabschluss. In einer repräsentativen Umfrage für den *Spiegel* erklärten sich Anfang 2009 sogar vier von fünf Bürgern der Befragten bereit, »Schulgebühren zu bezahlen, wenn ihr Kind dadurch besseren Unterricht und bessere Lehrer hätte«. Das bedeutet: Eine Mehrheit der Deutschen würde sich also eine bessere Bildung ihrer Kinder etwas kosten lassen. Es gärt offenbar in Deutschland – immerhin einem Land, in dem Bildung traditionell kostenlos ist. Aber der PISA-Schock, die alltäglichen Enttäuschungen mit der Schule und die ziellose Reformpolitik der Bundesländer scheinen noch keineswegs verdaut zu sein. Die Unzufriedenheit mit der staatlichen Bildung ist riesig. Zwei Drittel der Befragten einer Forsa-Studie halten die Schulen »grundsätzlich für veraltet«.

Er ist 45 Jahre alt, arbeitet als Webdesigner, hat ein Kind – und ist so etwas wie ein Kronzeuge für die Privatschulfrage. »Lieber wäre es mir ja, wenn die staatlichen Schulen es selber hinbekommen würden«, sagt Michael Meisinger aus München. Dann macht er eine kleine Pause. »Aber glauben Sie daran, dass der Staat einfach so seine Schulen besser machen wird?« Es ist eine rhetorische Frage. Meisinger ist ein Vertreter jener Klientel, die es noch vor zehn Jahren in Deutschland in dieser Breite nicht gab: Er ist sicher kein Großverdiener. Aber er wäre dennoch bereit, Geld für die Schule auszugeben, damit sein Sohn im Leben vorankommt. Bedingung: »Die Schule muss gut sein – und sie soll nicht zu viel kosten.«

Meisinger weiß als Webdesigner mit einem kleinen Unternehmen, wie wichtig Kreativität und Leistungsbereitschaft für seinen Sohn auf dem Arbeitsmarkt sein werden. Dass die staatliche Schule das leisten kann – daran mag er nicht mehr recht glauben. Zu lange hat er die staatlichen Schulen beobachtet. Das Lernen dort ist ihm zu formalistisch, zu starr die Stundentafel, zu viele Noten. Wählt er hingegen eine Privatschule, hat er Einfluss auf die Pädagogik für seinen Sohn. Und er müsste dafür kein Vermögen ausgeben, das weiß er. »150 Euro pro Monat – das ginge doch. So viel wäre ich bereit zu investieren für eine gute Schule meiner Wahl.«

Meisingers Haltung zu Bildung ist typisch für Menschen wie ihn. Er ist vom Wirrwarr der Zuständigkeiten im staatlichen Bildungssystem nicht begeistert. »Wir leben in einer globalisierten Welt, die auf die deutsche Kleinstaaterei keine Rücksicht nimmt. Da kann doch nicht jedes Bundesland sein eigenes Süppchen kochen«, schimpft er über den Bildungsföderalismus. Aber wenn ihn der staatliche Kompetenzwirrwarr bei Schulen auch ärgert – Meisinger ist dennoch kein glühender Anhänger von privaten Schulen.

»Privatschulen, das hört sich so an wie privat versichert oder Privatgrundstück«, sagt er. Er würde seinen Sohn zwar auf eine Privatschule schicken – ihn befallen aber dennoch Skrupel, damit in Kreise einzutreten, die ihm letztlich suspekt sind. Am liebsten würde er sein Kind in der staatlichen Schule lassen. »Ich meine, es hängt doch am Geld, das den staatlichen Schulen fehlt! Könnte man das nicht irgendwie anders hinkriegen mit dem Geld für die Staatsschule?«, fragt er. Dann träumt er davon, dass die Eltern seiner Schule über einen gut organisierten Förderverein jene finanziellen Mittel auftreiben könnten, die der Staat nicht auszugeben bereit ist. Michael Meisinger ist alles andere als ein Einzelfall.

Das Ehepaar Michael und Anna Jürgens sieht sich auf einer Privatschulmesse in Hamburg um. Er ist Arzt, sie wissenschaftliche Mitarbeiterin. Die ältere ihrer beiden Töchter wird in einem knappen Jahr eingeschult. Sie sind auf der Messe, um sich über Privatschulen zu informieren. »Da, wo wir wohnen, gibt es schon einige«, sagt Michael Jürgens. »Das ist ja das Problem! Man muss sich heute informieren.« Für Anna Jürgens ist es wichtig, wie groß die Klassen sind. »20 Kinder wären okay. 28 oder 30, wie es in den staatlichen Schulen oft ist, fänden wir schon zu viele Kinder für eine Klasse.« Aber die Qualität allein ist eben nicht alles. Es geht auch ums Geld. »400 bis 500 Euro für einen Grundschulplatz, das wäre schon eine ganze Menge«, meint der junge Arzt. So viel könnte er zwar bezahlen – aber er will es eigentlich nicht. Nur fühlen sich er und seine Frau unter Druck, nach Alternativen zur staatlichen Schule Ausschau zu halten. »Wir können auch nichts dafür, dass die Bildungspolitik so viel Verunsicherung mit sich bringt.« Und dann echauffiert sich der Mann über die, wie er sie nennt, Experimente der Schulpolitik. So viel Emotion hätte man dem lässig gekleideten Mann gar nicht zugetraut.

Michael Jürgens und seine Frau sind willens und finanziell in der Lage, ihrer Tochter private Bildung zu kaufen. Dennoch wollen sie nicht gern mit den üblichen Privatschulkunden in einen Topf geworfen werden. Sie lästern über die »affektierten Leute«, die ihr Kind unbedingt auf eine der internationalen Schulen schicken wollen. »Die sind mir oft unsympathisch«, sagt Anna Jürgens. »Die wollen ihre Kinder offenbar auf internationale Karrieren vorbereiten. Wir finden, unser Kind kann in der Grundschule ruhig zuerst einmal Deutsch lernen.«

Was der Münchener Vater und die Hamburger Eltern berichten, passt gut in das Bild, das man sich inzwischen von Müttern und Vätern der 2010er Jahre machen kann. Sie sind einerseits aufgrund ihrer beruflichen Leistungsfähigkeit sehr selbstbewusst. Andererseits strahlen sie in Bezug auf ihre Kinder viel weniger Sicherheit aus, sind gar nervös. Sie fühlen sich als Eltern regelrecht unter Druck.

»Eltern unter Druck«, so heißt auch eine Studie der Konrad-Adenauer-Stiftung, die »Selbstverständnisse, Befindlichkeiten und Bedürfnisse von Eltern in verschiedenen Lebenswelten« genauer betrachtet. Es ist eine sogenannte Milieustudie. Sie verrät, wie viel Unruhe unter den Eltern herrscht – und welche zentrale Rolle Bildung dabei spielt. Für drei Viertel der Eltern steht der Schulabschluss ihrer Kinder ganz oben auf der Prioritätenliste. Besonders Privatschulen nehmen neuerdings eine bedeutende Funktion ein: Sie sind das wichtigste Instrument der Abgrenzung zwischen den sozialen Milieus in der Mittelschicht.

»Die Klassenfrage ist heute keine Geldfrage mehr, sondern eine kulturelle Angelegenheit«, schreiben die Autoren. »Spätestens beim Nachwuchs hört die Toleranz auf, und man zieht aus ›Problemvierteln‹ weg in Wohngebiete mit Gleichgesinnten.« Denn »das staatliche Bildungssystem wird als mangelhaft und wenig zukunftsfähig erlebt«, heißt es in der Studie aus dem Jahr 2008.

Die Wissenschaftler haben zwei Grenzen zwischen den Milieus entdeckt. Zum einen legt die untere Mittelschicht großen Wert darauf, den Abstand zur Unterschicht zu wahren. Zum anderen verläuft eine wichtige Trennlinie quer durch den oberen Teil der Mittelschicht. Diese Linie ist unübersichtlicher, denn die Mittelschicht setzt sich aus komplexeren Milieus zusammen. Zu ihr gehören die »bürgerliche Mitte«, die sogenannten »Postmateriellen« und die »Experimentalisten« oder auch die »Etablierten« und ein Milieu namens »moderne Performer«. Die Abgrenzungen zwischen diesen Milieus werden immer stärker über kulturelle Distinktionen definiert. Das wichtigste Medium dafür ist – Bildung.

Die Etablierten beispielsweise bemühen sich, so haben es die Autoren festgestellt, »ihr Kind nicht auf eine beliebige Privatschule zu schicken, sondern auf eine eher elitäre«. Die Privatschule ist also eine essenzielle Methode, Abstand nicht nur zur unteren Mittelschicht, sondern auch zu den eng angrenzenden Milieus der eigenen Schicht herzustellen. So halten die Etablierten etwa die bürgerliche Mitte und die sogenannten Experimentalisten auf Distanz.

Wollte man die Milieustudie und die jüngeren Erfahrungen und Befragungen vereinfacht zusammenfassen, so ließe sich Folgendes sagen: Erstens ist die Akzeptanz der Privatschule im Milieu der »Etablierten« schon lange und permanent hoch. Dort geht es nicht um die Frage, *ob* man für sein Kind eine Privatschule wählt, sondern *welche*. Zweitens steigt auch in den darunter liegenden bürgerlichen Milieus die Unzufriedenheit mit dem Schulsystem stark an. »Vor allem in der bürgerlichen Mitte sind die Belange der Schule zum beherrschenden Thema des Familienlebens geworden«, heißt es in der Studie. Die sinkende Geduld mit dem staatlichen Schulsystem und seinen Fehlleistungen lässt die Akzeptanz der Privatschulen steigen.

Die Mittelschicht ist bereit, für ihr Kind eine Privatschule zu wählen. Das ist die eigentlich neue Entwicklung der vergangenen Jahre. Auch andere Studien zeigen das. Das Deutsche Institut für Wirtschaftsforschung (DIW) etwa kann verlässliche Angaben darüber machen, in welchen Gruppen die Zuwächse an Privatschulen zu verorten sind. Das Institut befragt jedes Jahr 11000 Haushalte – unter anderem nach dem Schulbesuch ihrer Kinder. Das Ergebnis ist eindeutig: Eltern mit Abitur streben zu Privatschulen. Das Institut kommt zu dem Schluss, »dass grundsätzlich Kinder aus sozioökonomisch besser gestellten Haushalten eher Privatschüler sind«. Der Anteil der Privatschüler an allen Schülern, deren Eltern Abitur haben, ist seit 1997 nämlich deutlich größer geworden. Er stieg innerhalb von zehn Jahren um 77 Prozent. Mit einer solchen

Steigerung kann keine andere Bildungsgruppe mithalten. »Es sind ganz klar die Eltern, die Abitur haben und beruflich besser gestellt sind, die zunehmend ihre Kinder auf Privatschulen schicken«, konstatiert die Autorin der DIW-Studie, C. Katharina Spieß. Und sie warnt: Das bringt die soziale Balance auseinander. Privatschulen haben für eine breite Mittelschicht deutlich an Attraktivität gewonnen. Das ist ein messbares Phänomen. Deswegen muss aber niemand glauben, dass die Privatschulen leichtes Spiel hätten. Die Anmeldung eines Kindes auf einer Privatschule mag nicht besonders schwer sein. Die Gründung einer Privatschule aber ist oft genug ein harter Kampf – und ein bizarrer.

Laub weht über den verlassenen Schulhof. Hier haben schon lange keine Kinder mehr gespielt. Das stolze Gebäude der Rosegger-Schule im Berliner Bezirk Kreuzberg, in dem über 100 Jahre Kinder lernten, ist verwaist. Doch 2004 war die staatliche Schule am Ende – wegen Schülermangels. »118 Jahre nach der feierlichen Einweihung wird sie nun wieder geschlossen«, erinnerte sich damals die lokale *Kreuzberger Chronik*. »Nur noch acht Klassen und etwa 100 Schüler sind es, die derzeit im denkmalgeschützten Gemäuer unterrichtet werden. Und von jenen 100 Schülern sind die meisten Kinder von Einwanderern.«

Aber die Rosegger-Schule, in einem der lebendigsten Berliner Kieze am Marheinekeplatz gelegen, muss nicht weiter tot daniederliegen. Vielleicht kommt jemand, um sie wach zu küssen? Wenn es nach dem Willen mehrerer Bewerber ginge, dann würden hier schon bald wieder Kinder schreien und toben. Dann würden Lehrerinnen und Lehrer die Schüler irgendwann nach der Großen Pause hereinrufen und mit ihnen gemeinsam lernen. Insgesamt vier Schulträger haben sich darum beworben, die nach dem steirischen Heimatdichter Peter Rosegger benannte Schule zu betreiben. Alle vier sind privat, alle vier haben interessante Konzepte vorgelegt.

Eine evangelische Initiative will am Standort »gute Schule« machen. Das türkische Bildungsinstitut TÜDESB Berlin-Brandenburg hat sich vorgenommen, ein Gymnasium in der ehemaligen Rosegger-Schule zu betreiben – nicht die schlechteste Idee in einem Stadtteil, wo an manchen Schulen bis zu 95 Prozent Kinder türkischer Abstammung lernen. Auch eine sogenannte »BIP-Kreativitätsgrundschule« möchte ein alternatives Lernmodell anbieten. Und der Internationale Bund würde das Gebäude gerne für eine Gemeinschaftsschule nutzen. Dennoch stehen die Chancen für eine private Einrichtung nicht gut. So interessant die Konzepte der Bewerber sein mögen – Privatschule, das darf in Kreuzberg nicht sein. Eine Privatschule ist in den Räumen der ehemals öffentlichen Schule nicht erwünscht. So hat es das Bezirksparlament 2009 beschlossen. Der SPD-Bezirksparlamentarier Andy Hehmke erklärt, es gehe gar nicht um die Rosegger-Schule, sondern ums Prinzip: »Wir schließen als Bezirk eine Schule – und eine private Schule geht rein. Wenn dieser Automatismus so weitergeht, dann haben wir bald die Hälfte der Schulen in privater Hand.« Nun, ganz so weit ist es noch nicht. Von den 35 Kreuzberger Schulen sind bislang vier privat: eine islamische Grundschule, eine Waldorfschule, eine Sonderschule und eine Freie Demokratische Schule.

Die Kreuzberger Geschichte ist keine Petitesse. Bei Privatschulen geht nicht nur ein gefühlter Riss durch Deutschland. Wenn es darum geht, ob das Lernen öffentlich oder privat geführt werden soll, dann sind beide Seiten bereit, sich ums Grundsätzliche zu streiten. Mit der zunehmenden gesellschaftlichen Akzeptanz von Privatschulen steigt offenbar auch die Bereitschaft des Staates, sein Monopol zu verteidigen. In einigen neuen Bundesländern, wo sich die Zahl der Privatschulen verdreifacht hat, treten die Landesregierungen auf die Bremse. Auch in jenen Bundesländern, die ihre Schulstrukturen verändern wollen, werden die Privaten genau unter die Lupe genommen. Wenn der Staat seine Hauptschulen auflöst, dann treten Ängste bei den Eltern auf – gerade in der bürgerlichen Mitte, die ihre Kinder bislang in Realschule und Gymnasium von der Unterschicht fernhalten konnte. Diesem Bürgertum will man die Flucht aus dem staatlichen Schulsystem nicht erleichtern. Und da, wo der Staat nachlässig wird in der Abwehr von Privatschulen, treten andere Gegner auf den Plan. Dazu gehört Jochen Vogel, der im sächsischen Schneeberg den »Verein für die Sicherung und Unterstützung schulgeldfreier Bildung e. V.« gegründet hat. Vogel ist ein Kronzeuge für den erbitterten Widerstand gegen Privatschulen.

»Wir befürchten, dass die öffentlichen Schulen weichen – und private Träger mit schulgeldpflichtigen Ersatzschulen weitestgehend deren Stelle übernehmen«, erzählt der engagierte Mann. »Gegen dieses Gespenst müssen alle sozial verantwortlichen und zukunftsgewandten Kräfte zusammenstehen!« Jochen Vogel ist Industrievertreter, er fährt viel in Polen und Tschechien herum. Immer wenn er zuhause ist, steckt er seine Energie in den Verein für schulgeldfreie Bildung. Seine Texte und Schriftsätze schickt er an Gerichte, Staatsanwälte, und sogar dem Ministerpräsidenten Sachsens hat er schon geschrieben.

Schneeberg hat 17 000 Einwohner und den üblichen Geburtenknick nach der Wende zu verkraften. Vogel und sein Verein glauben, einen Prozess der systematischen Verdrängung der öffentlichen Mittelschule der Stadt aus ihrem zentralen Standort zu erkennen. »Werden die Schüler der öffentlichen Schule etwa bewusst vertrieben – um das Gebäude einem Privatschulverein zuzuschanzen?«, fragt Vogel besorgt. Für den Handelsreisenden aber geht es nicht nur um Schneeberg. Er sieht eine ganz grundsätzliche Benachteiligung – der öffentlichen Schulen. »Den staatlichen Schulen werden Vorschriften über Vorschriften gemacht. Die privaten Schulen sind viel freier.« Der Staat bezuschusse die Privaten mit 80 bis 90 Prozent, damit bette er sie geradezu auf Rosen. »Diese Privatisierung ist der Beginn von etwas«, schimpft der Mann. »Die Kinder besser gestellter Eltern wandern in die Ersatzschulen – und die Schulen in staatlicher Trägerschaft verkommen zu einer Armenbildung für den Rest.«

Die stellvertretende Bürgermeisterin Schneebergs freilich dementiert. Der öffentliche Schulstandort werde nicht zugunsten einer Privatschule geräumt. Es gehe um sinkende Geburten und eine Schule im Neubauviertel, die man unmöglich schließen könne. »Wir wollen nicht in das Gebäude der staatlichen Mittelschule«, betont auch Frank Meinel. Er ist Pfarrer und der Initiator einer evangelischen Privatschule. Sein Schulverein wolle den Standort in der Mitte Schneebergs gar nicht übernehmen, winkt er ab. Und er könne es sich auch nicht leisten. »Wir sind als Schule unterfinanziert. Die Kopfpauschale des Freistaats deckt 70 bis 75 Prozent der Betriebskosten unserer Schulen – ohne Investitionen. Für uns als Kirchenstiftung bedeutet das, dass wir eigene Mittel aufwenden müssen. Allein vom Staatszuschuss könnten wir jedenfalls nicht gute Schule machen.«

Privatschulen sind bei vielen Leuten in Deutschland nicht besonders beliebt. In der Verfassung ist das genauso. Formell sieht sie Privatschulen lediglich als Ersatzschulen an. So heißen sie im behördlichen Sprachgebrauch. Das klingt wie: das fünfte Rad am Wagen. Tatsächlich existiert aber sogar ein Recht auf private Schulen. Der Parlamentarische Rat hat im Grundgesetz den Rang von Privatschulen gestärkt. Er erhob das Gründen von Privatschulen zu einem Grundrecht der Bürger.

Aber es gibt nicht nur Jochen Vogel, der dafür kämpft, dass die staatliche Schule ihr Monopol behält. Es gibt auch Bürger, die diesen Anspruch kritisch sehen. In Potsdam in der Eisenhartschule sitzt eine illustre Schar von Diskutanten beisammen. Dazu gehört der bundesweit bekannte Rektor einer Schule. Daneben der einflussreiche Chefredakteur eines Wirtschaftsmagazins, der gleich berichten wird, was ihm die Kanzlerin in ihrem letzten Vieraugengespräch über Bildung erzählte. Ein Mitarbeiter der Phorms-Schule ist ebenfalls da. Er erzählt, wie rasant sich die neu gegründete Schule entwickelt. Auch der brandenburgische Staatssekretär für Bildung sitzt auf dem Podium. Er gerät in die Defensive. Gerade hat jemand aufgebracht Einblick in eine Schule gegeben, in der die Turnhalle wegen Einsturzgefahr gesperrt wurde. Die Teilnehmer sind empört. Daraufhin bietet der Chefredakteur dem Staatssekretär an, eine Art Gesellschaftsvertrag über Bildung zu schließen. Die Gesellschaft in Person der aufgebrachten Bürger werde mit ihm, dem Repräsentanten des Staates, einen Pakt vereinbaren. Darin würden Ziele festgehalten, welche die Landesregierung einzuhalten habe, um gute Schulen möglich zu machen. Ein Zuhörer drückt die Wut der Bürger so aus: »Ich zahle eine Menge Steuern. Entweder Sie richten hier eine gute

Schule ein – oder wir bringen unser Kind in eine Privatschule.« Manche werden die Idee mit dem Gesellschaftsvertrag später arrogant nennen. Andere sehen ein, dass die Verhältnisse so sind, wie sie sind. Die staatlichen Schulen sind in so einem bedauerlichen Zustand, dass es niemanden wundern muss, wenn die Gesellschaft das Heft nun selbst in die Hand nimmt.

Und genau das geschieht in Brandenburg und seiner Landeshauptstadt Potsdam. Nirgendwo gibt es mehr Privatschulen als rund um Sanssouci, einst Lieblingsschloss der preußischen Könige. Die Schulverwaltung kommt mit dem Zählen kaum nach. 158 Schulen sind in Brandenburg heute privat, 940 gibt es insgesamt. Macht einen Anteil von 16 Prozent – und damit mehr als doppelt so hoch wie der Bundesdurchschnitt. Das Land, in dem König Friedrich II. und seine Vorfahren die staatlich überwachte Schulpflicht einführten, ist damit 200 Jahre später das deutsche Eldorado der Privatschulen. Bei den Brandenburger Gymnasien liegt der Anteil der privat betriebenen Einrichtungen mittlerweile bei 22 Prozent – Tendenz steigend. Jedes fünfte Gymnasium im Land ist damit privat. Zum Vergleich: Im deutschen Durchschnitt sind 13 Prozent der Gymnasien private Einrichtungen.

Die große Frage ist: Wirkt sich das auf die soziale Gerechtigkeit an Brandenburgs Schulen aus? Immerhin warnen nicht wenige davor, dass private Schulen das soziale Gleichgewicht an deutschen Schulen noch weiter stören könnten. Denn Deutschland ist einer der Staaten in der OECD, dem es besonders schlecht gelingt, den Zusammenhang zwischen sozialer Herkunft und Bildungserfolg auszugleichen. In Deutschland vererben sich schulische Leistungen praktisch. Das Kind einer Ärztin hat demnach eine viermal so große Chance, aufs Gymnasium empfohlen zu werden, wie das Kind einer Friseurin.

Das gilt übrigens, wenn die kognitiven Fähigkeiten beider Kinder identisch sind. C. Katharina Spieß vom Deutschen Institut für Wirtschaftsforschung ist sehr besorgt, dass sich diese prekäre Situation weiter verschlechtern könnte, wenn die Zahl der Privatschulen steigt. »Wir haben dadurch eine zunehmende Selektion in unserem Schulsystem, die so nicht gewollt ist«, sagt die Wirtschaftsprofessorin.

Brandenburg ist eines der Bundesländer, bei denen man erstmals am konkreten Beispiel zeigen kann, wie sich der Faktor soziale Gerechtigkeit entwickelt. Im Jahr 2000 erreichten Brandenburgs Schüler das mit Abstand beste Ergebnis in Sachen sozialer Abhängigkeit von Schulerfolgen. Besser als irgendwo sonst in Deutschland. Die Wahrscheinlichkeit, dass ein Akademikerkind Abitur macht, war »nur« doppelt so groß wie die eines Arbeiterkindes. Zum Vergleich: In Bayern lag der Wert beim Faktor sieben für die Kinder schlauer Leute.

Was ist nun in den vergangenen Jahren geschehen? Das Ergebnis ist ein Warnsignal. Es zeigt, wie schnell sich ein eher gerechtes Schulsystem in ein eher ungerechtes verwandeln kann. Zwischen den Jahren 2000 und 2006 nämlich ist der Gerechtigkeitsfaktor Brandenburgs geradezu abgestürzt. Während sich Bayern und andere Bundesländer stark verbesserten, ist die Abiturchance für die Kinder von Akademikern rund um Berlin inzwischen viermal so groß wie bei Arbeiterkindern. Damit ist Brandenburg im Ranking nach ganz unten durchgerutscht. Das ungerechteste Bundesland derzeit. Woran kann das liegen? Experten und Bildungsforscher haben, nachdem sie eine Zeit lang rätselten, einen bestimmten Tatbestand im Auge – den beinahe unheimlichen Erfolg der Bildungsbürger, ihre Kinder auf bessere Schulen zu schicken. Dies macht die Fragen an das

Bildungssystem und die Rolle, welche die Privatschulen darin spielen, nur umso dringlicher. Hilft die Privatschule nun der staatlichen, indem sie ihr wichtige Reformimpulse gibt? Oder reißt die Privatschule mit ihren sektiererischen Tendenzen das Schulwesen endgültig ins soziale Verderben?

Bei den Privat*gymnasien,* also den Einrichtungen, hat Brandenburg bereits die 20-Prozent-Marke überschritten. Was passiert, wenn in Brandenburg auch die Zahl der Privat*schüler* diesen Wert erreicht? Dann haben wir, so scheint es, den Testfall für ein privatisiertes Schulsystem.

Die Konfessionellen
Frischer Geist an christlichen Schulen

■ Zu Besuch im Kolleg St. Blasien und
   in der Evangelischen Schule Berlin Zentrum

Das Männchen von Jelena sieht fast schon perfekt aus, ist aber eindeutig zu groß geworden. Charlottes Figur weiß noch nicht, was sie mal werden will. Eine Giraffe oder ein Storch? Oder doch auch ein Mensch, lang und spindeldürr? Leoni hat es fertiggebracht, ihrer Figur sogar einen Schirm in die Hand zu drücken. Weiß der Himmel, wie sie das geschafft hat. Jelena, Charlotte, Leonie und die anderen versuchen, kleine Knetmännchen zu modellieren. Sie sollen ein Architekturmodell bevölkern, das sie gebaut haben. Damit man sieht, dass der Bau auch ein belebter Ort ist. Und nicht nur eine Konstruktion aus Holz und Glas. Die Mädchen, alle 12 bis 14 Jahre alt, spornen sich gegenseitig an, geben sich Tipps; sie giggeln und schwatzen die ganze Zeit – dann staunen sie.

Der Herr mit der starken Brille macht seine Männchen mit wenigen Handgriffen. Er nimmt sich einen Lehmklumpen, schließt seine Hand und presst zwischen den Fingern fünf Würste heraus. Sie ergeben so etwas wie einen Fünfeckstern. Es sind tatsächlich fünf, denn auch zwischen Daumen und kleinem Finger entsteht ein Zacken des Sterns. Nun zieht, formt und modelliert er Kopf, Arme und Beine. Man kann sich gar nicht vorstellen, dass seine etwas unförmigen Hände so flink sein können.

Peter Hübner begleitet seine Fingerübung die ganze Zeit mit Gemurmel. »Der Mensch hat ja fünf Finger, die den zwei Beinen, zwei Armen und einem Kopf entsprechen«, erzählt er den Kindern, während er immer weiter knetet. »Den Stern, der entsteht, legt ihr jetzt gedanklich oder auch konkret auf eine Zeichnung des Modulors von Leonardo da Vinci«, sagt Hübner. Er zeigt ihnen, wie der Fünfstern, bekannt auch als vitruvianischer Mensch, die Proportionen des wohlgeformten Menschen wiedergibt. Der Mann funktioniert wie eine kleine Manufaktur. Ein Knetmännlein nach dem anderen hüpft aus seinen Händen. »Und jetzt stelle ich meinen Menschen hin oder setze ihn auf einen Stuhl, gebe ihm Gestik«, sagt Hübner, »hauche ihm Leben ein. Am besten nachdem er sich beim Frisör einige Haare aus der Knoblauchpresse besorgt hat.«

Die Mädchen konzentrieren sich. Sie ahmen Peter Hübner nach. Er ist kein Lehrer. So alt wie der 70-Jährige, den die Universität Stuttgart gerade formell als Professor für Architektur verabschiedet hat, ist kein Lehrer mehr. Hübner ist Architekt. Und was Jelena und ihre Freundinnen nun erleben, ist das, was ihre Rektorin »Lernen am Leben« nennt. »Wir brauchen heute kein künstliches Lernen mehr«, sagt Margret Rasfeld, »dafür sind die Probleme zu groß, die unser Planet hat. Deswegen versuchen wir, Lernen mit Ernstcharakter zu praktizieren. Schluss mit dem Als-Ob-Lernen.«

Margret Rasfeld ist die Leiterin der Evangelischen Schule Berlin Zentrum. Die Privatschule besteht seit 2006 und ist eines der ambitioniertesten Berliner Schulreformprojekte. Sie will modernes Lernen praktizieren und ihre Kinder Visionen leben lassen. Rasfeld ist eine temperamentvolle Lehrerin und Rektorin. Sie verändert seit 1976 Schule, die Gesamtschule Essen-Holsterhausen hat sie zu einer angesehenen Schule gemacht.

Rasfeld hat oft Menschen außerhalb der Schule zu Gast. Die Schüler sollen, so oft es geht, Menschen begegnen, die echte Fragestellungen in die Schule bringen. Frances Moore-Lappé etwa, die Alternative Nobelpreisträgerin des Jahres 1987 und Mitglied des Weltzukunftsrates, diskutierte mit den Schülern darüber, wie man den Hunger in der Welt vielleicht doch besiegen kann. Die Opernsängerin Kim Seligsohn erzählte ihnen in einer bewegenden Rede, wie sie Schritt für Schritt herausgefunden hat, wer sie wirklich ist. Und wie sie dabei erfahren hat, dass ihre Großmutter 1941 von den Nationalsozialisten abgeholt und nach Auschwitz deportiert wurde. Den größten Eindruck aber hat bislang Muhammad Yunus hinterlassen, der bengalische Friedensnobelpreisträger des Jahres 2006. Die Schüler haben ihn bei einer Veranstaltung in Berlin interviewt. Daraus ist ein Film entstanden und ein Buch mit Fragen und Antworten. »Was sind für die Kinder von heute aus Ihrer Sicht die wichtigsten Dinge, die sie lernen sollten, um sich gut auf ihr Leben vorzubereiten?«, wollten die Kinder wissen. Und Yunus, der weltberühmt geworden ist, weil er in Bangladesh große Erfolge mit sogenannten Mikrokrediten hatte, gibt keine komplizierte oder belehrende Antwort. »Überlegt euch, was ihr euch wünscht! Welche Art von Welt wollt ihr bauen?«, fragt der Mann, der überall auf der Welt Gastprofessuren hat. »Es kommt auf euch an!«, heißt seine Botschaft. »Das finde ich am allerwichtigsten für alle Kinder. Das ist nicht etwas zum Lernen, sondern zum Denken.«

Die Evangelische Schule Berlin Zentrum ist eine der neuen evangelischen Einrichtungen in Berlin. Sie liegt unweit des Berliner Alexanderplatzes. Aber es dürfte sie eigentlich gar nicht geben. Als Margret Rasfeld zusammen mit der Initiative der evangelischen Schulstiftung ihren Antrag auf Zulassung einer weiterführenden Schule gestellt hatte, bekam sie ein Nein. Die Schulbehörde der Hauptstadt versandte schnell einen ablehnenden Bescheid – weil die Schule zu viele neue und ungewöhnliche Wege gehen wollte.

»Wir hätten das alles gar nicht machen können: jahrgangsübergreifendes Lernen, keine Noten, Verzicht auf Leistungsdifferenzierung«, erzählt Rasfeld. Aber da kam ein Zufall zu Hilfe. Berlin begann das Projekt Gemeinschaftsschule. Das ist eine Art Gesamtschule 2.0, eine Schulform, welche die unübersehbaren Schwächen der alten Gesamtschule ablegen will, etwa die durch die Kultusminister 1983 erzwungene Separierung der Schüler in getrennte Lerngruppen. »In den Modellversuch Gemeinschaftsschule aber haben wir dann genau reingepasst«, freut sie sich, dass ihre Art des individuellen Lernens plötzlich gefragt war. Nun ist die Evangelische Schule im Berliner Bezirk Mitte also eine von 14 Schulen, die in der Hauptstadt ein ganz neues Lernen ausprobieren und die Vorreiter spielen sollen für eine andere Art von Schule: gerechter, besser, nachhaltiger. Alle anderen Teilnehmer des Modellversuchs sind staatlich.

Die Evangelische Schule Berlin Zentrum gehört zu den konfessionellen Schulen in Deutschland. Viele dieser Schulen sind längst nicht mehr direkt unter dem Dach des Ordens oder der Kirche angesiedelt, die sie einst gegründet hat. Aber sie sind oft mit ihnen noch über Vereine oder Stiftungen verbunden. Eine Minderheitenposition sind katholische und evangelische Schulen nicht gewohnt. Allein die katholischen Schulen stellen die Hälfte aller Privatschulen. Rechnet man die evangelischen noch hinzu, hat man bereits über zwei Drittel aller Privatschulen. Das deutsche Privatschulwesen ist stark konfessionell geprägt. Ein Faktum, das den meisten nicht bekannt ist. Sie denken bei Privatschule an Profit – obwohl sie an Pfarrer denken sollten.

Das Spektrum der konfessionellen Schulen ist viel breiter und profilierter als das der staatlichen. Es ist auch älter – denn die Kirche hatte sich in ihren Ordens- und Lateinschulen lange vor dem Staat einen Bildungsauftrag gegeben. Dennoch sind die konfessionellen Schulen vielerorts moderner als die Staatsschule. Das konfessionelle Schulwesen reicht von Einrichtungen wie der preisgekrönten Katholischen Bonifatiusschule, die sich in Hamburg-Wilhelmsburg um die Kinder armer Leute kümmert, bis zum edlen Canisius-Kolleg in Berlin, der elitärsten Berliner Schule. Es reicht von Schulen, die in der Tradition christlicher Barmherzigkeit arbeiten, bis hin zu einem teuren Elite-Internat wie dem Kolleg St. Blasien im Schwarzwald, wo Schule 15 000 Euro jährlich kostet.

* * *

Geld, darüber spricht der junge Mann nicht gerne. Obwohl er sich sehr gut damit auskennt. Viel lieber zeigt er, was man mit Geld alles machen kann. Er führt den Besucher am Sportplatz vorbei, zeigt ihm das Musikhaus und ein wunderbar renoviertes Gebäude an der Querseite. Und er lässt einen Blick in die Bibliothek werfen, wo Schüler sitzen und arbeiten, gerade so, als studierten sie an einer Universität. An der Rückseite des Raumes eine Handvoll Bildschirmarbeitsplätze. Wolfgang Mayer nennt keine Summen. Er verweist allenfalls auf die Spender, die sich hier verewigt haben.

Vor der Bibliothek ist eine große Plexiglasscheibe angebracht; gleich am Eingang, für jeden sichtbar, der eintritt. Die Scheibe ahmt ein Bücherregal nach. Auf den Buchrücken haben sich insgesamt 23 Gönner eintragen lassen. Auf manchen stehen die Stichworte, die zu diesem Mäzenatentum gehören: »Mäzene und Förderer«, steht da neben den Namen der Spender. Oder »Gott und Geld«, »Gedanken über Geld«, »Das Besondere ermöglichen«. Auch »Ad majorem dei gloriam« – Zur größeren Ehre Gottes – ist eingraviert, einer der Wahlsprüche, den die Schule sich gewählt hat. Genauer, die Jesuiten. Am Kolleg St. Blasien, einem Gymnasium mit Internat, mangelt es nicht an Ruhm. Und nicht an Geld.

Das Kolleg St. Blasien ist eine Privatschule der Jesuiten mit einem Internat für 340 Jungen und Mädchen. Und zugleich ein regionales katholisches Gymnasium des Landkreises Waldshut mit weiteren knapp 600 Schülern, sogenannten Externen. Das Kolleg residiert in einer alten Benediktinerabtei, in der vor 900 Jahren schon die ersten Mönche die Bibel zu lesen gelernt haben sollen. St. Blasien ist eine angesehene Schule, das Flaggschiff unter den deutschen katholischen Internatsschulen. Immer wieder führt sie bedeutsame Neuerungen ein. Vor einigen Jahren wurde eine Internationale Klasse mit Schülern aus aller Welt eingerichtet. Neuerdings gibt es eine Instrumentenklasse. St. Blasien kann sich das leisten.

»Wir machen teuer Schule«, sagt der Direktor des Kollegs, Pater Johannes Siebner, wenn man ihn fragt, was in St. Blasien anders ist. »Wir leisten uns die Orchideen und Extrawürste, die ein staatlicher Schulleiter im Leben nicht bezahlen könnte.« Siebner, ein eloquenter Endvierziger, leitet Gymnasium und Internat und ist Jesuitenpater, ein Angehöriger der Societas

Jesu. Vor allem aber ist er der Chef in St. Blasien. Er steht an der Spitze einer verschachtelten Hierarchie von Organisationen und Personen. »Zu meinen Schülern sage ich immer, ich sei der Außenminister der Schule«, erzählt Siebner. »Ich bin wahrscheinlich so etwas wie der CEO, das, was man an amerikanischen Highschools ›President‹ nennen würde«, verfällt er in seine Leidenschaft, den amerikanischen Slang.

Siebner ist eingeladen zu einer Tagung in Bad Boll. Aus ganz Deutschland sind Schulen zusammengekommen, um sich über »Fundraising für private und öffentliche Schulen und Internate« auszutauschen. Und während die meisten der Referenten eine nicht enden wollende Kaskade von PowerPoint-Folien über ihre Zuhörer ergießen, steht Siebner mit fast nichts in der Hand vor seinen Zuhörern – ein kleines Zettelchen genügt. Die Leute können nicht glauben, dass Siebner ein Jesuitenpater sein könnte. »Geld stinkt nicht«, zitiert er eine lateinische Redewendung. PISA sei nicht etwa ein Unglück, sondern ein Glücksfall. »Denn endlich ist Bildung wieder ein Thema.« *Kairos* nennt Siebner das, was übersetzt »der richtige Moment« bedeutet. »Wir müssen aus dem Modus des Klagens heraus«, sagt er. »Was schlecht gemacht wird, ist die Spardebatte in den katholischen Bistümern. Wenn Sie wissen wollen, wie es nicht geht«, spielt er auf die Quasi-Konkurse zweier Bistümer an, »dann gehen Sie nach Eichstätt oder Berlin. Bischöfe sollten über das Evangelium reden, nicht übers Geld.«

Siebners Vortrag ist der Traum eines jeden Redenschreibers. »Fundraising ist Friendraising!« – »Tue Gutes – und lass *andere* darüber reden!« – »Der Teufel macht auf große Haufen!« Solche Sätze sagt der Jesuit in Serie. Er berichtet, dass er auch schon Spenden zurücküberwiesen habe, um nicht abhängig zu werden von einzelnen Gönnern. Und um klar zu machen, dass man das Abitur für den Filius nicht kaufen kann. Nicht im Kolleg St. Blasien.

An den meisten konfessionellen Schulen stellt sich die Frage gar nicht, ob man sich für das Schulgeld etwas kaufen kann. Dafür sind die Schulgelder etwa an katholischen Schulen einfach zu niedrig. Im Schnitt kosten die etwas mehr als 700 katholischen Schulen 60 Euro im Monat. Selbst das Berliner Canisius-Kolleg verlangt monatlich nur 65 Euro. Und gewährt mehr als zehn Prozent seiner Schüler den Besuch gratis.

Die knapp 500 evangelischen Schulen sind kaum teurer. Das monatliche Schulgeld liegt dort im Schnitt bei 120 Euro, bei einer Spannbreite von 50 bist 150 Euro. Das bedeutet, dass die konfessionellen Privatschulen keine hohen Hürden für den Besuch aufbauen. Gemessen daran, dass sie zwei Drittel der in einem Verband organisierten freien Schulen und der Privatschüler stellen, macht dies das große Missverständnis in der Öffentlichkeit über die Schulen in freier Trägerschaft deutlich. Die wichtigste Einnahmequelle dieser Schulen ist der staatliche Zuschuss, und es sind nicht die Scheine aus den dicken Geldbeuteln der Eltern.

* * *

Es sieht aus wie in einem Plattenbau-Museum. Vom Tor aus fällt der Blick auf zwei regengraue Gebäuderiegel, die den Odem eines Wohnsilos des Arbeiter- und Bauernstaates verbreiten. Das vordere Gebäude wirkt wie verlassen. Manche Scheibe ist zerbrochen. Es wird von Baucontainern umringt. Wahrscheinlich kracht bald die Abrissbirne ins Gemäuer, vermutet der Passant. Das hintere Gebäude ist mit ein paar Graffiti besprüht, die ins Grüne und Gelbliche stechen. Gibt es hier überhaupt noch jemanden? Man geht an dem Haus vorbei und gelangt auf einen riesigen geteerten Schulhof, den am anderen Ende ein weiterer schauriger Plattenbau begrenzt.

»Wir könnten ab übermorgen die Handwerker beschäftigen«, sagt drinnen Peter Hübner, der Architekt. »Wenn Frau Schavan ihre Konjunkturmillionen schnell los werden will, dann braucht sie nur zu uns zu kommen.« Gerade hat Hübner noch ein paar Knetmännchen über das Modell der Schüler flanieren lassen. Jetzt ist er zu nichts weniger bereit, als eine Blaupause dafür zu liefern, wie man aus diesen unansehnlichen Betonbauten vom DDR-Schulbau-Typ Berlin SK 66 wieder lebenswerte Orte für Schüler macht. Vorsichtig balanciert eine Schülergruppe das Modell in den alten Chemiesaal. Jetzt sieht man an dem Modell, was Hübner meint. In die Flanke der Geradlinigkeit und Uniformität des Baus hat er von der Seite eine Öffnung geschlagen. Da wächst nun ein spielerischer Anbau heraus, aus Holz und Glas konstruiert. Es soll das Forum werden, das Herzstück nicht nur der beiden Schulgebäude, in der die Evangelische Schule Berlin Zentrum jetzt schon zuhause ist, obwohl es praktisch noch eine Baustelle ist. Das Forum ist auch Symbol für die Pädagogik von Margret Rasfeld und ihres Teams.

»Das Forum ist ein Sinnbild für die Polis, die demokratische Schulgemeinde, die der Pädagoge Hartmut von Hentig einmal als das eigentliche Ziel von Schule bezeichnet hat. Damit ist demokratische Erziehung gemeint«, sagt Rasfeld, die sich einen lila Schal um den Hals gewickelt hat. Das Forum soll zweierlei sein. Erstens ist es ein Lernort, der das Klassenzimmer überwindet. Das Klassenzimmer stand für die alte industrielle Schule, die Lernen als vorformatierte Angelegenheit betrachtete, der sich die Schüler anzupassen haben. Es ist hierarchisch angeordnet. Vorne hängt die Tafel, dort steht der Lehrer und verkündet das Wissen wie ein Gesetz. »Wenn der Lehrer sich in solchen Klassenräumen von vorne weg bewegt, wenn er sich nach hinten oder ans Fenster stellt, sieht man sofort, wer bei diesem Lernen wirklich im Mittelpunkt steht: der Lehrer. Alle Schüler drehen sich dann nach ihm um«, erklärt Rasfeld. Im Forum ist das anders. Es ist demokratisch angeordnet. In der Mitte die Agora, in die jeder, egal ob Schüler oder Lehrer, Mutter oder Hausmeister, tritt und seinen Vorschlag zur Diskussion stellt.

Das Forum ist zweitens ein Ort, an dem sich die Schule für die Außenwelt öffnet. Es soll nicht nur der Schule als Ort demokratischer Versammlungen oder für Konzerte und Feste dienen. Das Forum ist zugleich ein Zentrum des Kiezes. Es könnte auch als Begegnungscafé für die interessierten Rentner aus der Gegend genutzt werden. Vereine und Initiativen aus dem Stadtteil hätten hier die Möglichkeit, Veranstaltungen abzuhalten oder Projekte zu besprechen.

Die Schüler der evangelischen Schule haben das Prinzip schnell verstanden. Ihre Idee war es, die Trennung der beiden Gebäude der Evangelischen Privatschule aufzuheben. »So ist der Entwurf einer wunderschönen Aula entstanden, die zwei Plattenbauten verbinden wird«, erzählt der Architekt. »Die Kinder sind es, die uns die Ideen geben.« Aber gleichzeitig wollten sie nicht, dass dafür der schöne Baum gefällt werden muss. Er war immerhin das Einzige, was lebte, als sie das erste Mal die Schule nahe dem Märkischen Museum erkundeten. Deswegen darf der Baum weiter wachsen – mitten im Forum.

»Eine Gruppe war im Park, um Bäume zu fotografieren«, erzählt Lieselotte. Die anderen untersuchten öffentliche Orte wie Kinos oder den Alexanderplatz. Sie wollten herausfinden, was den Reiz dieser Plätze für die Allgemeinheit ausmacht. Wieder andere nahmen Kontakt mit den Baupiloten auf, einer Gruppe von Architekturstudenten der Technischen Universität Berlin. »Hier kann man sehr selbstständig arbeiten«, verrät die 13-jährige Lieselotte das Prinzip ihrer Schule. Das galt auch für die Planung des Anbaus. »Wir hatten schon sehr viel vorgearbeitet. Ein halbes Jahr lang haben die Schüler mit den Baupiloten über das Gebäude nachgedacht. Sie sind ihre eigenen Experten geworden. Sie können nun zwar nicht die Bühne konstruieren, die mal im Forum stehen soll. Aber sie haben ein Gefühl dafür bekommen, was Bauen heißt.« Peter Hübner sagt frech: »Das Haus ist funktionsfähig. Da müssen noch ein paar Wände raus. Dann kann man hier selbstbestimmtes Lernen praktizieren.« Das mag sein. Aber das kostet viel Geld. Woher soll die Schule das Geld für die nötige Komplettsanierung nehmen?

Die neue Evangelische Schule Berlin Zentrum ist keine Schule armer Leute. Aber auch keine Mäzenatenschule, die einen DDR-Plattenbau mit Spenden sanieren könnte. Im Moment ist sie in der zuschussfreien Phase, das heißt, den Betrieb finanzieren die evangelische Schulstiftung, die Eltern über Schulgeld und Bürgschaften und die Lehrer mit deutlich reduzierten Gehältern. Es gibt zwar bauliche Sonderzuschüsse des Landes Berlin – weil die Gemeinschaftsschule ein pädagogisches Modell darstellt. Das ändert aber nichts daran, dass so etwas wie Not herrscht. Der alte Schulbau ist, ehe die visionären Pläne verwirklicht werden, eine Zumutung. Hier sind Pädagogen, die 1000 Euro netto weniger bekommen, als wenn sie beim Staat arbeiten würden. »Das ist der Ort, wo ich arbeiten will, weil wir ganz anders Schule machen«, sagt ein Lehrer. »Dennoch muss man vor sich selbst rechtfertigen können, deswegen über 10 000 Euro im Jahr weniger zu verdienen.« Die Evangelische

Schule Berlin Zentrum ist die Realität deutscher Privatschulen – sie hängen immer auch am seidenen Faden.

* * *

Das Mädchen ist die erste, die sich in der 10a des Kollegs St. Blasien im Schwarzwald meldet. Noch ist sie ein wenig beklommen, weil sie gerade an einem Rollenspiel teilgenommen hat. »Als Gefangene habe ich mich total machtlos gefühlt«, sagt sie. Ein Mitschüler meldet sich und meint, er habe eher die Rolle des Gefängnisdirektors als schwierig empfunden. »Ich musste mir ständig ausdenken, was mein Wärter mit dem Gefangenen machen sollte. Aber ich wusste nicht, wie weit ich eigentlich gehen darf.«

Pater Ludger Joos, der Lehrer, ist zufrieden. Es hat ein wenig gedauert, ehe die Schüler ihre Gefühle äußern konnten. Er hatte ihnen in Gemeinschaftskunde ein Rollenspiel aufgetragen. Immer drei Schüler sollten gemeinsam ein Stück spielen. Mit wechselnden Rollen. Es gab einen Gefängnisdirektor, einen Wärter und einen Gefangenen. Die Aufgabe bestand darin, dass der Direktor mit dem Gefangenen machen lassen konnte, was er wollte. Als Befehlsempfänger fungierte der Wärter. Er sagte dem Gefangenen konkret, was er zu tun hat. Joos wollte, dass die Schüler Grenzen entdecken. »Als Wärter war die Rolle am leichtesten«, meint ein Schüler. »Man muss gar nicht drüber nachdenken, ob das okay ist oder nicht. Als Beamter führt man die Anweisungen nur aus.« Mit einfachem Faxenmachen und Pantomimen ging es los. Dann ließen die ersten ihre Mitschüler auf den Boden niederknien. Einigen begannen dabei schon die Augen zu glänzen. Was ginge da noch alles?

Pater Joos ist jetzt mitten im Thema. Die Stunde hatte ein wenig zögerlich begonnen. Nach dem gemeinsamen Gebet, das morgens um 7:35 Uhr in der historischen Kapelle gesprochen wird, können die Schüler nicht auf Knopfdruck beginnen. Nun aber haben die Zehntklässler erlebt, wie viel Machtgefühle sie in einem kleinen Spiel entwickeln können. Selbst der Pater war plötzlich nicht mehr Lehrer, sondern mitten in einer neuen Realität. Als ein Gefängnisdirektor dem Gefangenen befehlen lässt, das Klassenzimmer zu verlassen, stürzte Joos hinterher. »Wo geht ihr hin, was habt ihr vor?«, will er wissen. Vertraut er seinen Schülern nicht?

Macht und Würde, Gewissen und Recht, Politik und Ethik. »Haltet das bitte fest«, meint Joos. »Das ist das Thema dieser Stunde: Wie weit darf Macht gehen? Wann wirkt Gewalt entwürdigend?« Als Joos das sagt, sind 33 Minuten seiner Schulstunde vorbei. Seine Schüler sprudeln jetzt nur so vor Ideen. Sie sind ganz schnell weg vom Gefängnis bei anderen Einrichtungen, die Zwang ausüben. Altenheime?, vermuten sie. Polizei? Militär? »Es wird schon rechtens sein. Es ist halt so im deutschen Staat«, sagt Lotti. Irgendjemand erwähnt Stauffenbergs Attentat auf Hitler – als legitimen Aufstand gegen entwürdigende Gewalt. Die Frage steht im Raum, wer denn darüber entscheidet, ob so etwas richtig, gerecht oder notwendig ist. Joos muss jetzt nur einen Schritt weiter gehen, dann steht er vor einem wunderbaren Moment des Lernens mit seinen Schülern: der widersprüchlichen, aber auch ehrenvollen Geschichte des Kollegs St. Blasien.

Denn im Kolleg arbeitete eine Zeit lang der Jesuit Alfred Delp als Erzieher. Für die Jesuiten ein Held. Delp gehörte den Verschwörern um den Kreisauer Kreis an. Die Nationalsozialisten ließen ihn im Februar 1945 in Berlin-Plötzensee hinrichten. Die Geschichte des Gewissens liegt offen vor den Schülern. Es ist eine Stunde, in der die Schüler fürs Leben lernen. Aber jetzt sind die 45 Minuten abrupt vorbei. »Wir beenden diese Stunde«, sagt Joos knapp.

Unterricht am Gymnasium in St. Blasien. Gut ausgebildete Studienräte haben sich für die Einrichtung beworben, auch, weil diese so viel Geld hat und einen so guten Ruf besitzt. Der Unterricht aber, den sie machen, entspricht in der Regel dem eines konventionellen deutschen Gymnasiums – frontaler Lehrervortrag. Viele Lehrer führen in das Thema ihrer Stunden mit einem Rollenspiel ein. Haben die Schüler verstanden, um was es geht, und beginnen darüber nachzudenken, naht dann oft auch schon unerbittlich das Ende der Stunde.

Auf einer Versammlung der Lehrer mit Brötchen und Kaffee bemerkt Internatsleiter Axel Bödefeld: »Es gibt immer wieder mal Gespräche darüber, den 45-Minuten-Takt abzuschaffen oder infrage zu stellen. Aber wir sind sicher kein Labor für pädagogische Reformen.« Kollegsdirektor Siebner beißt von einem Salamibrötchen ab. Man sei ganz bewusst gegen das Prinzip der Doppelstunde, ergänzt er kauend. Und auch Bernhard Schmidle, Leiter des Gymnasiums, pflichtet bei: »Innovation nur um der Innovation willen – das machen wir hier nicht.«

Die katholischen Schulen allgemein gehören nicht zur Speerspitze der pädagogischen Reform in Deutschland. Sie verfolgen zwar auf ihre Art die »cura personalis«, die Sorge um den Einzelnen, das wichtigste Bildungsprinzip der Jesuitenschulen, wie St. Blasien eine ist. Jede dieser Schulen betont, dass die Basis ihrer Erziehungsarbeit das christliche Bild vom Menschen sei. »Die Schülerinnen und Schüler werden dazu erzogen, Verantwortung für sich und andere zu übernehmen.« So oder so ähnlich steht es in den Schulprogrammen, Leitbildern und Profilbeschreibungen der katholischen Schulen. Doch nicht alle übersetzen diesen zentralen Grundsatz ihrer Mission auch in den pädagogischen Alltag.

Das bleibt besonders engagierten konfessionellen Schulen überlassen – wie etwa der Bodensee-Schule St. Martin in Friedrichshafen oder der Katholischen Bonifatiusschule in Hamburg. Die Schule im Risiko-Kiez Hamburg-Wilhelmsburg hat ihr Programm heruntergebrochen auf Lesekompetenz, soziale Kompetenz, Hauptschulpädagogik und Berufsorientierung. Sie verpflichtet, das ist das besondere, ihr gesamtes Kollegium auf »kooperative Lernformen«, was durch permanente Lehrerfortbildung gewährleistet wird. Wer an die Bonifatiusschule kommt, nimmt das als Grundlage der Zusammenarbeit an. Die meisten anderen katholischen Schulen gehen damit weitaus lässiger um. Sie betreiben Unterricht, wie man ihn von der Regelschule gewohnt ist: im engen 45-Minuten-Takt mit dem Lehrer als der dominanten Person an der Tafel. Mit diesem Stil lässt sich die versprochene »cura personalis« freilich nicht ohne Weiteres umsetzen.

Der bedeutendste reformpädagogische Anspruch des katholischen Spektrums ist der Marchtaler Plan, eine Alternativpädagogik, die in der Bodensee-Schule in Friedrichshafen ihren prominentesten Vertreter hat. Der Marchtaler Plan wurde in den 1970er Jahren in der Diözese Stuttgart-Rottenburg entwickelt, weil diese durch staatliche Vorgaben in Bedrängnis geraten war. Sie gehörte zu den erbitterten Gegnern der Aufhebung der Bekenntnisschulen durch den Staat. Bekenntnisschulen waren staatliche Konfessionsschulen, die nur einer Glaubensgemeinschaft Unterricht anboten. Die Bundesrepublik ließ das Unikum einer staatlichen Religionsschule zunächst zu, verwandelte sie aber Mitte der 1960er Jahre in Gemeinschafts- oder Simultanschulen für mehrere Konfessionen. Die Diözese Rottenburg kämpfte zunächst um die staatlich finanzierte Bekenntnisschule – und gründete dann private Schulen, genauer: Sie wandelte einige der staatlichen in private Bekenntnisschulen um. In dieser Bedrängnis, Schulen selbst zu betreiben und ein eigenes Unterrichtskonzept finden zu müssen, entschlossen sich diverse Schulen, eine zeitgemäße Pädagogik zu entwerfen. Dies geschah unter dem gemeinsamen Dach der frisch gegründeten Kirchlichen Akademie für Lehrerfortbildung Obermarchtal.

In der Folge haben die Bodensee-Schule und ihr langjähriger Leiter Alfred Hinz eine neue pragmatische Reformpädagogik weit über die katholischen Schulen hinaus bekannt gemacht. Am eindrucksvollsten ist die freie Stillarbeit als ein Symbol für das selbstständig arbeitende Kind umgesetzt geworden. Es gibt Klassen an der Bodensee-Schule, in denen jedes Kind morgens an seinen Platz geht und für sich an einem individuellen Programm lernt. Als wichtiges Element gehört dazu der sogenannte vernetzte Unterricht. Dabei wird versucht, aus verschiedenen Fächern Teile zu entnehmen – und sie für die Schüler in einem Projekt zu verbinden, »die didaktische Basis der Unterrichtseinheiten«. Vernetzter Unterricht heißt anderswo fächerübergreifendes Lernen. Das bedeutet: Das einzelne Fach, das traditionell in der deutschen Schule im Zentrum steht, rückt in den Hintergrund. In den Vordergrund treten der einzelne Schüler und seine idealerweise individuellen Zugänge zum Thema.

Der Marchtaler Plan ist keinesfalls der große pädagogische Masterplan für alle katholischen Schulen in Deutschland geworden. Aber er ist immer wieder Vorbild oder wenigstens

Orientierung, wenn sich Schulen von der Pädagogik des 19. Jahrhunderts abwenden. So etwa bei den Schulen der Bernostiftung, einer katholischen Schulstiftung in Mecklenburg. Die Stiftung und ihre drei Schulen in Rostock, Schwerin und Ludwigslust wollen den Marchtaler Plan mit rund 100 Lehrern und Erziehern als alternatives Lernmodell übernehmen.

Wie sehr eine echte Hinwendung zum Kind der Anstoß für pädagogische Reformen ist, zeigen jüngere Beispiele. Im Offizialat der katholischen Kirche Oldenburgs etwa leitet ein Wort Jesajas die Lernreform an: »Weil du so wertvoll bist«, heißt das Projekt, das 2006 als Stärkung der katholischen Hauptschulen begann – und nun sogar die Schulformfrage stellt: Die katholische Kirche Oldenburgs möchte, wie sie schreibt, ihrem »Anspruch an Schule schulformunabhängig gerecht werden«. Es gilt, »die individuellen Möglichkeiten jedes Schülers zu entdecken und zu entwickeln«. Der Oldenburger Weihbischof Heinrich Timmerevers selbst deutet an, dass das bisher offenbar nicht genug Beachtung fand. »Damit die Schulen ihrer Aufgabe als Orte fruchtbarer Persönlichkeitsentwicklung noch besser gerecht werden können als bisher, haben wir eine umfassende Reform unserer Schulen auf den Weg gebracht.« Alle anderen Elemente der Oldenburger Schulreform sind am Kind ausgerichtet. So gibt das »übende Lernen« dem einzelnen Schüler mehr Zeit zum Üben; der »fächerverbindende Unterricht« senkt die Dominanz des Fachunterrichts weiter ab. Statt 45-Minuten-Sitzungen gibt es durchgehend 90-Minuten-Blöcke. Arbeitsgemeinschaften sind fest im Stundenplan verankert. Damit folgt man dem heimlichen Leitmotiv aller kindorientierten Unterrichtsreformer: »Wir unterrichten nicht Fächer, sondern Kinder.«

Im Kolleg St. Blasien ist Schulreform einstweilen kein Thema unter den Lehrern. »Wir unterrichten eher klassisch, den Schüler aktivierend«, sagt eine Französischlehrerin. »Wir sind modischen Trends nicht verfallen.« Die Pädagogin ist eher zufällig an das Gymnasium gekommen. Nun fühlt sie sich sehr wohl. »Ich würde nie tauschen. Dafür ist das Niveau der Schule und das Arbeitsverhalten der Schüler zu gut.« Anders als an anderen Schulen sei das Lehrer-Schüler-Verhältnis enger und vertrauensvoller. »Wir bleiben hier ein Gymnasium«, fügt Jesuitenpater Ludger Joos an. »Kein Lehrer kommt ans Kolleg, weil er im strengen Sinne reformpädagogisch arbeiten will. Wenn ich das tun wollte, würde ich lieber an eine Waldorfschule gehen.« Ein Kollege reagiert gereizt auf die Frage, ob jeder Schüler für Frontalunterricht geeignet sei. »Soll ich jetzt den Frontalunterricht schönreden?«, fragt er. Ohnehin sei das ein Kampfbegriff, »der der Unterrichtswirklichkeit nicht gerecht wird«.

In St. Blasien herrscht die Auffassung vor, dass der Lehrer für die kognitive Seite der Schule zuständig sei. »Aber wir helfen Schülern auch«, betont die Französischlehrerin. »Das Internat ist der Ort dafür, wo man sich um Schüler kümmern kann.« Dort gibt es eine Vielzahl von Erziehern, die sich um die Seelennöte ihrer Törlesse kümmern. »Cura personalis«, das heißt in St. Blasien, bei Zeugniskonferenzen lange um die Noten eines Schülers zu ringen. Oder ihn an die Psychologin im »Zentrum für individuelle Begabungsförderung« weiterzureichen. Dieses Zentrum ist ganz neu, 2008 wurde es eingerichtet. Kein Lehrer vergisst, es beim Stichwort individuelles Lernen zu erwähnen.

Es ist das Idyll der braven Kinder aus dem Hotzenwald. Die Übergangsquote auf Gymnasien ist nicht hoch in der Gegend.

Nicht einmal ein Viertel eines Jahrgangs landet auf dem Gymnasium. Von Risikoschülern oder Bildungsarmut lesen die Lehrer allenfalls in der Zeitung. Wenn sie etwas mitbekommen, dann die Erziehungsprobleme der Kinder aus der Oberschicht.

Internatsleiter Bödefeld gibt eine Religionsstunde. Er hat aufregende Themen für seine 12. Klasse vorbereitet: Liebe, Gerechtigkeit und Barmherzigkeit. Als er merkt, dass seine Schüler nach anfänglichen Startschwierigkeiten langsam in Fahrt geraten, wird er für einen Augenblick nachdenklich. »Jetzt müsste man mehrstündig sein«, sagt er seufzend, weil er sieht, dass ihm die Zeit davonläuft. »Ich tue etwas, weil ich gerecht sein will. Ich tue etwas, weil ich barmherzig bin. Ich tue etwas aus Liebe.« Es wird nun eher eine Mitschreib- als eine Mitdenkstunde. Aber dann wird ihm klar, dass das nun wirklich nicht mehr geht. »Mit dem Thema Liebe fange ich nicht drei Minuten vor dem Gong an«, witzelt er. »Da könnt ihr heute Nacht beim Einschlafen drüber philosophieren.«

Ob die Schüler des Jesuitenkollegs auch nachts über Liebe philosophieren wollen? »Nein, man darf hier keinen Sex haben, das ist absolut verboten«, berichtet eine Schülerin. Neben ihr steht, mit gütigem, aber ebenso strengem Blick, eine Erzieherin. »Wer sich beim Geschlechtsverkehr erwischen lässt, der fliegt. Sofort. Man hat das unterschrieben, das weiß man. Da freut man sich umso mehr auf das Wochenende.« Wichtiger als der Sex ist aber, dass man unter totaler Kontrolle durch die Mitschüler steht, erzählt ein Mädchen. »Wenn es mal Streit gibt, dann kriegen das alle mit – und alle mischen sich ein. Das ist sehr schwer.«

* * *

Während Unterrichts- und Schulreform an katholischen Einrichtungen die Ausnahme sind, ist das bei den evangelischen Neugründungen ganz anders. Besonders für die Welle von Schulgründungen auf dem Gebiet der ehemaligen DDR steht bei den Protestanten die Idee, anders Schule zu machen, ganz oben auf der Agenda. 170 evangelische Schulen gab es 2007 in der Ex-DDR – nach der Wende war es nur eine Handvoll. Die 150 neuen evangelischen Schulen haben ein ähnliches Reformmuster: Sie benutzen das Leitmotiv des christlichen Menschenbildes als Fundament – und bauen darauf ihr didaktisches Konzept, das sich oft auf Reformpädagogen beruft. Die Evangelische Integrative Schule Schwerin bezieht sich auf Maria Montessori, die Grundschule in Grimma/Döben auf Hartmut von Hentig, die evangelische Grundschule St. Marien in Neubrandenburg lässt sich von Peter Petersens Jenaplan leiten. Oft stehen gleich mehrere Reformpädagogen Pate, wenn es darum geht, das Lernen anders zu gestalten.

Die Motive bei den Neugründungen evangelischer Schulen sind vielfältig. Der Kirche geht davon aus, dass sie durch die Schulen innerhalb einer beinahe atheistischen Bevölkerung mittelfristig wieder attraktiver wird. Wichtiger für die Akteure vor Ort ist aber, den Schul- und Unterrichtsstil der DDR zu überwinden. In den Augen vieler Eltern hatte auch Mitte der 1990er Jahre die Wende in den Schulen der ehemaligen DDR noch nicht stattgefunden. Manche evangelische Schulgründer sprechen von einem totalitären Erziehungskonzept der DDR. So weit würde der Schneeberger Pfarrer Frank Meinel nicht gehen. Dennoch erzählt auch er, »wir haben in der DDR-Schule nicht nur Schönes erlebt. Aber man konnte doch nach der Wende nicht alle Lehrer auf einmal auswechseln. Ich hätte mir gewünscht, dass die Lehrer sich nach 1989 schneller auf ein anderes, offeneres Lernen eingestellt hätten. Das ist nicht passiert – da haben wir eben eine eigene Schule gegründet.«

Gemeint ist damit eine Neugestaltung der Lernprozesse, auf gut Deutsch: ein anderer Unterricht, in dem der Lehrer nicht mehr die alleinige Autoritätsperson ist, die in der DDR mit scharfen ideologischen Sanktions- und Machtinstrumenten ausgestattet war. »Die Leute in unserer Initiative haben fast alle so etwas wie ein DDR-Trauma. Ich selber durfte kein Abitur machen«, berichtet Pfarrer Meinel, der zunächst eine reformpädagogische Grundschule und später eine Mittelschule gegründet hat. »Daher ist das Vertrauen in den Staat nicht sehr groß. Wir wollten auch, dass unsere Kinder anders lernen. Deswegen haben wir uns nach der Wende umgesehen nach alternativen Lern- und Schulmodellen, zum Beispiel an der Bodensee-Schule in Friedrichshafen.« Die Instrumente sind sich ähnlich: Jedes Kind wird als einzigartig angesehen; das bedeutet, man will Schule an ihm ausrichten, nicht umgekehrt. Es geht um einen Unterricht, »der es den Lehrern erlaubt, sich vermehrt um die Kinder mit Motivations-, Konzentrations- und Lernproblemen zu kümmern«. Anderer Unterricht heißt dann: individuelle Förderung, Abkehr vom 45-Minuten-Takt, jahrgangsübergreifendes Lernen. Die Evangelische Kirche in Deutschland hat 1993 extra eine eigene Kirchenstiftung ins Leben gerufen, um die Neugründungen zu unterstützen. In den Handreichungen finden sich an zentraler Stelle reformpädagogische Hinweise, die bei der Schulentwicklung hilfreich seien. Diesem explizit reformerischen Ansatz folgen die neuen Schulen. So steht beispielhaft im pädagogischen Konzept der Grundschule St. Marien in Neubrandenburg – jedes Kind soll »seinen eigenen Rhythmus zum selbstständigen Lernen finden«. Dazu gehört auch, dass die übliche Notengebung wegfällt, damit »die Kinder nicht miteinander, sondern immer mit ihrem eigenen Entwicklungsstand verglichen werden«.

* * *

In einer Ecke der Evangelischen Schule Berlin Zentrum wird Schwerstarbeit geleistet. Robin und seine Kumpels versuchen Aufgaben zu lösen – zu dritt. Karteikarte für Karteikarte arbeiten sie sich zäh durch Grammatikübungen. Weil die Burschen lieber herumalbern, als sich zu konzentrieren, ermahnt sie die Lehrerin. »Ich möchte, dass ihr jetzt arbeitet, und zwar im Flüsterton!« »Schaun wir mal«, gibt der 13-jährige Robin kess zurück. »Nein, wir schauen nicht«, sagt die Lehrerin Anna Winterfeldt, »wir arbeiten. Sonst macht ihr allein auf dem Flur weiter.« Letzte Warnung. Kuschelpädagogik hatte man sich irgendwie anders vorgestellt.

Elisa und Charlotte gehören zur gleichen Lerngruppe, machen aber etwas ganz anderes. Charlotte knobelt an einem Fragebogen zu Aktiv und Passiv, ein Test für ihre Mitschüler. Elisa recherchiert für einen Literaturbaustein. Sie soll ein Begleitheft zu dem Buch »Die Erdbeerpflücker« verfassen. »Kann ich mir ein Laptop holen?«, fragt Elisa die Lehrerin. »Ich muss im Netz was nachschauen.« Wenige Minuten später surft sie dem Jugendkrimi von Monika Feth hinterher.

Im Lernbüro der Evangelischen Schule Berlin Zentrum sitzen 15 Schüler rundherum an den Fenstern. Zwei Lehrer stehen für Fragen bereit – sofern sie flüsterleise gestellt werden. Die Atmosphäre eines Klassenzimmers herrscht im Lernbüro nicht, eher die eines Großraumbüros, in dem jeder für sich arbeitet – inklusive neuester IT-Technik. »Wir versuchen nicht mehr zu unterrichten«, erklärt Margret Rasfeld das Prinzip.

»Wir wollen Lernsituationen entstehen lassen, in denen die Kinder selbst aktiv werden.« Um das zu erreichen, hat die Schule ihren Stundenplan völlig umgekrempelt. Es gibt hier keinen Fachunterricht mehr, der im 45-Minuten-Takt abläuft, sondern verschiedene Lernformate. Sie sind fast immer mehrstündig. Das Lernen teilt sich in verschiedene Phasen. Sie unterscheiden sich nicht nach Mathe oder Deutsch, sondern danach, wie selbstständig der Schüler arbeiten kann – und nach der Frage, ob im Team gearbeitet wird oder allein.

Der Tag beginnt mit dem Lernbüro. Dort stehen die Hauptfächer auf dem Programm. Jeder Schüler arbeitet zwei Stunden an seinen individuellen Bausteinen. Das sind thematische Fragestellungen aus den Fächern. »Immer wenn ich einen Baustein fertig habe, zum Beispiel Geschichte, guckt die Lehrerin in mein Logbuch«, erklärt eine Schülerin. Das bedeutet, die Lehrerin beobachtet genau, was ihre Schüler machen. Das muss sie auch. Denn der eine macht Deutsch, der andere möglicherweise Mathe, Englisch oder das Fach »Natur und Gesellschaft«. Die Schüler können wählen, wann sie in welches Fach gehen. Die Verbindlichkeit wird durch Zertifikate gewährleistet, von denen insgesamt acht Zertifikate im halben Jahr erworben werden müssen. Jeder Schüler entscheidet aber selbst, wann er sich zu einem Test anmeldet, der ebenfalls individuell abläuft.

Das zweite individuelle Lernformat ist die Werkstatt. Dort soll jeder Schüler insgesamt vier Stunden in der Woche Raum haben, nach eigenen Interessen und Neigungen zu arbeiten. Es gibt eine Modewerkstatt, eine Massagewerkstatt, ein Orchester; es kann in der Holzwerkstatt gearbeitet werden oder als Forscher in Naturwissenschaften. Ein wichtiges Thema sind die Weltreligionen – selbstverständlich in einer evangelischen Schule.

Die Schule will erreichen, dass die Schüler in der Werkstatt praxisorientiert und forschend lernen. Das heißt aber nicht, dass die Schüler dabei allein auf sich gestellt sind. Sie können weitgehend selbst bestimmen, was sie dort arbeiten – aber sie sind angehalten, darüber in Gesprächen auch Auskunft zu geben. Was macht ihr gerade?, Wozu macht ihr es?, lauten die Schlüsselfragen. Diese Gespräche heißen Tutorengespräche, und jeder Schüler hat einen Lehrer als festen Tutor. Jede Woche findet ein Tutorengespräch statt – auch dies ist sehr individuell. Bei manchen dauert es zwei Minuten, bei anderen kann es in bestimmten Entwicklungsphasen des Jugendlichen auch Stunden in Anspruch nehmen. »Am Anfang lässt man sich ein bisschen hängen«, berichtet der 13-jährige Luz. Aber das gewöhnt man sich schnell ab, sonst schafft man sein Pensum nicht. Und man möchte ja den Rücken für seine eigenen Lerninteressen frei haben.

Wenn man in der Evangelischen Schule nach dem Begriff »cura personalis« fragt, dann wissen vielleicht nicht alle Lehrer, was er bedeutet. Aber sie leben es. Jeder Lehrer hat einen sehr genauen Blick auf seine Schüler. »Ich bin nicht zufrieden«, berichtet Lehrerin Anna Winterscheidt im Gespräch mit dem Besucher über Ellen. »Sie ist eine Superschülerin – aber wir haben überhaupt nichts von ihr.« Diesmal geht es ihr nicht darum, dass Ellen zu wenig für einen Baustein macht, sondern dass sie sich in der Stunde zu wenig einbringt. In diesem Format sind die Schüler tatsächlich noch in ihrer Klasse zusammen wie an ganz normalen Schulen. Ähnlich wie im Projekt, das ebenfalls im Klassenverband stattfindet. Sechs Stunden sind dafür jede Woche reserviert.

»Es gibt einfach viele Dinge, die man nur in der Gemeinschaft einer Klasse lernt«, sagt Winterscheidt, die von Hause aus Gymnasiallehrerin für Deutsch ist. »Ich versuche, die Talente aller Schüler zu Gehör zu bringen – und zwar auch in der Klasse.« Das erwartet sie auch von Ellen. Winterscheidt fände eine Schule, die nur aus Lernbüros bestehen würde, kein erstrebenswertes Ziel. »Dann wäre Schule seelenlos. Und wir würden lauter kleine Lernroboter heranziehen, die wunderbar für sich eigene Ziele verfolgen, aber es nicht gewohnt sind, sich mit anderen auf gemeinsame Themen zu verständigen.«

Das frontale Lernen à la »Feuerzangenbowle« muss man niemandem erklären. Jeder weiß, wie ein normaler Stundenplan mit 45-Minuten-Einheiten aussieht. Jeder kennt die Anordnung, in der man das nachkaut, was einem der Lehrer vorsetzt. Aber die verschiedenen Lernformate einer Schule wie der Evangelischen sind komplexer. Der einzelne Schüler wird dort als eigenständiger Lerner begriffen. Damit ist diese Schule ganz vorne an der Spitze von rund 100 bis 200 Schulen in Deutschland, die dieses Lernprinzip bereits anwenden. Zu diesen Schulen zählen allen voran die Träger des Deutschen Schulpreises, wie die Grundschule Kleine Kielstraße in Dortmund oder die Wartburg-Grundschule in Münster. Die entscheidende Innovation der Evangelischen Schule liegt aber gar nicht darin, dass in Berlins Zentrum ein neues Lernen praktiziert wird. Margret Rasfeld empfindet jede Lernmethode ein Stück weit als eine soziale Technologie. Sie legt daher ihr Hauptaugenmerk nicht so sehr auf die pädagogischen oder stundenplanerischen Kniffe, also auf die Mittel. Es geht ihr um das Ziel. Wozu lernen wir? Wozu sind wir überhaupt da? Was sind die Herausforderungen der Zukunft? Rasfeld begreift eine Schule tatsächlich als ein

Labor, in dem junge neugierige Menschen die Fragen nach der Zukunft des Planeten stellen.

»Die Kinder und die Jugendlichen sind doch diejenigen, die sich über so etwas noch am meisten Gedanken machen«, sagt Margret Rasfeld. »Warum sollten wir sie daran hindern, indem wir sie in einen Lehrplan einsperren und ihnen von außen die Lernaufgaben des vergangenen Jahrhunderts stellen.« Manche mögen das für Spinnerei halten. Wenn die Schüler auf den Nobelpreisträger Muhammad Yunus treffen, dann sieht man, dass das gar nicht so weit hergeholt ist.

Einer der Inhalte, die regulär im Stundenplan auftauchen, ist die Agenda 21, die ökologische Tagesordnung für das 21. Jahrhundert. Während sich Lehrer mancher normalen Schule an die Stirn tippen würden, wenn sie hörten, dass sich eine Schule den Menschheitsfragen widmet, legt Margret Rasfeld jenes Dokument auf den Tisch, das niemand anderes als der Deutsche Bundestag beschlossen hat. Darin ist festgehalten, »dass die Menschheit an einem entscheidenden Punkt ihrer Geschichte steht«. Dann folgt eine Aufzählung, zu der die »zunehmende Ungleichheit zwischen Völkern« ebenso gehört wie Hunger, Analphabetentum und »eine fortschreitende Schädigung der Ökosysteme«. Für Margret Rasfeld ist das keine Lyrik. »Wir können gute Schule nicht nur mit ausgefeilter Didaktik machen. Die Kinder brauchen Ziele, Visionen, Utopien. Dann holt sie die Agenda 21 heraus und schlägt das Kapitel zum Thema Lernen auf. »Es ist zwingend erforderlich, dass Jugendliche aus allen Teilen der Welt auf allen für sie relevanten Ebenen aktiv an den Entscheidungsprozessen beteiligt werden«, steht da. »Denn sie bringen einzigartige Ansichten ein, die in Betracht gezogen werden müssen.« Rasfeld legt das Dokument zur Seite. Dann sagt sie: »Wie kann es sein, dass der Bundestag so etwas beschließt und Initiativen, Behörden und Unternehmen dieses Ziel teilen – aber 99 Prozent aller deutschen Schulen tun es nicht?«

* * *

Die meisten deutschen Privatschulen sind arm. Wenn der Staat zweimal nicht überweist, machen sie Pleite. Nicht so das Kolleg St. Blasien. Die Schule ist wohlhabend, sie verfügt über ein Jahresbudget von 11,5 Millionen Euro. Aber wenn die für die Finanzen zuständigen Herren mit dem Erzählen beginnen, dann sieht man, wie differenziert das Gymnasium seine Akquise aufgefächert hat. Und wie weit der Weg noch ist, den die deutschen Privatschulen zu gehen haben.

Typisch für das Geschäftsgebaren ist nicht das Kolleg St. Blasien, sondern eine der vielen Mädchenrealschulen, welche die Orden Ende des 19. Jahrhunderts zu gründen begannen. Oder das Collegium Josephinum in Bonn, das 1880 von den Redemptoristen ins Leben gerufen wurde. Weil Reichskanzler Bismarck damals den Kulturkampf des Staates gegen die Katholiken ausgerufen hatte, wich der Orden zunächst nach Belgien aus. Das Josephinum begann als ein reines Internat, um seinen theologischen Nachwuchs zu sichern. »Die Orden haben den Nachwuchs erzogen«, erzählt der Leiter der Schule, Peter Billig. »Als immer weniger kamen, haben sie auch jene als Schüler zugelassen, die keine Pater werden wollten.« Damals geriet die Ordensausbildung in die Krise, weil sich zu wenig Jungen für die Paterberufung interessierten. Mitte der 1950er Jahre wurde es immer schwieriger. Die Zahl derer wuchs, die den Orden einfach als gutes Gymnasium nutzen wollten. 1983 schlossen die Redemptoristen das Internat und betreiben seither ausschließlich das Gymnasium. Die Bewegungen lassen sich in

Zahlen fassen. 1965 war das Josephinum, gemessen an Schülern, auf Platz 19 der Bonner Gymnasien. Heute steht es auf Platz 2. Es hat 870 Schüler, nur Jungen, und betreibt nebenher eine Realschule mit 400 Schülerinnen und Schülern.

Der Wandel vom Internat zur normalen Schule brachte eine andere Finanzierung mit sich. Vorher erwirtschaftete der Orden den Etat seiner Schule aus staatlichen Zuschüssen, aus der Eigenbeteiligung des Ordens und den Internatsgeldern. »Hätten wir das Internat halten wollen«, berichtet Rektor Billig, »so hätten wir den Internatsbeitrag massiv anheben müssen. Das aber wollten wir nicht, weil wir es ablehnten, unsere Schülerschaft nach den wirtschaftlichen Möglichkeiten ihrer Eltern zu sondern.«

Teuer und katholisch – das schließt sich bei konfessionellen Schulen beinahe aus. Es war üblich, dass die Patres, die als Lehrer an den Schulen arbeiteten, einen Beitrag dem Orden zuleiteten. Sie, die ein Armutsgelübde abgelegt hatten, reichten das Gehalt, das ihnen der Staat zahlte, an die Schule weiter. Manche ehemalige Ordensschule ist finanziell ins Schlingern gekommen, als nicht mehr genug Patres unterrichteten.

Das Kolleg St. Blasien ist den anderen Weg gegangen. Es hat seine Finanzierung verbreitert und professionalisiert. Gymnasium und Internat stehen finanziell auf verschiedenen Beinen. Der Staat in Gestalt der Landesregierung ist mit 3,8 Millionen Euro beteiligt, das sind 40 Prozent des Budgets. Sie werden als Zuschuss für das Jesuiten-Gymnasium gezahlt, das eben kein privates, sondern ein öffentliches ist. »Wir sind Infrastrukturschule für den Landkreis«, sagt der Geschäftsführer der Schule, Werner Gassert. Zudem fließt Geld aus dem Landkreis selbst (rund 200 000 Euro) und aus dem Erzbistum (500 000 Euro). Beide Institutionen sind im Trägerverein des

Kollegs St. Blasien. Auch die Jesuiten wollten das Kolleg Ende der 1960er Jahre mit damals 500 Zöglingen nicht mehr allein betreiben. »Das war ihnen zu riskant«, meint Siebner, »die vielen Ländereien, das dazugehörige Denkmal des 1000 Jahre alten Benediktinerklosters. Diese Verantwortung wollten die Jesuiten teilen.« Weitere 40 Prozent des Budgets steuern die Eltern mit ihren Beiträgen bei. Die sind unterschiedlich hoch. Die Eltern des Gymnasiums geben 120 Euro, für eine katholische Schule ungewöhnlich viel. Die Eltern der Internatskinder zahlen indes das Zehnfache – 1200 Euro pro Monat. Und die Eltern der Internationalen Klassen, die aus Schweden, China, Spanien, USA, Lettland, kurz, von überall her kommen, bezahlen fast 17000 Euro jährlich. »Das ist viel Geld«, gibt Siebner zu, »das kann nicht jeder auf den Tisch legen.« Einerseits. Andererseits weiß der Mann, der seit 2002 der Chef in St. Blasien ist, dass es auch Eltern gibt, die noch mehr zahlen könnten. »Hier schicken auch Leute ihre Kinder zur Schule, die über ein so großes Vermögen verfügen, dass ich von manchen einen vollen zweiten Internatsbeitrag erwarte«, sagt Siebner mit der Autorität des Präsidenten. »Als Spende für ein Stipendium.«

Kaum eine Privatschule, die sofort transparent und offen wird, wenn sie nach ihren Stipendien gefragt wird. Anders die Jesuiten. 350000 Euro ist der Solidaritätsfonds wert. Er reicht für 45 Stipendien, die an sogenannte Externe gehen, also die Gymnasiasten aus St. Blasien und Umgebung. Auch 25 Internatskinder profitieren von dem Geld. Zudem vergibt die Schule vier Freiplätze, etwa an Partnerschulen. Gespeist werden diese durch eine freiwillige Abgabe. Die Externen geben jeden Monat fünf Euro, die Internen 50 Euro in den internen Solidaritätsfonds. Deswegen mag *Präsident* Siebner den Vorwurf der sozialen Entmischung nicht auf seiner Schule sitzen lassen.

»Dieser Vorwurf gegen die katholischen Privatschulen ist geradezu absurd. Man müsste diese Schulpolitik als Sozialpolitik einstufen, etwa wenn in Hamburg-Billstedt Schule gemacht wird. Wenn wir die katholischen Schulen nicht hätten, dann gäbe es viel mehr Spannungen.«

Die Eltern, die an seiner Schule viel Geld bezahlen, machen ihren Einfluss geltend oder versuchen es zumindest. So gibt es etwa Probleme bei der Lehrerrekrutierung in den ungeliebten Hotzenwald, der rund um St. Blasien wie eine Brandmauer junge Lehrer davon abhält, an das Kolleg zu gehen. Der Vater eines Internatszöglings sagt dazu, man könne dem Standortnachteil abhelfen, »wenn man ein paar Scheine mehr auf den Tisch lege«. Damit gerät der ökonomisch denkende Vater und Bankier allerdings an die moralischen Grenzen des Unternehmens St. Blasien. Denn es ist eben auch eine Einrichtung von Jesuiten, die ein Armutsgelübde abgelegt haben. »So geht das nicht«, sagt Pater Siebner, »dann sind wir keine Schule mehr.« Dennoch wird deutlich, dass mit Elternbeiträgen Erwartungen verbunden sind: »Die Eltern wollen Performance sehen. Die machen Druck.« Für Siebner ist dieses Verhalten der Eltern »Teil des Bildungsterrors«, der sich im Land breitgemacht hat. »Eine Schule muss aber panikresistent sein. Sie muss den Mut haben, die PISA-Studie aus dem Fenster zu werfen.«

Die Eltern nah heran zu lassen, zu ihren Machbarkeitsfantasien aber Distanz zu halten, ist noch aus einem anderen Grund wichtig: Die Lehrer in St. Blasien sehen sich eher als Mitglieder eines katholischen Gymnasiums als einer teuren Privatschule. In der Leitung der Schule nennt man die Lehrer denn auch »die schwierigste Gruppe«, wenn man über das Schulgeld spricht. Schon an der Regelschule sei das Staatsdenken sehr verbreitet, viele Lehrer verstünden sich in erster Linie als Beamte. An der Privatschule ist das nicht viel anders. »Wir sehen eine spirituell-emotionale Hemmung im Umgang mit Geld.« Eine gefühlte Mehrheit der Pädagogen ist gegen Fundraising, dem Einwerben von Mitteln. »Die sagen dann«, berichtet jemand, »›Die Leute auf Geld anzusprechen – hat man das nötig?‹.« Denn Eltern selbst scheint Geld nicht« wichtig zu sein. Sie lächeln unmerklich, wenn sie nach dem Schulgeld gefragt werden und der Tatsache, dass ihr Kind eine Privatschule besucht. »Das ist ja keine 100-prozentige Privatschule, sondern eine öffentliche Schule«, beruhigt eine Mutter. »Ich kann das Schulsystem nicht dadurch gerechter machen, dass ich meine Kinder nicht auf einer Privatschule anmelde.« Die Frau arbeitet in der Bibliothek mit. Ehrenamtlich. Sie findet es schade, dass sich so wenige Eltern bei den Elternabenden engagieren. Dann wechselt sie das Thema. Sie möchte über das Pädagogische sprechen. Individuelle Förderung, das findet sie wichtig. »In den USA werden behinderte und hochbegabte Kinder als gleich behindert angesehen und haben daher auch das gleiche Recht auf besondere Förderung.« Pause. »Das ist ein Denken, das ich in Deutschland vermisse.«

* * *

Rund um das Jesuitenkolleg St. Blasien gibt es eine Reihe barock-moderner Gasthöfe. In einem sitzt Wolfgang Mayer, um Auskunft zu geben, wie man an einer Privatschule Fundraising betreibt. Mayer ist systemischer Organisationsentwickler; er hat Theologie studiert und ein Fundraising-Zertifikat in der Tasche. Bei dem Job am Kolleg ist der Übergang zwischen seinen Professionen fließend. »Fundraising kann man nicht anbauen, sondern man muss es einbauen in die Organisationsstruktur«, sagt er zum Beispiel. »Es geht darum, eine systemische Entwicklung mit allen Akteuren hinzubekommen. Und mit der extrem wichtigen Ressource Vertrauen zu arbeiten.« Ist es da nicht ideal, an einer Privatschule arbeiten zu können, will der Besucher wissen. Mayer hält inne. Irgendetwas gefällt ihm nicht. Es stellt sich heraus, dass es der Begriff Privatschule ist. »Ich bin an eine Jesuitenschule gegangen. Das ist für mich das zentrale Motiv. Ich wäre niemals zu einer kommerziellen For-Profit-Schule gegangen, das ist mit meinem christlichen Menschen- und Weltbild nicht vereinbar«, sagt der für strategische Geldbeschaffung zuständige Mitarbeiter einer 15 000-Euro-Schule. »Mir geht es nicht um Profitmaximierung, sondern zuallererst um das Gemeinwohl. Ich muss den Spagat zwischen Gewissen und Gewinn immer aushalten können.«

Die Reformpädagogen
Zwischen Geschichte und Vision

■ Zu Besuch in der Odenwaldschule und
  der Freien Schule Anne-Sophie

Der Weg entlang dieses Zauns mag nicht enden. Es geht rechts
von einem Waldstück oberhalb von Künzelsau einmal um
eine weite Kurve. Dann beginnt ein langgezogener Parkplatz.
100 Autos mögen hier Platz finden. Für einen Moment lenkt
hinter dem Zaun ein kleines Zeltdorf ab, in dem Kinder spielen. Eine Feuerstelle, eine Handvoll Tipis. Endlich hat man das
Wärterhäuschen erreicht, wo ein freundlicher Herr in Uniform
über den Eingang wacht. Er fragt, wo der Besucher hin möchte. Es wird telefoniert, Ausweise und Namen von Menschen
verlangt, die einen Gast erwarten. Lange dauert es, bis sich die
Tore öffnen zur Freien Schule Anne-Sophie. Bettina Würth und
die Stiftung der milliardenschweren Würth-Gruppe haben sie
gegründet. Eine der jüngsten Privatschulen Deutschlands –
und zugleich eine der ambitioniertesten.

Nach außen hin macht die Freie Schule Anne-Sophie den
Eindruck eines hermetisch abgeschlossenen Sicherheitstrakts.
Aber das stimmt nur für ungebetene Gäste. Unten, in Künzels-
au, raunen sich die Leute zu: »In die Schule vom Würth, da

kommen nur die Kinder rein, die gut sind – und deren Eltern es sich leisten können. Das ist eine Elite-Schule.« Doch sie ist gar keine Schule, die reserviert wäre für Bürger vom Stande Reinhold Würths, des Firmengründers und Milliardärs. Das Schulgeld beträgt maximal 200 Euro pro Monat, für 15 Prozent der Schüler gibt es ein Stipendium. Die Schule ist offen für Kinder aus der Region. Wenn die Schüler in der Pause dem Ball hinterherjagen, dann sieht man nicht wenige schwarze Kinder, Söhne türkischer und russischer Eltern und Buben vom Land. In Mathe haben einige der Jungs große Mühe, ein paar Zahlen in einem Koordinatensystem unterzubringen. Es dürfte nicht schwer sein, ihre Schiffe zu versenken.

Die Idee für die Schule hatte Würths Tochter Bettina. Sie selbst hatte nicht viel Spaß in der Schule. »Ein glücklicher Moment in meiner Schulzeit, da fällt mir jetzt gar keiner ein«, sagt sie überrascht. Aber der eigene Schulfrust war gar nicht der Grund, eine Schule zu gründen. Die 48-jährige Vorsitzende des Beirats der Würth-Gruppe hat zu viele junge Menschen in ihrem Unternehmen gesehen, denen es an Selbstbewusstsein und Führungskompetenz mangelte. »Viele Kinder kommen mir fast wie verbildet vor. Sie sind theoretisch gut ausgebildet – aber drängen sie auch danach, aktiv zu sein, spontan und kreativ? Wir können doch nicht Schule machen, damit alle artig in der Bank sitzen und ruhig sind. Kinder sollten sich entfalten können.«

Andere Leute mit dem Vermögen der Würths, deren Unternehmen acht Milliarden Euro Umsatz im Jahr macht, würden mit einer Schule wahrscheinlich Geld verdienen wollen. Anders die Schule der gemeinnützigen Würth-Stiftung. »Ich hatte eher über eine schnuckelige Grundschule nachgedacht, aber mein Vater meinte, ›Na, wenn schon, dann alle Schularten.‹«

Bettina Würth zählt zu jenen Privatschulgründern, die etwas Neues im Schulsystem schaffen wollen. Die Kinder sollen dort anders lernen, nicht bloß nach Lehrplan pauken, was ihnen vorne einer erzählt. Es geht ihr darum, alle Talente zur Geltung zu bringen. Die Schüler sollen, so sagt sie, von Anfang an Kooperation und Unternehmensgeist üben. Daher hat die Schule einen bewusst reformpädagogischen Ansatz: keine Noten, individuelles Lernen, gestaltete Lernumgebung. Schüler heißen hier zum Beispiel *Lernpartner.* »Wenn Kinder mitentscheiden dürfen, was und wie sie als nächstes lernen«, findet Bettina Würth, »dann sind sie mit ganz anderer Motivation dabei.«

Damit zählt die Freie Schule Anne-Sophie zu den Reformmotoren unter den Privatschulen. Solche pädagogisch inspirierten Reformschulen finden sich in allen Typen von Privatschulen, von den Alternativschulen über die Waldorf- bis hin zu den Schulen, die ihre Pädagogik an Maria Montessori ausrichten. Die alten Landerziehungsheime gehören dazu, welche die reformpädagogischen Prinzipien aus der Wende zum 20. Jahrhundert bewahren. Aber auch konfessionelle Schulen haben Reformschulen, etwa der Campus Klarenthal in Wiesbaden, den die prominente Rektorin Enja Riegel zusammen mit dem Evangelischen Verein für Innere Mission in Nassau gerade gründet. Oder die Freie Aktive Schule Wülfrath, die Mitglied im Verband der Privatschulen ist. In diesen Schulen lebt der unstillbare Traum der Deutschen, dass nur eine zweckfreie, also staatsferne Schule umfassend gebildete Persönlichkeiten hervorbringen könne. Hier sind Friedrich August Fröbel, Wilhelm von Humboldt, Peter Petersen, Hermann Lietz und Paul Geheeb zuhause, um nur einige Schulreformer zu nennen.

In der Freien Schule Anne-Sophie war zunächst ein generöser Architekt zuhause. Oben auf der Höhe über der 14 000-Einwohnerstadt Künzelsau im Norden Baden-Württembergs hat er einen modernen Gebäudekomplex gebaut, in dem irgendwann einmal 700 Schüler lernen können. Statt einen der von Gebäuden umstellten Schulhöfe, die in Deutschland noch heute oft wie Exerzierplätze aussehen, liegt hier eine weitläufige Fläche. Rasen wächst zwischen den Lernhäusern. Auch die Mensa ist ein eigenes großes Gebäude. In der Freien Schule Anne-Sophie sucht man vergeblich nach konventionellen Klassenzimmern. Es gibt Labore, Rollenspielbühnen, Lernräume mit einer Art Schiffsrumpf in der Mitte. Alle zusammen teilen sich mit den Lehrern das Lernatelier, das wie ein modernes Großraumbüro aussieht. Dort haben alle Schüler einen eigenen Arbeitsplatz. Immer zwei benutzen gemeinsam einen Computer. Der Schule sieht man an, dass sie keine normale sein will.

Kai, Lucca, Mia und die anderen müssen ihre Pässe vorzeigen. Vor ihrem Lernraum hat Jonathan Hooley einen kleinen Grenzposten zu Little England aufgebaut. Jenseits der Grenze wird nur noch Englisch gesprochen, genauer geschrieben, geredet und viel gesungen. »Two little dickie birds sitting on a wall, one called Peter, one called Paul«, schmettern die Drittklässler. Sie sitzen inzwischen rund um einen orangenen Teppich auf seltsamen roten Hockern aus Schaumstoff. Die Kids haben schnell kapiert, was der Unterschied zu einer normalen Schule ist. »In der Schule von Kupferzell«, sagt ein Junge, »da müssen alle immer gemeinsam das Gleiche lernen. Auch die ganz leichten Übungen musste ich noch mal machen – obwohl ich sie längst verstanden hab.« Kleine Pause. Lucca nickt noch einmal, als glaubte ihm sein Gegenüber nicht. »Isch so, in Kupferzell!«

In der Freien Schule Anne-Sophie ist es anders. Die zweite Lehrerin neben Jonathan Hooley hat Kai zur Seite genommen. Kai ist neu. Aber das macht gar nichts. Denn die Lehrerin hat Zeit, auf ihn einzugehen. Wenn der Kreis mit dem Little-Dickie-Bird-Ritual und der Aufgabenstellung fertig ist, arbeiten alle Schüler für sich. »Ich mag gerne eins zu eins unterrichten«, sagt Hooley, der als Lehrer viel in der Welt herumgekommen ist. Jetzt geht er von Tisch zu Tisch und schaut sich an, was seine Schützlinge machen. Und was sie von ihm wissen wollen. Er sagt: »Solche Situationen muss man kreieren.« Der 46-jährige Brite hält nichts von großen, starren Lernsystemen. »Wir sind immer in Gefahr, wenn wir den Unterricht zentral von oben verändern, dass wir gute Sachen rauswerfen«, berichtet er von seinen Erfahrungen aus dem saudischen Jeddah, aus dem englischen Bristol und den anderen Orten, an denen er schon unterrichtet hat. Das offene Schema der Schule Anne-Sophie passt ganz gut zu Hooley. Es gibt ihm die Freiheit, das individuelle Lernen wirklich zu praktizieren – und seine wunderbaren kleinen Kniffe, die er gerne anwendet.

»Wenn ich einen krummen Satz oder ein falsches Wort der Schüler einfach wiederhole und ihn dabei beinahe unmerklich verbessere, dann ist das kein barsches Korrigieren. Man muss nicht sagen ›Das ist falsch‹ – oder es gar an die Tafel schreiben«, sagt Hooley. »But I don't like words on walls.« Hooley will Kinder nicht belehren oder gar demütigen. Der Lehrer ist überzeugt, dass seine Methode das Lernen beschleunigt. »Ich glaube, dass die Kinder schneller lernen und verstehen, wenn sie wissen, dass sie ruhig mal einen Fehler machen dürfen.« Hooley ist wie gemacht für die Lernphilosophie der Würth-Schule. »Ich kann die Sachen nur so gut erklären, wie ich sie kann«, sagt er. »Aber weiß ich, ob die Schüler es nicht viel besser können?« Das ist das Konzept des Lehrers, der nicht mehr Frontlader und Besserwisser ist, sondern *Lernbegleiter*. So heißen die Lehrer hier. Aber Hooley sagt das nicht, weil er ein willfähriger Adept von Bettina Würth wäre. Der Mann hat eine regelrechte Phobie vor Lernkonzepten, die man Schulen von oben überstülpt.

Hooleys Schüler malen und schreiben. Mal allein, mal in der Gruppe. Und sind schon fast so gut im Erklären ihrer Traumschule wie ihre Lehrer. »Ich kann auswählen, was ich machen will«, sagt die kleine Mia. Und verrät auch gleich, was das historisch bedeutet: »Meine Mama konnte das noch nicht, als sie in die Schule ging.« Ihre Schwester hingegen werde auch an diese Schule kommen. Und sie wird dann nicht eine Schülerin sein, sondern eine *Lernpartnerin*.

In der Schule Anne-Sophie arbeiten alle individuell. Nicht einmal Noten gibt es, die Eltern oft als die wichtigste Informationsquelle ansehen. Aber woher weiß man dann eigentlich, wo sich das einzelne Kind befindet? Dafür ist der Rote Faden da, eine Art Lernprotokoll. Dort halten Lernpartner und -begleiter sukzessive fest, was die Lernziele sind und was die Kinder gerade machen. So können sich die Eltern auf dem Laufenden halten. Zusätzlich gibt es Entwicklungsgespräche, an denen der Lernpartner, der Lernbegleiter und die Eltern teilnehmen.

An den über 30 000 staatlichen Regelschulen ist das ganz anders. Dort müssen sich die Kinder nach der 4. Klasse entscheiden, auf welche Schulform sie gehen. Es gibt meistens schon ab der 3. Klasse Noten. Entwicklungsgespräche und Lernberichte werden, wenn überhaupt, an den Grundschulen angeboten. In der Freien Schule Anne-Sophie soll das anders sein. Die Kinder gehen bruchlos vom Lernhaus Grundschule in eines der

Lernhäuser Sekundarschule weiter. Alle Kinder besuchen eine Schule – egal, ob sie formell eine Empfehlung für Haupt- oder Realschule haben. Die Gymnasialgruppen werden teilweise getrennt unterrichtet – noch.

Dennoch muss sich niemand etwas vormachen: Nicht alle Väter und Mütter kommen damit zurecht.

»Sie müssen unheimlich viel mit den Eltern arbeiten«, sagt Peter Fratton, der das pädagogische Konzept der Schule entworfen hat. »Für sie ist das neue Lernen oft eine Revolution.« Der dynamische Mann mit dem Bürstenschnitt meint damit die Unsicherheit der Eltern. Sie entsteht, wenn die alten Fixpunkte des Lernens nicht mehr vorhanden sind, welche die Eltern aus ihrer eigenen Schulvergangenheit kennen. Dazu zählt das Klassenzimmer, die Tafel vorne, neben der ein Lehrer als eine Art Chorleiter steht und vorgibt, was gelernt werden muss. Alles das gibt es so nicht mehr in Künzelsau. Stattdessen wechseln die Kinder mit ihren Lernbegleitern häufig die Räume. Einer der Aufsehen erregendsten Orte ist das Schiff. Jedenfalls sieht es so aus, als hätten die Architekten der Schule Anne-Sophie um einen Schiffsrumpf herum einen Lernraum gebaut. Die Schüler stehen dort an einem mächtigen ovalen Stehtisch, dem Schiff. Sie stützen sich auf die polierte Deckplatte aus sattbraunem Holz. Da, wo normalerweise der Klüverbaum herausragen würde, steht der Lehrer. Er kann einen Computer zu Rate ziehen und via Beamer Informationen an die Leinwand werfen.

Idealerweise gibt er in diesem Lernraum nur einen kurzen halbstündigen Vortrag, den sogenannten Input. Dann verschwinden die Schüler ins Lernatelier, um allein weiterzuarbeiten. Die meiste Zeit verbringen sie nun in Stillarbeit. Wenn ein Schüler etwas nicht weiß oder etwas abgeschlossen hat, geht er zu einem Lehrer. Rund 100 Menschen sitzen und stehen in dem weitläufigen Lernatelier an ihrer Arbeit. Trotzdem ist es leise.

Das heißt, es muss ruhig sein. Wer das nicht aushält, geht vor die Tür in die großen Flure. Oder ins gelbe Zimmer, einem kleinen Raum mit gläserner Wand. »Hier gehen wir hin, wenn wir faulenzen oder ein Buch lesen wollen«, sagt Leo frech. Der andere Junge verbessert ihn: »Du Dödel, musst dich doch abmelden, wenn du aus dem Lernatalier rausgehst!« Die Freiheit des Schülers ist Schulleiter Peter Fratton heilig. »Lernen ist eine Existenzform«, sagt er, »das muss man niemandem beibringen, ähnlich wie atmen. Bei Atembeschwerden käme es niemandem in den Sinn zu sagen: Er ist halt zu faul zum Atmen. Aber bei Lernbeschwerden hört man solche Sätze.«

Das entspricht auch den Vorstellungen der Unternehmerin Bettina Würth. Ihr Leitbild ist das »eines jungen Menschen, der etwas bewegen will. Den kann man nicht permanent damit konfrontieren, was nicht geht, was man nicht darf und was man zu beachten hat.« Daher ist die Schule auch wie ein Unternehmen konstruiert. Der Geschäftsführer Stefan Großöhmigen ist Anfang 30 und Bettina Würths Büroleiter. Der Etat stammt aus Zuschüssen der Würth-Gruppe, wahrscheinlich solchen, die steuerlich abgesetzt werden. Den Gesamtetat der Schule möchte Großöhmigen nicht nennen.

»Ich werde Euch zuhören. Ich werde Eure Meinungen und Interessen vertreten. Ich werde zuverlässig sein.« Henning muss grübeln. Was soll er noch alles auf das Plakat schreiben? Natürlich! Das Wichtigste hat der 12-Jährige vergessen. Er tippt ein: »Ich werde gerecht sein.« Henning gestaltet am Computer gerade ein Wahlplakat. Denn er will Richter werden im Gericht der Lernpartner, das an der Freien Schule Anne-Sophie gebildet wird, um Streitigkeiten zwischen den Schülern zu schlichten. Und wenn er gewählt werden will, muss er ein gutes Wahlplakat machen. Er überlegt sich, dass er ja noch sein Foto einbauen muss. Also klickt er eines seiner Bilder an und setzt es mit auf die Seite, die vor ihm auf dem Bildschirm flimmert.

Am gemeinsamen Arbeitstisch im Lernatelier ihm gegenüber sitzt Josef. Er ist derzeit mit Englisch beschäftigt. Der Junge stellt sich die Vokabeln zusammen, die er noch nicht kann. Teresa erklärt derweil:»Man kann selbst entscheiden, wann man ein Feedback zu einer Lerneinheit machen will.« Ein Feedback ist ein kleiner Test. Wenn die Lernpartner so weit sind, gehen sie zum Lernbegleiter und legen den Test ab. Individuell. So viel Innovation macht manche Eltern nervös. Die Eltern der Freien Schule Anne-Sophie sind nämlich keine handverlesenen Fans des alternativen Lernens. So etwas gibt es noch kaum in Künzelsau und Umgebung. Dafür ist die Schule noch zu neu; sie befindet sich erst im Aufbau.

Seit 2006 ist sie eine Grundschule mit rund 100 Kindern. 2008 kam eine weiterführende Schule ab Klasse 5 dazu. 2009 lernten hier insgesamt 350 Schüler. Die Lernhäuser der Sekundarstufe haben auf einen Schlag 150 Kinder in die Klassen 5 bis 9 aufgenommen. Gerade sind noch einmal 100 hinzugekommen. Bald wird es auch eine Oberstufe geben. Manchen gehen diese Entwicklungsschritte zu schnell. In der Grundschule sind die Eltern noch halbwegs aufgeschlossen für ein anderes als das frontale Lernen. Aber in der weiterführenden Schule ist das oft nicht mehr so.»Können Sie mir garantieren, dass mein Kind das Abitur schafft?«, ist eine der Fragen, die Peter Fratton von Eltern nicht selten zu hören bekommt. Eltern erwarten, dass ihr Kind nach der Grundschule möglichst bald zeigt, welchen Abschluss es einmal machen wird.

»Wir brauchen das Vertrauen der Eltern«, weiß Fratton, »sonst können wir nicht arbeiten.« Er versucht den Widerspruch zwischen dem alten und dem neuen Lernen gar nicht erst kleinzureden. »Wenn jemand ständig wissen will, wo sein Kind gerade steht, dann macht das in unserem Konzept alle verrückt. Die Eltern müssen vertrauen. Ihrem Kind. Und uns. Denn es lernt von sich aus die Dinge, die ihm sein Inneres vorschreibt.« Das hört sich versponnen an. Aber Fratton ist alles andere als ein Spinner. Er hat in der Schweiz viele Schulen gegründet, die ein vollkommen neues Lernkonzept verfolgen. Sein Unternehmen, die SBW Neue Medien AG mit Sitz in Romanshorn in der Schweiz, ist eine Art Konzern des modernen selbst gesteuerten Lernens. Auf Bildungskongressen nicht nur im deutschsprachigen Raum ist er einer der Gurus des neuen Lernens. 14 Schulen haben die Frattons mittlerweile in der Schweiz gegründet. Die berühmteste ist die Primaria in St. Gallen, ein ganz unglaublicher Lernort für vier- bis 14-Jährige, der keine Klassenzimmer und fast keine Regeln mehr hat – außer der, dass die Kreativität der Kinder über allem anderen steht.

Wenn Fratton in Künzelsau ankommt, dann biegt ein schwarzer Jaguar um die Ecke. Aber Fratton ist kein Unternehmer und Geldschneider. Wenn man so will, ist er ein Radikalreformer in Rollkragenpullover und Jackett. Er sieht Kinder als autonome Lernpartner an. »Autonom heißt soviel wie aus sich selbst heraus. Das ist mehr als selbstständiges Lernen«, sagt Fratton. »Denn dort wird dem Kind immer noch gesagt, was es lernen soll.« Gefragt nach seinem Traum von Schule, antwortet er, ohne eine Sekunde nachzudenken: »Einmal keine Schule zu gründen.« Stattdessen schwebt ihm – wie seinen Vorbildern Mauricio und Rebecca Wild – ein »Zentrum für autodidaktische Aktivitäten« vor. Das ist ein Ort, an dem Menschen zusammenkommen, um zu lernen und zu forschen. Oder einfacher: um neugierig zu sein. Sein konkretes Ziel für eine Schule wie die Freie Schule Anne-Sophie ist, »eine Lernumgebung zu gestalten, die kein Kind mehr als Verlierer verlässt. Die Kinder sollen Gewinner sein. Sie wissen wohl, dass sie dies oder jenes nicht so gut können wie andere. Aber sie fühlen sich geschätzt, anerkannt und willkommen. Die Schule soll ein Ort sein, wo Kinder nicht übersehen werden.«

In Künzelsau haben ihm, Fratton, dennoch drei Elternpaare den Rücken gekehrt. Drei von 250. »Weil sie Angst haben, ganz einfach«, weiß der kleine Mann. »In der Primaria hatten wir ein Kind«, erzählt er von seiner Vorzeigeschule in der Schweiz, »das ganze zwei Jahre nicht gelesen hat. Kein Wort. Es wollte einfach nicht. Die Eltern sind beinahe verrückt geworden. Aber wir wussten: Das Kind wird lesen – wenn es soweit ist. Und so war es dann auch.«

So viel Geduld kann die Freie Schule Anne-Sophie wahrscheinlich von ihrer Elternschaft in Künzelsau nicht erwarten. Dennoch gibt es die ersten Fans des neuen Lernens. »Ich wollte von Anfang an mit meinem Kind an diese Schule«, erzählt Elke Reineke, eine Mutter. Sie berichtet von ihrer Tochter, die in der Grundschule nicht gerne lernte und stets unzufrieden gewesen sei. »Sie hatte jeden Tag Stress. Jetzt ist es ganz anders. Die Kinder werden hier ernst genommen. Meine Tochter lernt, seitdem sie hier ist, gerne und selbstständig. Die Kinder müssen schon viel arbeiten. Aber man hat das Gefühl, sie gehen gerne zur Schule.«

Elke Reineke ist Architektin und kommt aus Niedernhall; das ist 15 Autominuten von Künzelsau entfernt. Es macht ihr nichts aus, so weit zu fahren. Sie engagiert sich im Elternbeirat und hat das Gefühl, dass eine ganz andere Atmosphäre herrscht als an der Schule, die ihre Tochter zuvor besucht hat. Die Eltern seien engagiert, die Elternstammtische voll – anders als an der staatlichen Schule. »Wir wollten auf keinen Fall das achtjährige Gymnasium für unsere Tochter«, sagt sie sich los von dem Turbogymnasium, das wegen des ungeheuren Lerndrucks schon die halbe Republik verrückt gemacht hat. Im achtjährigen Gymnasium müssen die Kinder teilweise bis 16 Uhr in der Schule pauken, dann gehen sie nach Hause – und lernen weiter.

Elke Reineke ist erleichtert. »Es ist gut, dass es diese Privatschule gibt. Die Kinder haben die Form des ›autonomen Lernens‹ schon nach einem Jahr angenommen. Die meisten kommen gut damit zurecht. Ich hoffe aber, dass unsere Schule auch positive Effekte auf die anderen Schulen hat.« Denn das Gymnasium brauche dringend eine Reform. Und dann sagt sie das Unvermeidliche: »Die Kinder sind glücklich hier. Das wirkt sich sehr gut auf das Familienleben aus.« Frau Reineke ist eine Mustermama für die Freie Schule Anne-Sophie.

Peter Fratton aber behält seine freundliche Skepsis gegenüber den Eltern. Er betont, dass sie stets gefragt sind, solange es um das einzelne Kind geht. »Aber wenn sie anfangen, über das Konzept zu sprechen, dann sage ich ›Stopp!‹.« Nur ist Fratton, der früher Lehrer und Kantonalspräsident für die Schweizer Sozialdemokraten war, lange genug im Geschäft, um zu wissen, welche Art von Fragen Eltern stellen. Oder als rhetorische Fragen getarnte Bemerkungen. »Glauben Sie, dass ich 200 Euro für einen glücklichen Hauptschüler bezahle?«

* * *

Es ist morgens, wenige Minuten nach sechs Uhr. Da sind die beiden Jungs bereits auf den Beinen. Die Siebenjährigen machen ihren Morgenlauf. Sie starten am Pestalozzihaus und joggen einen steilen Weg hinauf. Oben geht es ein Stück durch den Wald am Sportplatz vorbei. Aber sie verlieren darüber keine Gedanken. Zum Denken ist es zu früh, und ihr Kopf ist ohnehin bei den Katzen. Sie haben kaum einen Blick für das Edith-Cassirer-Haus. Sie freuen sich auf die kleine Pause – und darauf, den kleinen Tiger, wie sie ihn nennen, füttern zu können. Sie holen dicke Brocken Katzenfutter aus den Dosen. Dann weiter. Jetzt glücklicherweise bergab.

Es geht vorbei am Schweizerhaus. Wenn sie unten am Geheeb-Haus angekommen sind, das Büros und den Speisesaal beherbergt, müssen sie sich entscheiden. Die jungen Jogger können wählen, ob sie lieber die praktisch-künstlerische Linie als den Philosophenweg laufen. Kurz die Druckerei passieren, um dann in Sichtweite der Zeichensäle, des Ateliers und des Laborgebäudes nach Hause zu rennen. Oder ob sie das Goethehaus streifen, um nacheinander an den Internatshäusern der Idealisten Herder, Fichte und Schiller sowie am großen Bildungsreformer Wilhelm von Humboldt vorbeizulaufen. Das ist der beschwerlichere Weg. Am Ende wäre noch einmal ein Anstieg zu Pestalozzi zu bewältigen. Also nehmen sie lieber die Stufen an der Druckerei. Und traben gemütlich nach Hause.

Frühsport mit den Kindern der Eingangsstufe des Landerziehungsheims Odenwaldschule. Für den Mitlaufenden ist das ein körperliches Martyrium – und ein geistiges. Wer verkraftet schon auf nüchternen Magen die geballte deutsche Erziehungskunst, gepaart mit idealistischer Philosophie? Für die Jungs ist es okay. Sie vertreiben die Müdigkeit und die frühen Gedanken an ihre Eltern, die Hunderte Kilometer weg sind. Lieber laufen sie, als die Pein des langsamen Aufstehens zu erleiden. Zurück am Pestalozzi-Haus drückt sie die Sportlehrerin an ihren Busen. »Ich bewundere die Jungs, wie sie das schaffen – so weit weg von den Eltern«, sagt Bobby Schiertz. Sie ist ihr Familienoberhaupt und so etwas wie ein Mutterersatz. Alle Kinder wohnen in einem Haus in einer Familie zusammen, meistens sechs bis zehn Schüler gemeinsam mit einem Lehrer oder einem Lehrerehepaar.

Landerziehungsheim, das hört sich eher wie Bootcamp oder betreutes Wohnen an. Aber das Landerziehungsheim, das ist ein Schonraum für die Kinder. Ihre Gründer wollten geschützte Bereiche schaffen, die die Schüler vor den Einflüssen einer verderbten Gesellschaft bewahren. »Werde, der du bist«, nannte das Paul Geheeb. Der Mann, der mit Rauschebart und Knickerbockerhosen in der Bibliothek hängt, war der liberale unter den Landerziehern. Er hat die Odenwaldschule vor 100 Jahren gegründet. 21 solcher Landerziehungsheime gibt es heute; sie zählen insgesamt 5600 Schüler. Die Schule gilt als eine reformpädagogische Institution – ist aber zugleich eine der teuersten deutschen Privatschulen. 26000 Euro im Jahr zahlen die Eltern, die ihre Kinder aufs Internat an den Waldrand im hessischen Ober-Hambach schicken. Trotzdem ist die Odenwaldschule eine Gesamtschule. An der OSO, wie die Mitarbeiter ihre Schule nennen, kann man vom Hauptschulabschluss bis zum Abitur alles machen, also den mittleren Abschluss und auch das Fachabitur. Abiturienten, die smart genug sind, können parallel noch diverse berufliche Abschlüsse erringen, den chemisch-technischen oder den informationstechnischen Assistenten etwa. Elite wird belohnt. Nur kann mit dem Wort Elite an der OSO kaum jemand etwas anfangen. Eigentlich hassen sie es. Alle. »Das Schulgeld von über 2000 Euro, das ist schon etwas, was einen bedrückt«, sagt ein inzwischen pensionierter Lehrer. »Ich sehe mich als Lehrer einer Reformschule«, betont der pädagogische Leiter der Odenwaldschule, Uwe Koltzsch. »Dass wir auch Privatschule sind, ist für mich eher ein notwendiges Übel. Mir wäre es lieber, jeder Schüler, der es möchte, könnte hierherkommen.«

Die Idee der Landerziehungsheime ist niemals Elite gewesen. Der Kitt, der sie zusammenhielt, war stets die Gemeinschaft und die Vorstellung, anders zusammenzuleben und zu lernen. Hermann Lietz, ihr Erfinder, hat nicht umsonst den heute so fremd anmutenden Titel »Land-Erziehungs-Heim« gewählt. »Der Name umfasst mein ganzes Programm: Schulen gehören aufs Land und nicht in die Großstadt; sie sollen Menschen erziehen, den ganzen Menschen bilden, nicht nur ihre Köpfe trainieren; und für sie soll Schule ein Stück Heimat bedeuten, sie sollen sich dort heimisch fühlen. Darum ›Land-Erziehungs-Heim‹.« So lauteten Lietz' sinngemäße Motive für die seltsame Namensgebung.

Aus heutiger Sicht muten die Motive für die Gründung solcher Landerziehungsheime seltsam an. Zum Beispiel die Art, wie sie sich vermehrt haben. »Immer, wenn die alten Herren sich stritten«, lästert der Odenwald-Geschäftsführer Meto Salijevic, »ist einer gegangen – und hat eine neue Schule gegründet.« Auch Paul Geheeb überwarf sich mit Hermann Lietz – und ließ ein eigenes Landerziehungsheim entstehen. Das war Teil der Strategie. Lietz schien kein Plan großartig genug. 1911 verfasste er nichts weniger als »Die deutsche Nationalschule«, einen bombastischen Erziehungsplan für die Deutschen. Lietz' Traum, damit an die Reichsschulkonferenz von Kaiser Wilhelm II. anzuknüpfen, war allerdings unerfüllbar. Aber der Reformpädagoge rückte deswegen keinen Deut von seinen

Ideen ab. »Da er keine Möglichkeit sah, seine umfassenden Reformvorstellungen im Rahmen des existierenden Schulwesens zu realisieren, beschritt Lietz den Weg der Neugründungen«, steht es stolz in der Zeitschrift der Landerziehungsheime.

Das wichtigere und eigentlich handlungsleitende Motiv aber war eine Abwehrhaltung. Sie ging so weit, dass Lietz sein Buch zur Bildungsreform mit einem rückwärts zu lesenden Kunstwort betitelte: »Emlohstobba. Roman oder Wirklichkeit?«, hieß es, und erst bei genauem Hinsehen ließ sich erkennen, dass Lietz dort Gedanken über den britischen Ort Abbotsholme festhielt. Dieser Ort in England war für Lietz so etwas wie ein Paulus-Erlebnis. Er sah dort, dass Schule ganz anders aussehen kann, als er selbst es auf Rügen und im Gymnasium Greifswald erlebt hatte.

»Man kann sich das heute oft nicht mehr vorstellen«, erzählt Wolfgang Harder, der ehemalige Leiter der Odenwaldschule: »Die Reformpädagogen um Hermann Lietz kämpften gegen die Wilhelminische Staatsschule. Sie war geprägt von pompösen Schulkasernen mit ihren meterdicken Mauern, den riesig breiten Fluren, von Klassenräumen mit einem Podest für den Lehrer, Tische und Bänke streng frontal ausgerichtet.« In diesen Schulen herrschte eine durch und durch autoritäre Atmosphäre. Deswegen wandten sich die Reformpädagogen davon radikal ab. »Absichtlich und in vollem Bewusstsein der Konsequenzen habe ich in unserem hiesigen Leben den Zwang auf ein äußerst geringes Maß beschränkt«, sagt ihr Gründer Paul Geheeb im April 1910 zur Eröffnung der Odenwaldschule.

Sein Kollege und Gegner Hermann Lietz bezeichnete das staatliche Schulwesen seiner Zeit als »ein reines Pauksystem«, das unfähig sei, die Jugend auf die Hochschulen vorzubereiten, geschweige denn auf das Leben. Lernen musste damals im Wortsinne wehtun. »Die Rohrstockpädagogik bestimmte weithin den Alltag; Ordnung, Disziplin, Gehorsam wurden immer und überall drakonisch durchgesetzt«, erzählt Harder, der selbst die späten Ausläufer dieses Systems noch mitbekommen hat. Es war das Hassobjekt der Reformpädagogen. Also forderte Lietz: Gründet eigene Schulen!

Die Odenwaldschule ist heute noch ein bisschen so organisiert wie damals. Alle Lehrer, die genau wie die anderen Beschäftigten als Mitarbeiter bezeichnet werden, sitzen in einer Mitarbeiterkonferenz, die über die wichtigen Fragen bestimmt. Die Schulleiterin Margarita Kaufmann hat eine kaum herausgehobene Funktion. Täglich trifft man sich in der Teekonferenz – zu der gehören dann auch Schüler –, bespricht Fragen und trifft Entscheidungen. In ihr wird offen ausgerufen, welcher Schüler warum fehlte. Und welcher Schüler geflogen ist – weil er zum Beispiel geraucht hat. Eine Todsünde in der Odenwaldschule, die im Wiederholungsfall sogar mit dem Rausschmiss geahndet werden kann. In der Teekonferenz wie auch in einer wöchentlichen Mittwochnachmittagskonferenz der Mitarbeiter wird viel geredet, oft lange über einzelne Schüler. Das Individuum steht im Mittelpunkt der Pädagogik in dieser Schule.

* * *

In der alten Schlosserei ist es ganz still. Zehn Kinder sitzen reihum an ihren Bänken und arbeiten an ihren Wochenplänen. Manche haben den Blick hinaus auf die Dächer der Odenwaldschule gerichtet. Vorne wirft die Sonne einen Morgengruß auf den Tisch des Lehrers. Peter Killig, Lehrer im Klassenteam der Unterstufe, geht von Tisch zu Tisch. Dann sieht er für einen Moment im ersten Stock des kleinen Häuschens nach dem Rechten. Für zwei seiner Schüler nimmt er dort eine Lernkontrolle ab. Als er zurückkommt, grummelt es unten an dem einen oder anderen Tisch. Aber Killig sagt kein Wort. Er klopft nur an das »Pst«-Schild. Eine schwarze Hand hält darauf den Zeigefinger vor die Lippen: das Zeichen für Stillarbeit.

Die 5. und 6. Klasse an der Odenwaldschule lernen jahrgangsgemischt. Es wird viel Wert auf Freiarbeit und seit Neuestem auch auf Projektarbeit gelegt. Die Schüler arbeiten an ihren jeweiligen Themen. Praktisch kein Kind macht das gleiche. Daneben hat der Projektunterricht Vorrang. Etwa, wenn die Schüler die Trapeztische, die man auf viele Arten zusammenstellen kann, erst berechnen und dann auch selbst bauen. Mathematik und Werken gehen da zusammen. Das verbindet die Odenwald'sche Tradition von Theorie und Praxis. Und es knüpft an die moderne Interpretation des selbstständigen Lernens an. »Mir geht es darum, dass die Kinder das Lernen lernen«, sagt Killig, der seit 12 Jahren an der Odenwaldschule unterrichtet.

»Wir sollen möglichst viel selbstständig arbeiten«, erzählt Michael, einer der Morgenjogger. Wenn man gut gearbeitet hat, gibt es Anreize über ein Kartensystem. Für Anstrengung bekommen die Schüler ein grünes Kärtchen, später wird daraus ein Button und eine kleine Überraschung. Der Lehrer arbeitet viel mit positiven Rückmeldungen. Auch in den Lernheften der Kinder drückt sich das aus. »Daniela hat die 3. Einheit im Wochenplan Mathematik sehr selbstständig und in kürzester Zeit gründlich und die Lernkontrolle 3 zum Themenbereich Symmetrie sehr gut bearbeitet«, trägt Peter Killig ins Heft des fleißigen Mädchens ein. Daniela kommt von weit her. »Wenn ich im Internat bin, hat Mama zuhause nicht so viel Stress«, sagt sie verständnisvoll. Ihre Mutter hat fünf Kinder und ist alleinerziehend. Bezahlt wird ihr Aufenthalt an der Odenwaldschule vom Jugendamt – wie bei vielen Kindern hier.

An der Odenwaldschule lernt Daniela zum ersten Mal mit Wochenplan und in langen Phasen der freien Stillarbeit. Zuvor war sie auf einer integrierten Gesamtschule. Dort gab es diese Arbeitsform noch nicht – obwohl sie doch für individuelles Arbeiten beinahe unverzichtbar ist. An der Odenwaldschule wird das Modell immerhin seit zehn Jahren praktiziert. Peter Killig hat es nach langen Vorbereitungen eingeführt. Er und manch anderer wünscht sich, dass das Projekt in der Odenwaldschule eine nachhaltige und für die Kinder nutzbringende Veränderung in Gang setzt. Tatsächlich hat die neue Leiterin der Odenwaldschule wieder einmal einen Schulentwicklungsprozess angestoßen. Wieder einmal, denn alle ein bis zwei Jahre wird etwas Kleineres oder auch Größeres durch das Kollegium reformiert. Daher befindet sich die Schule in einem Zustand permanenter Veränderung. Aber: Auf den großen pädagogischen Wurf wartet man seit langem vergeblich.

»Die Odenwaldschule war einst in pädagogischen Fragen revolutionär, sie war führend, weil sie neue Dinge einfach gemacht hat«, sagt Margarita Kaufmann, die früher Vize-Bürgermeisterin in Friedrichshafen war und für die UNESCO in Paris arbeitete. »Heute gibt es viele neue Schulen mit alternativem pädagogischem Konzept, wobei mich nicht alles überzeugt. Vielleicht hat uns der Mut verlassen, Schule einfach ganz anders zu denken.« Andere sagen es deutlicher: »Die Odenwaldschule hat eine Krise, eine Identitätskrise.«

Jede Veränderung steht im Odenwald bei Ober-Hambach unter doppeltem Vorbehalt. Sie muss zu einer 100-jährigen Geschichte und der daraus resultierenden ausgefeilten Struktur passen. Und sie muss finanzierbar sein. Aber der Finanzplan der Odenwaldschule ist eng. Das sieht man an den Häusern, von denen das eine oder andere eine Sanierung vertragen könnte. Es tropft nirgends herein, wie ein 26 000-Euro-Internat sieht die OSO dennoch nicht aus. Eher wie ein Waldschulheim, in dem Kinder für drei Wochen in den Sommerferien viel Sport machen, basteln und Theater spielen. Für 250 Schüler ist die Odenwaldschule ausgelegt, gut 200 sind es derzeit. Jeder kann sich ausrechnen, wie das auf den Etat drückt. 40 Schüler weniger, die das volle Honorar zahlen – das macht ein Minus von einer Million Euro. In der Odenwaldschule leben und arbeiten 100 Personen, etwa die Hälfte sind Lehrer. Der Rest ist in Haustechnik, Küche, Verwaltung und so weiter beschäftigt.

Peter Killigs Projekt des individuellen Lernens wird von vielen an der Schule als Zukunftsmodell erwähnt. Was dort genau gemacht wird, wissen manche Lehrer aber noch nicht. Die meisten von ihnen wählen in ihren Stunden einen intelligenten Einstieg für den Lehrervortrag. Hier wird ein Zeitungsartikel verteilt, dort eine mitreißende Passage aus dem Sturm auf die Bastille gelesen; eine andere Gruppe geht mit einem 50-Meter-Maßband auf den Platz vor dem Goethe-Haus. Um plastisch werden zu lassen, wie gigantisch groß die geplante Memminger Christus-Statue werden könnte, über den die Mini-Lerngruppe aus acht Kindern gleich diskutiert. Der Unterricht wird aber in der Regel frontal gehalten. »Wenn ich merke, es sind nicht alle Schüler dabei, dann versuche ich, flexibel auf andere methodische Formen umzuschalten«, sagt Uwe Koltzsch. Ein anderer Lehrer meint: »Jedes Kind lehnt sich gerne mal zurück und denkt sich: ›Jetzt lasse ich mir das mal vom Lehrer erzählen.‹«

Bei seinem Kollegen Peter Killig geht das nicht mehr. Dort müssen die Kids selber ran. Deutsch, Mathematik und Englisch, die Kernfächer stehen auf dem Wochenplan. Stephan knobelt gerade an den Matheaufgaben, die ihm Killig aufgeschrieben hat. »Wenn ich denke, dass ich mit den Sachen so weit bin, gehe ich zu Peter und lass mir die Lernkontrolle abnehmen.« Lehrer Killig hat so einen sehr genauen Überblick, was seine Schüler machen. Und er gibt ihnen individuelle Rückmeldungen. »Das Arbeitsblatt ›ordinal numbers‹ musst du noch einmal komplett überarbeiten. Es geht mir um Ordnungszahlen!«, steht in einem Logbuch. Das ist ein Lerntagebuch, in dem jedes Kind seine Lernziele und -fortschritte einträgt. In einem anderen notiert er unter »Pflichtaufgaben«: »Übe das Diktat der Woche. Meine Vertretung wird es am Freitag diktieren.«

Wie frei ist diese Feinsteuerung eigentlich noch? Kann man es Freiarbeit nennen, wenn jedes Kind wie an einer Schnur gezogen Pflichtaufgaben bewältigt? Killig wiegt den Kopf. Es geht ihm um den Unterschied zwischen den einen und den anderen Schülern. »Manche hier beherrschen das freie Arbeiten, die haben viel Kür. Aber anderen könnte ich niemals so viel Freiheit lassen – denn die würden sonst gar nicht arbeiten.« Er macht eine Pause. »Ich habe 14 Kinder, davon zehn Kinder mit diagnostizierten Leistungsstörungen. Ich sehe mich an einer Reformschule, einer privaten. Aber das ist auch eine Schule für Kinder, die andere Schulen einfach zurückgelassen haben.«

Zur Odenwaldschule gehört der Junge, der an keiner anderen staatlichen Schule mitkäme. Weil er ein bisschen langsamer ist und so jedes Mal knapp am Scheitern entlangschrammt. Hier bekommt er die Zeit und hat vielfältige Möglichkeiten, sein Selbstwertgefühl zu stärken. »Ich kann mir vorstellen, dass wir ihn hier bis zum Abitur bringen«, sagt Killig.

Oder ein anderer Schüler. Er sei mit einem erschreckenden Selbstbild an die Odenwaldschule gekommen, berichtet Killig.

»Ich bin ein Versager«, redete er über sich wie so mancher, als er hier begann. Der Junge hat eine schwere Lese-Rechtschreib-Schwäche und ADHS. Für ihn ist es wahrscheinlich gar nicht wichtig, welche Unterrichtsform er erlebt. »Der Junge geht sogar gerne in seine Legastheniestunden«, erzählt Killig. »Das Ziel ist aber gar nicht, die Fehlerquote zu senken, sondern zunächst ein positiveres Selbstbild aufzubauen.«

»Bedeutsam ist für ihn«, sagt sein Lehrer, »ein emotional gesichertes Umfeld für seine Entwicklung zu haben.« Das macht den Unterschied zwischen der Odenwaldschule oder auch der Freien Schule Anne-Sophie zum staatlichen Schulsystem. Er wird trotz der diagnostizierten Teilleistungsstörungen an der Odenwaldschule aufgenommen und als ein vollwertiger und in vielen Bereichen leistungsfähiger junger Mensch geachtet. Die Erfolge sind mit Händen zu greifen. »Trotz der Ängste, die er schon vor normaler Schule hat, führte er vor 300 Zuschauern ein Rap-Solo auf«, berichtet Killig. Den Rap hat er selbst verfasst – trotz seiner Schreibangst. Niemand kann prognostizieren, ob der junge Mann jemals Abitur machen wird. Aber er wird an der Odenwaldschule sicher weiterkommen als an einer Förderschule.

Das Bild vom Kind hat an der Odenwaldschule eine enorme Spannweite. »Es gibt natürlich Kinder, die mir als kleine Forscher und extrem wissbegierig begegnen«, sagt Uwe Koltzsch, der pädagogische Leiter. »Aber machen wir uns nichts vor. Diese Neugier ist manchmal auch verschüttet bei Kindern, die schon durch sechs oder sieben Schulen gegangen sind und fast überall vermittelt bekamen: ›Dich wollen wir nicht, du kannst nichts.‹« In der Unter- und Mittelstufe der Odenwaldschule haben nicht wenige Schüler eine negative Schulgeschichte. Sie sehen sich als gescheitert an, sie stammen aus schwierigen familiären Strukturen oder haben massive Schulangst. Manche aus der Schule nennen die Odenwaldschule daher einen Reparaturbetrieb. »50 bis 60 Prozent der Schüler kommen zu uns, weil sie in der Schule nicht mehr zurechtkommen. Oder weil sie mit den Eltern ständig Streit haben und das Zusammenleben in der Familie nicht klappt«, sagt Schulleiterin Margarita Kaufmann. Reparieren ist teuer. Die Odenwaldschule kostet im Internat 2220 Euro; externe Schüler zahlen immer noch 650 Euro pro Monat. Nicht wenige Odenwaldschüler werden von den Jugendämtern bezahlt. Für viele Lehrer das wichtigste Motiv zu bleiben. »Ein Drittel unserer Schüler wird über das Amt gefördert. Sonst würde mir das schwerfallen.«

* * *

Was sind das für lustige Bärte! Die Schüler kringeln sich vor Lachen, als sie in dem dicken Bildband über die Darsteller des Götz von Berlichingen blättern. Obwohl sie die Herren gar nicht kennen. Raimund Harmstorff zum Beispiel, im Fernsehen als »Der Seewolf« berühmt geworden, als er eine rohe Kartoffel mit der Hand zerquetschte. Harmstorff spielte 1996 den Götz von Berlichingen. Oder Timo Ben Schöfer, der für Goethes Ritterfigur mit der eisernen Hand noch recht knackig aussieht. Die verwegenen Posen der Schauspieler rütteln die Schüler jetzt auf. Denn sie können sich langsam vorstellen, wie diese wackeren Herren den polternden Niedergang des Götz von Berlichingen spielen, der an den Intrigen des mächtigen Hochadels zugrunde geht. Gerade hatte sich das noch ganz anders angehört. Zuerst las Martin stockend die 1. Szene unter der Linde. Jetzt, wo sie die Figuren im Buch über die Götz-Vorstellungen auf der Burg Jagsthausen sehen, sind sie alle aufmerksam.

Ein trickreicher Einstieg, den Antje David gewählt hat. Sie lässt ihre Schüler den Götz von Berlichingen lesen – um zu zeigen, dass der ziemlich merkwürdige Text erst zu leben beginnt, wenn man ihn richtig betont. Sonst sagt er wenig aus, außer vielleicht, wenn der Götz das berühmteste aller seiner Zitate spricht. Die nächste Leseprobe fällt denn auch deutlich engagierter aus. »Dramatische Texte sollten nicht nur gelesen werden«, sagt David, »sie sind für eine Bühne geschrieben worden. Da sind ganz andere Fragen wichtig: Wie inszeniert man das Stück? Welche Schauspieler wählt man aus, und wie wirken sie?«

Antje David gehört zum Gründungsteam der Freien Schule Anne-Sophie. Sie war dabei, als die Lehrer das Konzept für die beiden Lernhäuser der weiterführenden Schule entwickelten. »Wir fragen nicht, wie kann man an Wissen, sondern wie kann man an Fertigkeiten gelangen«, sagt die junge Lehrerin. So ähnlich wird die 38-Jährige auch in dem Präsentationsfilm zitiert, der in der Eingangshalle der Künzelsauer Privatschule läuft. »Jedes Kind hat seine Stärken, die ich als Lernbegleiter fördern kann – das ist an der Freien Schule Anne-Sophie machbar«, meint die Gymnasiallehrerin. Für die junge Frau war das ein Grund, der staatlichen Schule den Rücken zu kehren. Denn die traditionelle Oberschule ist ihr zu exklusiv, zu wenig dem Kind zugewandt. »Am Gymnasium muss man sich als Lehrer nicht um jeden kümmern. Mancher Studienrat denkt sich wahrscheinlich: ›Gut, wenn das dem Schüler hier zu schnell geht, dann kann er ja auf eine andere Schule wechseln.‹«

Aber der Konflikt mit dem Gymnasium ist für Antje David auch in der Schule Anne-Sophie nicht ausgestanden. »Es ist nicht immer leicht, das zusammenzubringen«, beschreibt sie die Reibungen, die es zwischen den einzelnen Lehrertypen gibt – auch hier. »Ich habe das Gefühl, mancher Hauptschullehrer versteht sich eher als Sozialpädagoge. Das ist mir zu wenig«, sagt David. Und dann erzählt sie: »Wenn ein Lernpartner nicht lernen will, dann muss man halt Ziele setzen. Die können doch auch was Fachliches leisten. Man sollte Hauptschülern durchaus etwas zutrauen.«

Den Spagat zu schaffen, ist nicht einfach. Ein Lehrer erzählt in einem Input ein bisschen ausführlicher, welche Fragestellung er den Schülern gerne mitgeben möchte. Als er endlich so weit ist, bittet er sie, den Satz abzuschreiben, den er an die Leinwand projiziert hat. »Wieso müssen wir das eigentlich alles abschreiben?«, fordert ihn ein Mädchen heraus. »Wozu soll das gut sein?« Es herrscht einen Moment Stille. Denn es war eine gute Frage. Der Mann an der Spitze des Schiffsbauchs stockt. Er kann an der Schule Anne-Sophie ja schlecht sagen: »Weil ich der Lehrer bin, basta!« Denn er ist eben nur der Lernbegleiter und nicht der Kommandeur, der von vorne Befehle erteilen könnte. Er murmelt mehr, als dass er es fordert, dass man das halt abschreiben solle. Aber die Schüler, so viel ist klar, haben die Lernphilosophie schnell verstanden: Langweilig – das mögen sie nicht mehr. Auf Befehl konsumieren – das machen sie nicht mehr mit. Das heißt aber nicht, dass die Schüler den Unterricht einfach verlassen können, wie es an anderen freien Schulen manchmal als Grundregel gehandhabt wird.

In der Theorie gibt es pro Tag nur zwei sogenannte Inputs von maximal einer halben Stunde. Diese sehen aus wie ein normaler Lehrervortrag, nur dass die Schüler hier stehen. Im Idealfall enthält ein solcher Input eine Faszinationsphase. Der Pädagoge soll den Schülern zeigen, wie sehr ihn das Thema berührt, wie spannend es ist, nun diesen Gegenstand zu behandeln. Faszinieren – das ist nicht das Spezialgebiet eines jeden

Lehrers. Dazu ist diese Profession viel zu heterogen – auch an der Schule Anne-Sophie.

»Ich kenne mich, ich hätte niemals gelernt, wenn man mir so viele Freiheiten gelassen hätte«, sagt ein Lehrer. Genauer, er raunt es. Er findet, dass man viel effizienter arbeiten müsste. Und er meint damit strenger, mit Anweisungen. Eine andere Lehrerin hingegen meint fröhlich: »Mir ist es zu eng und zu streng.« Das Essensreglement schreibe genau vor, wer wann in die Mensa darf. »Ich will auch jemandem, der jetzt kein Mathe machen will, nicht vorschreiben, dass er es tun soll«, sagt sie trotzig. »Entweder es ist ein freies Lernen oder es ist keines.«

So zeichnet sich, je näher man den Lehrern kommt, ihr jeweiliges Profil immer schärfer ab. Ein anderer Lehrer kam an die Schule, weil ihm das Lernen mit Hochbegabten an seinem Gymnasium zu langweilig und zu traditionell war. Was ihn glücklich an der Schule macht, ist, »dass ich nicht mehr bremsen muss. Jeder kann in seiner Geschwindigkeit lernen. An der Regelschule habe ich das auch versucht. Aber da gab es Klassenarbeiten, die immer zugleich geschrieben werden mussten, d. h., der Unterricht musste immer alle Schüler zum gleichen Zeitpunkt auf diese Prüfung hinführen. Entweder waren die einen gelangweilt oder die anderen überfordert.« Und warum hat er die Schule dann nicht verändert? »Hören Sie«, wird er scharf, »es war eine staatliche Schule. Mein Rektor teilte mir mit: ›Wir sind kein Reformgymnasium.‹«

* * *

So erschlagen kann ein guter Lehrer sein. Nun bricht die ganze Erschöpfung aus ihm heraus. »Mir war nicht klar, was es bedeutet, neben der Rolle des Fachlehrers auch noch die Rolle des Erziehers zu übernehmen.« An der Odenwaldschule Lehrer zu sein, heißt nämlich nicht nur zu unterrichten, sondern eine Reihe von Schülern auch in der Freizeit zu betreuen. »Ich habe direkte Verantwortung für das Wohlergehen von zunächst zwölf Schülerinnen und Schüler zu übernehmen«, berichtet der Mann. Das heißt nichts weniger, als zu erkennen: Er ist praktisch rund um die Uhr für seine Schüler zuständig. Eine Belastung, der schwer standzuhalten ist. »Viele Kollegen verlassen ohne Vorankündigung die Schule«, erzählt er aufgewühlt – weil sie die ungeheure Doppelbelastung von Bildung und Erziehung nicht mehr schafften. Auch er habe seine bisherige Vorstellungen vom eigenen Privatleben revidieren müssen.

Der Lehrer ist kein Unbekannter, der sich beim abendlichen Bier den Frust von der Seele redet. Peter Littig ist engagierter Lehrer an mehreren Landerziehungsheimen gewesen. Es ist keineswegs so, dass er im Widerspruch zu seiner Privatschule steht, denn er ist davon überzeugt, dass seine Einrichtung für viele Kinder überhaupt erst wieder eine schulische Perspektive schaffen kann. Er ist bewegt von den traurigen Neuankömmlingen, die sich von ihren Familien abgeschoben fühlen. An seiner Schule blühen sie wieder auf, fassen Vertrauen zu sich und ihren Talenten. Das ist eine große Leistung und dennoch wird sie von den Lehrern eben auch teuer bezahlt. Peter Littig hat diese erschütternden und zugleich hellsichtigen Bemerkungen über seine Erlebnisse an Landerziehungsheimen in einem Buch aufgeschrieben. Darin berichtet er über »reformpädagogische Erfahrungen der Landerziehungsheime von Hermann Lietz und ihre Bedeutung für aktuelle Schulentwicklungsprozesse« und zeigt sehr offen die Chancen und Risiken der Pädagogik auf, wie sie der Gründer der Landerziehungsheime vertrat. Dabei nimmt er kein Blatt vor den Mund, was die autoritären, nationalistischen und antisemitischen Haltungen von Hermann Lietz anbelangt.

Lietz kritisierte an der staatlichen Schule, sie sei eine Unterrichtsschule, das heißt, sie sehe Kinder nur als Schüler, nicht aber als Menschen mit alltäglichen Problemen. Daraus zog Lietz den Schluss vieler Reformpädagogen – nämlich die Trennung von Leben und Lernen aufzuheben und einen Schonraum vor gesellschaftlichen Einflüssen herzustellen, um dort Bildung und Erziehung wieder zusammenzuführen. Diese Idee hat die staatliche Schule auch nach 100 Jahren noch nicht erreicht. Sie hat noch immer kein integriertes Konzept, wie sie mit den Schülern als Menschen umgehen will. Dafür gibt es weder im Lehrplan Lücken noch eine durchgehende reguläre Betreuung durch Sozialpädagogen oder Schulpsychologen. Die Einführung des achtjährigen Gymnasiums in fast allen Bundesländern hat diese Situation noch verschlechtert. Die Schüler sollen Tage mit teilweise bis zu neun Schulstunden durchstehen – oft ohne Mensa oder reguläres Mittagessen. Von den Möglichkeiten der mentalen Betreuung ganz abgesehen.

»Ich bin jetzt das vierte Jahr hier und habe zum ersten Mal das Gefühl, dass ich halbwegs über die Runden komme«, erzählt ein anderer Lehrer der Odenwaldschule. Er ist noch jung und steckt voller pädagogischem Ethos. Und doch kann man seine Furcht, von der Arbeit aufgefressen zu werden, förmlich mit Händen greifen. Dass die Zeit vielleicht nicht ausreichen könnte, die Potenziale dieser Schule auch nach draußen ins staatliche Schulsystem zu tragen. Wieder ein anderer Lehrer sagt, dass die Betreuung einer Schüler-Familie »äußerst energieintensiv ist. Aber genau diese zeitraubende Zuwendung, Geduld und Stärkung der Person öffnet den jungen Menschen

Bereiche.« Und der Mann weiß zugleich: »Die Arbeitszeit, die hier sinnvoll investiert wird, fehlt allerdings häufig an anderer Stelle der *Schule*, die das Landerziehungsheim auch ist. Die Vielseitigkeit des Landerziehungsheims ist gleichsam Stärke wie Schwäche.«

* * *

Stefan Großöhmigen ist Geschäftsführer, nur heißt er hier anders, weil die Freie Schule Anne-Sophie anders organisiert ist: Als Projektleiter leitet er sie quasi nebenbei. »Privatschulen sind Ideenschmieden für das gesamte Schulwesen«, sagt er. »Die Schulverwaltung in Baden-Württemberg lässt uns ganz bewusst Freiheiten, weil wir Dinge ausprobieren und schneller umsetzen können.« So geht die Schule freier mit ihrem Budget um, aber die größte Freiheit besteht in der Personalentwicklung. »Wir können uns unsere Lehrer selber aussuchen. Und wir können uns von Lehrern, bei denen es halt nicht passt, konsequent wieder trennen. Und das machen wir auch.«

Die Arbeitszeit wurde von Anfang an anders gestaltet. Die Lehrer müssen von acht Uhr bis zum späten Nachmittag anwesend sein. »Präsenz bis 16:30 Uhr – das würde in der staatlichen Schule zehn Jahre dauern, bis sie das durchgesetzt hätten. Wir haben das einfach in die Verträge geschrieben.« Dafür verdienen die Lehrer an der Anne-Sophie ein wenig besser als an staatlichen Schulen. Eine große Ausnahme, denn an den meisten Privatschulen werden Lehrer schlechter entlohnt.

Was für die Lernpartner und für Stefan Großöhmigen die große Freiheit ist, bedeutet für die Lehrer eine Menge Arbeit. »Zeitlich war man sehr eingespannt«, berichtet der ehemalige Lernbegleiter Hans Seevers. »Das wird ohne geeignete Rückzugsmöglichkeiten auf die Dauer immer schwierig sein.« Jetzt ist er wieder Lehrer an einer staatlichen Schule und kommt nicht erst um 18 oder 19 Uhr nach Hause. Der Lehrer für Biologie und Erdkunde hat der Schule Anne-Sophie nach einem Jahr wieder den Rücken gekehrt. »In der Gesamtbilanz hat es für mich nicht gepasst«, sagt er.

Aber Seevers ist hin- und hergerissen. Zurück an einem staatlichen Gymnasium sieht er, wie er wieder in ein anderes Zeitkonzept gepresst ist: den 45-Minuten-Takt. Und er kann kaum mehr etwas damit anfangen. »Keine Stunde fängt pünktlich an. Dann haben sie nur noch 35 Minuten. Das verursacht eine ungeheure Hektik. Da hatte ich an der Anne-Sophie mehr Ruhe und Gelassenheit. Das war viel besser.« Seevers ist sich ganz sicher, dass der 45-Minuten-Takt keine Zukunft hat. »Wir werden auch am staatlichen Gymnasium von diesen Einzelstunden abkommen; das ist nur eine Frage der Zeit. Denn die Kinder könnten unter der Last des G8-Gymnasiums von einer anderen Zeittaktung nur profitieren.«

Warum ist er nicht an der Anne-Sophie-Schule geblieben? Neben der Arbeitszeit gab es einen weiteren Grund: Man müsse, sagt er, die Lehrer teilhaben lassen, wenn man ein neues Konzept einführt. »Sonst werden die neuen Lernmethoden nicht genügend verinnerlicht. Es war sicher so, dass vielen dazu das Handwerk fehlte«, erinnert er sich.

Der Start der Freien Schule Anne-Sophie war holprig. Man fand nicht gleich den richtigen Schulleiter. Eine neue Schule zu entwickeln und dabei die Lehrer mitzunehmen, erwies sich als nicht einfach. Da traf Bettina Würth auf Peter Fratton, der die Schule schnell übernahm. Fratton kam als Regisseur – und als Ausputzer, um die Schule aus der Krise zu führen. »Wenn es ums Konzept geht, entscheide ich alles, aber erkundige mich vorher genau nach den Wünschen der Beteiligten«, pflegt Fratton zu sagen. »Ich halte aber auch den Kopf hin. Wir sind eine lernende Organisation. Wir sind noch lange nicht am Ziel. Sie sehen ja, wie manche Lernbegleiter beißen.«

* * *

Die Odenwaldschule ist 100 Jahre alt. Ihre Lehrer besitzen in vielen Bereichen, vor allem aber im pädagogischen Alltagsgeschäft, volles Mitbestimmungsrecht. Sie sind als Familienoberhäupter bis spätabends im Einsatz. Viele fühlen sich überlastet. Es ist nicht klar, ob die Schule sich weiter entwickeln kann.

Die Freie Schule Anne-Sophie ist zwei Jahre alt. Dort haben die Lernbegleiter keine Mitbestimmung mehr. Sie müssen bis 16:30 Uhr am Nachmittag anwesend sein. Und manche fühlen sich dadurch überlastet. Es ist nicht klar, ob sich diese Schule entwickeln wird. Der pädagogische Leiter Uwe Koltzsch sagt, »so was wie die Odenwaldschule ist meine Traumschule. Aber was die basisdemokratische Struktur betrifft, da hätte meine Idealschule sicher ein anderes Gesicht.«

Die Gründerin der Freien Schule Anne-Sophie, Bettina Würth, hat sich einen Traum mit dieser Schule erfüllt. Was hat sie gelernt dabei? »Ich bin ganz unbedarft an die Branche Schule herangegangen«, sagt sie. »In meiner Familie gibt es keine Lehrer. Ich dachte, wir entwerfen ein pädagogisches Konzept, wir holen uns einen guten Schulleiter, wir suchen Lehrer, die Spaß haben – und dann geht es los. Aber das war nicht so. Es hat mich verblüfft, dass unter den Lehrern oft kein Einigungsprozess möglich war. Sie hatten die Möglichkeit, freie Schule zu machen – und nutzten sie gar nicht.«

Woran mag das liegen? Bettina Würth überlegt eine Zeit lang. Dann sagt sie: »Es liegt nicht am Konzept und nicht an den Lehrern, sondern an dem staatlichen Schulsystem. Wir müssen uns die Frage stellen: Was macht dieses System aus unseren Lehrern? Die Menschen, die in ein Unternehmen kommen, sollen Spaß haben, Kreativität, Freude am Ausprobieren. Aber es muss doch irgendwas passieren, dass diese Freude in der Schule oft nicht mehr da ist. Da muss irgendein Prozess ablaufen, den wir noch nicht verstehen.«

Die Profitmacher

Bildung als lukratives Geschäft

■ Zu Besuch in der Phorms-Schule und der
Metropolitan School Frankfurt

Jayne Morgan steht in der Aula, vor ihr sitzen gut 70 Grundschulkinder auf dem Boden und hören aufmerksam zu. »Assembly« nennt sich die morgendliche Zusammenkunft. Viele der Schüler tragen Polo-Shirts und Pullover in den Farben der Schule: Weiß, Grau, Schwarz und Rot. Gerade noch haben die Kinder auf Englisch ein Lied gesungen, bei dem sie abwechselnd mit der linken und der rechten Hand winken mussten: »This is the way we say hello.«

Jetzt ist Morgan an der Reihe und hält eine Motivationsrede. In angelsächsischen Ländern wäre das Ritual wahrscheinlich nicht ungewöhnlich – in Deutschland ist es das noch. Den Kindern unternehmerisches Denken beizubringen, ist eines der zentralen Ziele der Schule. »So werden aus kleinen Optimisten große Optimisten«, heißt es in einem Imagefilm. Was das bedeuten soll, kann man nun von Morgan erfahren.

Die Engländerin erzählt den Kindern, wie Beethoven sich in seinem Leben anstrengen musste, um voranzukommen. »You can do it«, habe er sich immer gesagt. Du schaffst es! Hinter ihr steht ein Flipchart, darauf das englische Wort für Erfolg: »Achievement«. Am Ende ihrer Ansprache ruft Morgan den Kindern noch mal zu: »You can do it.« Die Kinder rufen im Chor zurück: »You can do it.« Danach wackeln sie geordnet nach Altersstufen im Gänsemarsch in ihre Klassenzimmer. Der Tag kann beginnen.

Jayne Morgan ist die Schulleiterin der Phorms-Grundschule im Berliner Bezirk Steglitz-Zehlendorf, nicht weit von der Freien Universität Berlin entfernt. Zum Schuljahr 2008/2009 ist die Einrichtung eröffnet worden, als eine von damals acht Schulen der Privatschulkette Phorms. Das Kunstwort soll für eine Mischung aus »Form« und »Metamorphose« stehen; für die Wurzeln einerseits und die Flügel andererseits, die Schüler laut dem Bildungsunternehmen beide brauchen.

Wie in allen Phorms-Schulen wird auch im Berliner Süden bilingual unterrichtet; die Unterrichtssprachen sind Englisch und Deutsch. Die Schule ist von 7:30 Uhr bis 18 Uhr geöffnet – praktisch für berufstätige Eltern. Unterrichtet wird zwischen 9 und 16 Uhr, danach können die Kinder noch Gitarre lernen oder ins Karatetraining im Kraftsport-Center um die Ecke gehen. In der bereits zum Schuljahr 2006/2007 eröffneten Phorms-Schule Berlin-Mitte gibt es am Nachmittag sogar Kurse für Flamenco oder Mandarin. Dort ist zusätzlich zur Grundschule und zu einem Kindergarten auch schon ein Gymnasium entstanden. Genauso am Standort München, wo Phorms ein Gebäude im noblen Stadtteil Bogenhausen bezogen hat. Für den Sport- und Schwimmunterricht benutzen die Schüler die Halle der nahe gelegenen Hypo-Vereinsbank.

Mit seinem Angebot richtet sich Phorms vor allem an zahlungskräftige Eltern, die ihre Kinder fit machen wollen für die globale Welt von heute und morgen. Zwischen 230 und 800 Euro pro Monat müssen die Eltern je nach Einkommen an der Phorms-Grundschule Berlin-Süd bezahlen; am Phorms-Gymnasium Berlin-Mitte sind es zwischen 400 Euro und 1059 Euro – Kosten, die die Eltern offenbar gerne in Kauf nehmen. Am Standort Frankfurt gab es etwa 30-mal so viele Anfragen wie Plätze. »Wir müssen alle schauen, dass Bildung in Deutschland nicht nur besser, sondern richtig gut wird«, zitiert die *Frankfurter Allgemeine Zeitung* die Vorstandsvorsitzende der Phorms AG, Béa Beste. »Wenn wir den War-of-Talents nicht annehmen, der weltweit tobt, haben wir global gesehen nicht mehr viel zu melden«, sagte Beste, als ihr Konzept noch zu funktionieren schien.

Bildung als Ware und Eltern als Kunden – das ist in Deutschland für viele noch ungewöhnlich. Doch in den vergangenen Jahren ist auch hierzulande ein Markt entstanden, auf den immer mehr Privatschulanbieter drängen. Die Schweizer Bildungsgruppe Kalaidos und der deutsche Schulbuchverlag Klett wollen mit einem gemeinsamen Joint Venture in Deutschland eine Kette von bilingualen SIS Swiss International Schools etablieren. In Fellbach bei Stuttgart, Friedrichshafen und Ingolstadt haben sie bereits Schulen eröffnet, zusätzlich zu den fünf Standorten in der Schweiz. Der ehemalige Investmentbanker Peter Ferres hat in Frankfurt-Rödelheim eine englischsprachige Grundschule gegründet – mit seiner Schwester, Schauspielerin Veronica Ferres, im Beirat. VW eröffnet in Wolfsburg die international ausgerichtete Neue Schule, der TÜV Rheinland steigt im sächsischen Görlitz in das Privatschulgeschäft ein. Und Hans Strothoff, Chef der Musterhausküchen-Gruppe MHK, hat im August 2009 seine International School in Dreieich südlich von Frankfurt am Main eröffnet – und lässt die Eltern für einen

Platz bis zu 18 800 Euro im Jahr bezahlen. Doch so unumwunden wie die Phorms-Gruppe gibt kein Anbieter zu, mit den Schulen Gewinn erwirtschaften zu wollen. »Wenn wir es nicht schaffen, Gewinne zu erzielen, machen wir etwas falsch«, sagt die Vorstandsvorsitzende Beste. Und dennoch geht es ihr mit ihrer »ABC AG«, wie die Presse das Unternehmen getauft hat, nicht allein um Wachstum und Gewinn, sondern auch darum, Schulen zu schaffen, die moderner sind als die staatlichen. Ihr liegt am Herzen, unternehmerisches Denken zu fördern. Damit meint Beste: »Die Kinder brauchen die Grundhaltung: Ich kann das, mir gelingt das, ich steh auf eigenen Beinen! Und daran fehlt es an vielen deutschen Schulen bisher.«

Die Idee zu Phorms kam der einstigen Boston-Consulting-Beraterin Beste gemeinsam mit Alexander Olek. Im März 2005 traf sie den Biotechunternehmer auf einem Kongress in Dubai. Beste und Olek saßen bei einem Glas Wein auf der Terrasse mit Blick auf das Luxus-Hotel Burj al Arab, die Bauchtänzerinnen drinnen waren ihnen zu langweilig geworden. Olek erzählte Beste, dass er eine Schule für seine Kinder gründen wolle – er selbst hatte auf der Staatsschule schlechte Erfahrungen gemacht und sein Abitur mit 3,4 abgeschlossen. Beste war begeistert – und Phorms geboren.

Doch zunächst galt es, den Markt zu erforschen. Béa Beste zog mit Fragebögen über Berliner Spielplätze – im Prenzlauer Berg, in Zehlendorf, Charlottenburg und Tegel – und interviewte ausführlich 80 Eltern, was sie am derzeitigen Schulsystem stört und welche Schule sie sich für ihr Kind wünschen würden. Das Ergebnis: Viele wollten individuellen Unterricht, frühen Sprachunterricht, eine Ganztagsbetreuung und eine Einrichtung vom Kindergarten bis zum Gymnasium, damit nicht ständig die Suche von vorne beginnt – genauso hat es Phorms am Ende umgesetzt. Im August 2006 wurde im Berliner Stadtteil Wedding die erste Schule eröffnet: Phorms Berlin-Mitte. Inzwischen besuchen fast 1700 Schüler eine der acht Phorms-Schulen in Berlin, Köln, Hamburg, Hannover, München, Frankfurt am Main und seit Neuestem auch in Steinbach im Taunus – Tendenz steigend.

Bei Phorms Berlin-Süd ist jedoch nicht alles glattgelaufen. Nachdem am 15. September 2008 die US-amerikanische Bank Lehman-Brothers Insolvenz anmeldete, musste der Bau des Schulgebäudes erst einmal gestoppt werden. Lehman war Gesellschafter eines 70-Millionen-Euro-Projekts, das ein ehemaliges Telefunkengebäude und spätere US-Kaserne zum »Monroe Park« verwandeln sollte, benannt nach Marilyn Monroe. Um die 200 Luxuslofts sollten dort entstehen – und eben die Phorms-Schule.

Die Folge der Lehman-Pleite: ein monatelanger Baustopp. Das gesamte Schuljahr 2008/2009 mussten die Phorms-Schüler deshalb in grauen Containern verbringen, die vor der einstigen Kaserne standen. Ursprünglich sollten es nur wenige Wochen sein, am Ende wurden es Monate.

Von »mobilen Klassenzimmern« sprechen die Schulbetreiber. Doch die grauen Klötze erinnern von außen eher an Aufenthaltsräume für Bauarbeiter – und die hohen Zäune vor den Fenstern machen die Behelfsräume noch weniger einladend.

In der Schule merkt man allerdings kaum, dass man sich in einem Provisorium befindet. In allen Klassenzimmern hängen interaktive Smartboards, die Tafeln der Zukunft, die sich auch ohne Kreide per Berührung beschreiben lassen und für Multimedia-Präsentationen geeignet sind. Alle Kinder haben Zugang zu einem Laptop und können überall im Gebäude drahtlos ins Internet. Es sind Bedingungen, von denen viele Staatsschulen nur träumen können. Das gilt auch für die Klassenstärke, die an Phorms-Grundschulen bei maximal 20 Schülern liegen soll; und für die zweite Lehrkraft, die jeder Lehrer hier zur Unterstützung hinzubekommt.

Gelernt wird in jahrgangsübergreifenden Klassen. In der Klassenstufe 4/5 arbeiten die Schüler an diesem Tag an ihrem Nagetier-Projekt. In kleinen Gruppen sollen sie selbstständig zusammensuchen, was sich über Hasen, Hamster und Meerschweinchen sagen lässt: ihr Aussehen, ihr Verhalten, ihre Ernährung – und das auf Englisch. »Ich muss noch am Computer rausfinden, wo die Rabbits wohnen«, sagt die kleine Anne-Kathrin. Lehrerin Kathleen Rosborough sammelt mit der Meerschweinchen-Gruppe die Zwischenergebnisse am Smartboard: Sie sind Säugetiere, ihre Augen sind schwarz, das Fell kann kurz oder lang sein, schwarz, braun, grau oder weiß. »Wie können wir herausfinden, ob sie vier oder fünf Zehen haben?«, fragt Rosborough auf Englisch. »We can look at Google«, sagt der kleine Leon. Einfach im Internet nachschauen.

Die 58-jährige Rosborough ist aus der kanadischen Provinz Nova Scotia nach Deutschland gekommen. Phorms hat die Lehrerin auf einer Recruiting-Messe in Toronto angeworben. Sie hatte bereits einmal auf Jamaika gearbeitet und wollte nun noch mal ins Ausland. Als Assistenten hat Rosborough Reinhard Witt in der Klasse, ein Quereinsteiger, wie er selbst sagt. Witt ist inzwischen mit einer Kleingruppe in den Nebenraum verschwunden. Die Gruppe will sich schon einmal überlegen, wie sie ihre Ergebnisse später präsentieren kann. Die Kinder haben sich eine Pappe genommen; darauf wollen sie einen Hamster kleben, den Leonard gemalt hat. Eines der Mädchen schneidet das Tier aus. »Wehe, du schneidest dem Hamster in den Arsch«, ruft der freche Josh. »First Warning«, ermahnt ihn Assistenz-Lehrer Witt. Den Kindern klare Grenzen aufzuzeigen, ist der Schule wichtig – vor allem Schulleiterin Morgan.

Aber auch die eigenständige Projektarbeit nimmt einen wichtigen Stellenwert im Phorms-Konzept ein. Im Flur der Schule hängt eine meterlange Zeitlinie über das Leben und Wirken des Naturforschers Charles Darwin; mit Bildern von Galapagos-Schildkröten und einer Grafik seiner Entdeckungsreisen auf dem Schiff HMS Beagle. Eine der Klassen hat sie zum Darwin-Jubiläum erstellt. Gleich im Raum daneben hat sich die Klassenstufe 2/3 zum Musikunterricht eingefunden. Wer dort teilnimmt, erfährt, wie bildungsbeflissen die Phorms-Schüler schon in jungen Jahren sind. Ein 8-jähriges Mädchen darf heute ein Instrument präsentieren: ihre Geige. »Das ist ein Geigenkoffer«, erklärt sie den anderen Kindern, die im Stuhlkreis um sie herumsitzen. »You need this to carry the violin.«

Später hört sich die Klasse ein Stück des norwegischen Komponisten Edvard Grieg an, dessen Werk von der Romantik und dem Volksmärchen beeinflusst ist. Die Lehrerin will von den Kindern wissen, welche Fantasiewesen ihnen denn einfallen. »Einäugige Riesen«, sagt ein blondes Mädchen. »Die heißen Zyklopen«, ruft ein Junge naseweis. Einem anderen fällt spontan Zerberus ein, der Höllenhund aus der griechischen Mythologie.

Eine der Lehrerinnen an der Schule drückt es so aus: »Die Kinder sind gut erzogen, sie sind süß, sie sind lieb, und sie sind schlau – Privatschulkinder eben.«

Offiziell betont Phorms immer wieder, wie wichtig der »ausgewogene soziale Mix« der Schülerschaft sei. »Wir sind keine Snob-Schule«, sagt Phorms-Chefin Beste in einem Interview mit der *Frankfurter Allgemeinen Zeitung*. In einer Selbstdarstellung heißt es:»Phorms besticht durch eine ausgewogene Mischung aus Schülern verschiedener familiärer und kultureller Hintergründe, mit unterschiedlichen Neigungen und Talenten.«

Doch stimmt das wirklich? Die Berliner Schulleiterin Jayne Morgan sitzt in einer Pause in ihrem Büro, an der Wand hängt eine Pappblume, auf der steht:»Every child matters.« Jedes Kind zählt. Der Hintergrund der Eltern sei sehr unterschiedlich, sagt auch sie; manche seien Lehrer, andere Unternehmer, Ärzte oder in der Medienbranche tätig – und wiederum andere seien Taxifahrer.»Ich wäre nicht hier, wenn ich denken würde, Phorms sei eine Elite-Schule«, sagt Morgan.

Und dennoch: Wer einen Tag in der Phorms-Schule in Berlin-Süd verbringt, merkt schnell, dass die Zusammensetzung der Schülerschaft eben doch etwas anders ist als an einer normalen Berliner Grundschule. Hier heißen die Kinder Tim, Leon, Hannah oder Amelie. Namen wie Ali oder Ayshe hört der Besucher nicht. Schüler mit Zuwanderungsgeschichte? 6 von 76 Schülern hätten ausländische Eltern, sagt Morgan. In ganz Berlin stammen mehr als 40 Prozent der Kinder unter 15 Jahren aus Einwandererfamilien. Arbeitslose Eltern? Gebe es nicht, sagt Morgan. Auch das ist ungewöhnlich für eine relativ arme Stadt wie Berlin.

»Die Unterschicht bleibt draußen«, hat das Berliner Boulevardblatt *B.Z.* über die erste Phorms-Schule in der Hauptstadt geschrieben. Wer an eine Phorms-Schule gehen will, muss einen Aufnahmetest bestehen. Dabei wird überprüft, ob die Kinder »altersgerecht« entwickelt sind. Insbesondere die sprachlichen Fähigkeiten werden dabei getestet, also wie sicher das Kind in der Muttersprache ist – aber auch die Motivation der Kleinen.

Das ruft Kritiker auf den Plan. »Die holen sich die Gymnasiasten und die guten Realschüler, das Drittel der Problemschüler bedienen die nicht«, wettert Josef Kraus, Präsident des Deutschen Lehrerverbandes, in der *Süddeutschen Zeitung*. »Mit solch einer privilegierten Schülerschaft lässt es sich leicht glänzen.« Sein Fazit: »Das Phorms-Modell bedient eine Nische und stellt keine Alternative zum öffentlichen Schulsystem dar.«

Phorms-Chefin Beste weist Kritik stoisch zurück. »Die läuft oft nur nach dem Motto: Alles was neu dazu kommt, muss böse sein«, sagt sie.

Wie die meisten Privatschulen verspricht auch Phorms individuellen Unterricht. »Es gibt Kinder, die Extra-Unterstützung brauchen«, meint Schulleiterin Morgan. »Und es gibt Kinder, die eine Extra-Herausforderung brauchen.« Wie das in der Realität aussieht, kann man bei den Erstklässlern studieren. Die haben gerade Deutschunterricht bei ihrer Lehrerin Myriam Fairbanks, eine bilingual aufgewachsene Berlinerin; der Vater ist Engländer. Auch Fairbanks hat eine Assistentin mit im Raum; gemeinsam kümmern sie sich um gerade einmal 16 Schülerinnen und Schüler.

Alle Kinder bekommen zunächst die Aufgabe, ein Hunde-Domino zu lösen. Dabei müssen Bilder und die dazu passenden Sätze aneinandergelegt werden. Die kleine Michelle ist schnell durch mit der Aufgabe – und holt sich ihr Tagebuch, ein rotes Heft. Dort können die Kinder jeden Tag frei hineinschreiben, was sie unternommen haben. »Die Kinder sollen schreiben, was ihnen wichtig ist und nicht irgendwelche Fibeltexte abschreiben«, sagt Lehrerin Fairbanks. »Ich wa bei meine Froinden«, schreibt Michelle. Am Tag davor steht: »Ich wurde gestochin und angepullert von eine fliegendin Ameise.« Dass alles zu 100 Prozent korrekt geschrieben wird, ist bei den Tagebuchtexten zunächst nicht so wichtig.

Michelle ist den anderen wieder ein Stück voraus. Während die erst jetzt zu ihren Tagebüchern greifen, macht sie schon einige Übungen zum Buchstaben V. In ein Übungsheft schreibt sie Sätze wie:»Viele Vampire verspeisen Vollmilch.«

* * *

Kleine Klassen, bilingualer Unterricht, Ganztagsbetreuung, individueller Unterricht, moderne Ausstattung: Bei vielen Eltern kommt dieses Konzept offenbar gut an. Doch die Konkurrenz holt auf. Die bildungsbewusste Mittel- und Oberschicht hat auch andere Anbieter als Zielgruppe längst ausgemacht.

Konkurrenten sind vor allem die International Schools, die teils bereits vor Jahrzehnten gegründet wurden, wie etwa die 1961 in Oberursel eröffnete Frankfurt International School oder die seit 1966 bestehende Munich International School in Starnberg. 23 dieser Schulen zählt heute der Verband der Internationalen Schulen in Deutschland, die Association of German International Schools (AGIS). 30 deutsche Mitgliedsschulen zählt das European Council of International Schools, darunter auch die Phorms-Schulen. Die Gewerkschaft Erziehung und Wissenschaft spricht von 50 internationalen Schulen auf dem Privatschulmarkt.

Die klassische International School unterrichtet auf Englisch und bietet als Abschluss das International Baccalaureate Diploma (IB) an. Ein Abschluss, der an den Elite-Universitäten in den USA und England einen guten Ruf genießt; weltweit stützen sich mehr als 2600 Schulen auf das Programm der International Baccalaureate Organization (IBO) in Genf. Dennoch sind die International Schools »kein einheitlicher Schultypus«, wie die Bildungsforscher Georg Hansen und Norbert Wenning schreiben. »Vielmehr stellen diese Einrichtungen hinsichtlich ihrer Geschichte, ihres Rechtsstatus, ihrer Größe und ihrer Finanzierung eine bunte Mischung dar.« Und bei weitem nicht alle der internationalen Schulen sind in Dachverbänden organisiert. Der Markt wird zunehmend unübersichtlich. Und er wandelt sich.

Lange richteten sich die International Schools vor allem an ausländische Fachkräfte, Spitzensportler und Diplomaten – die sogenannten Expatriates oder Expats – die oft nach kurzer Zeit wieder die Stadt oder gar das Land wechseln. Doch in den vergangenen Jahren haben immer häufiger auch deutsche Eltern die internationalen Schulen entdeckt. Sie erhoffen sich dort für ihre Kinder die ideale Bildung für eine globalisierte Welt – und sind bereit, dafür gutes Geld auszugeben. Bis zu knapp 20 000 Euro pro Jahr kann eine internationale Schule die Eltern kosten. »Diese Einrichtungen orientieren sich nicht mehr an den Regelungen und Zielen des öffentlichen Schulwesens, sondern sind auf einen internationalen Bildungsmarkt ausgerichtet«, heißt es in einem Bericht des Berliner Max-Planck-Instituts für Bildungsforschung. Die Wissenschaftler warnen in ungewohnt drastischen Worten vor den Gefahren, die durch diese Entwicklung drohten. Problematisch sind aus ihrer Sicht internationale Schulen, die als sogenannte Ergänzungsschulen organisiert sind und ausschließlich einen internationalen Abschluss anbieten. »Sie finanzieren sich über hohe Schulgeldforderungen, die das Prinzip der Chancengleichheit, das grundgesetzlich garantiert ist, außer Kraft setzen.«

Und genau bei diesen Privatschulen stellen die Forscher eine »Dynamik des Wachstums« fest. Vor allem die erst in den vergangenen Jahren neu gegründeten internationalen Schulen werben von Anfang an sowohl um Fachkräfte aus dem Ausland als auch um deutsche Eltern. Auch die Schulbehörden horchen hier auf und verlangen von deutschen Kindern eine Ausnahmegenehmigung, die begründet, warum sie ausgerechnet diese Schule besuchen müssen. Bei der Gründung der Strothoff International School im August 2009 in Dreieich führte das zu heftigen Auseinandersetzungen.

Wohl auch um diesem Konflikt aus dem Weg zu gehen, bieten viele Privatschulen, die sich international nennen, inzwischen sowohl das deutsche Abitur als auch das IB-Diploma an. Sie sind dann als sogenannte Ersatzschulen organisiert – und bekommen Geld vom Staat.

»Mit durchgängiger Zweisprachigkeit, deutschen und internationalen Bildungsabschlüssen und weltanschaulich unabhängiger, wertebasierter Pädagogik richtet sich unsere Schule an einheimische ebenso wie an international mobile Familien«, sagt die SIS Swiss International School in Fellbach bei Stuttgart über sich. Man wolle die Schüler zu verantwortungsbewussten »Weltbürgern« entwickeln, heißt es in einem Imagefilm.

Hinter den SIS-Schulen steht ein Joint Venture des Schulbuchverlags Klett und der Schweizer Kalaidos Bildungsgruppe. Letztere betreibt in ihrer Heimat bereits seit 1999 zweisprachige Ganztagsschulen mit internationaler Ausrichtung; inzwischen gibt es SIS-Schulen dort an fünf Standorten.

Bedenken, dass in den Schulen ausschließlich Bücher und Materialien von Klett zum Einsatz kommen könnten, schiebt Annette Krieger, Geschäftsführerin von SIS-Deutschland, beiseite. »Wir halten uns an die genehmigten Lehrwerke«, sagt sie. »Wir freuen uns, wenn Klett-Bücher zum Einsatz kommen, aber Vorgaben gibt es da natürlich keine.« Im Gegensatz zu den klassischen International Schools hat die SIS-Schule als Zielgruppe nicht nur die ausländischen Expats, sondern verstärkt auch deutsche Eltern. »Wir richten uns an Eltern, die ihre Kinder zweisprachig ausgebildet sehen wollen, sie aber gleichzeitig in der Region verwurzelt wissen wollen«, sagt Krieger.

In Fellbach ist die Schule auf einem Industrieareal entstanden, auf dem einst Waschmaschinen produziert wurden. Eltern können dort nun seit dem Schuljahr 2008/2009 ihre Kinder auf die Grundschule und anschließend auf das Gymnasium schicken, wo sie entweder das Abitur oder das IB-Diploma ablegen können. Der Unterricht findet je zu etwa 50 Prozent in Englisch und in Deutsch statt. Die Lehrerinnen und Lehrer der Schule kommen aus Deutschland, England, Irland, Australien und Südafrika. Kosten für die Eltern: 7272 Euro pro Jahr für die Grundschule und 7884 Euro pro Jahr für das Gymnasium. Im Gegensatz zu den Phorms-Schulen gibt es keine soziale Staffelung, allerdings hat eine Stiftung 50 000 Euro für Stipendien bereitgestellt.

Die Öffnungszeit ist auch hier von 7:30 Uhr bis 18:00 Uhr, am Nachmittag können die Schüler Angebote wie Kung-Fu oder Chinesisch belegen. »Wir haben viele Familien, in denen beide Eltern berufstätig sind«, sagt SIS-Geschäftsführerin Krieger. »Die schätzen die langen Öffnungszeiten.« Der Hintergrund der Eltern sei, so beteuert Krieger, bunt gemischt; darunter seien einige bikulturelle Eltern, aber auch Eltern, die beispielsweise bei großen Unternehmen in der Region, wie Bosch oder Daimler, arbeiteten. Allzu schwierige Kinder wollen die Betreiber aber offenbar nicht an ihrer Schule haben. Bei Kindern »mit erheblichen Lernschwierigkeiten oder Verhaltensauffälligkeiten« werde »eventuell von einem Besuch der SIS Swiss International School« abgeraten, heißt es in einer Infomappe.

Susanne und Toralf Scherat sind extra umgezogen, um ihre beiden Kinder auf die SIS-Schule in Fellbach zu schicken. Die Tochter war im Schuljahr 2008/2009 dort noch im Kindergarten, der Sohn ging in die 1. Klasse. Die Scherats sind beide berufstätig. Er ist Internist, sie Ernährungsberaterin. »Wir wollten die optimale Bildung für unsere Kinder und dachten, dass eine normale staatliche Schule dem nicht gerecht wird«, sagt Susanne Scherat. »Die Welt hat sich verändert. Man muss heute in breiteren Horizonten denken, internationaler und flexibler sein als früher.« Ihre Kinder sollen die Möglichkeit erhalten, nach der Schule zum Studieren ins Ausland zu gehen, in die USA oder auch nach China. Gerade aber hat der Sohn noch ein ganz anderes Ziel. »Er möchte der erste Mann auf dem Mars sein«, sagt die Mutter. Sie hält das nicht für abwegig.

Bei den deutschen Konkurrenten schaut man durchaus kritisch auf Profitmacher-Schulen wie die Phorms oder die International Schools. Stephan May etwa von der Arbeitsgemeinschaft Freier Schulen, die alle Privatschulverbände koordiniert, weiß, dass diese Schulen »den Nomaden des globalisierten Wirtschaftslebens eine Heimat geben«. Dass auch deren Kinder gute Schulen brauchen, ist für May nicht das Problem. Sondern der rechtliche Status – und die Imagefrage, die sich daran anschließt.

Die International Schools bieten Bildungs-Dienstleistungen an. Sie unterliegen damit dem Abkommen über den Welthandel mit Dienstleistungen, kurz GATS. Es sieht vor, dass man Dienstleister-Unternehmen nicht nur nicht verbieten kann, sondern ihnen prinzipiell auch die gleichen Konditionen anbieten muss wie den einheimischen – den staatlichen Schulen. Wegen dieser Inländerbehandlung müsste man den

International Schools also die gleichen Zuschüsse bezahlen, sonst herrscht Wettbewerbsverzerrung. Bislang ist dies noch nicht der Fall. Allerdings ist in den Vertragsstaaten – auch in Deutschland – umstritten, ob Bildung generell unter Dienstleistungen fällt.

Wenn in einer neuen Handelsrunde auch der internationale Dienstleistungsmarkt weiter liberalisiert wird, wäre die Situation der Privatschulen schlagartig eine andere – denn man hätte über Nacht mindestens eine kleine Zahl harter internationaler Wettbewerber auf dem Markt. Daraus resultiert der unsichere Umgang mit den Schulen, die internationale Abschlüsse anbieten. Die International Schools sind die teuersten Schulen – mit bis zu 20000 Euro im Jahr. Sie machen zwar nur einen winzigen Teil der Schülerschaft aus. Für Mays Freie-Schulen-Arbeitsgemeinschaft bringen solche Schulen dennoch ein massives Imageproblem. May vertritt eine traditionelle, oft kleinteilige und hochengagierte Mitgliedschaft – die Profitmacher-Schulen aber treten viel selbstbewusster und aggressiver auf. »Phorms etwa ist gar nicht bei uns im Verband – aber sie prägen unser Bild in der Öffentlichkeit völlig einseitig.«

»Ihre Schülerzahlen sind im Promillebereich, aber sie schrecken die Leute auf«, sagt May. »Die denken bei Jahresgebühren von 20000 Euro sofort an Segregation und Spaltung der Schülerschaft. Das Gefühl der Menschen für gerechte Schulen wird unterlaufen, wenn nur der Eindruck entsteht, dass die Reichen dort unter sich sind«, schätzt May die Lage ein. Und dann macht der Geschäftsführer eine Kehrtwende zu den Privatschulen, die er repräsentiert. »An dem Problem der Ungerechtigkeit des deutschen Schulwesens«, sagt er selbstsicher, »haben wir überhaupt keinen Anteil. Dafür sind unsere Zahlen zu klein und unsere Preise zu niedrig.«

»Die Nachfrage ist groß«, kontert SIS-Geschäftsführerin Krieger. »In der Schweiz wie in Deutschland.« Die Privatschulkette will darum weiter wachsen. »Wir setzen dabei auf mittelgroße Städte in wirtschaftsstarken Regionen«, zitiert das Magazin *Focus Schule* Klett-Vorstandsmitglied Philipp Haußmann.

Andere Privatschulanbieter haben sich den Großraum Frankfurt als Standort ausgeguckt – nicht zuletzt wegen der internationalen Unternehmen, Banken und Finanzdienstleister, die dort angesiedelt sind. Mehrere internationale Schulen und auch die Phorms-Kette sind dort schon aktiv. Jeder zehnte Frankfurter Grundschüler besuchte laut einer Studie des örtlichen Bildungsdezernats im Jahr 2006 schon eine private Schule – und es könnten noch mehr werden.

Hans Strothoff, der Vorstandsvorsitzende der MHK Group, hat im August 2009 südlich von Frankfurt am Main eine englischsprachige Ganztagsschule eröffnet: die Strothoff International School in Dreieich. Sein Motto: »Wer in die Jugend investiert, gewinnt die Zukunft.« Der Firmenpatriarch finanziert den Aufbau der englischsprachigen Ganztagsschule mit knapp 14 Millionen Euro aus seinem Privatvermögen. Für das pädagogische Konzept und die Lerninhalte ist der Schweizer Bildungsanbieter SBW zuständig, der auch hinter der International School Ulm, der International School Neustadt an der Weinstraße und der International School Kreuzlingen-Konstanz steht.

Strothoffs Schule gehört mit zu den teuersten, die es auf dem Markt der Privatschulen gibt. 15 800 Euro kostet dort ein Schuljahr in den Klassenstufen 1 bis 3. Von Klassenstufe 11 bis 12 sind es sogar 18 800 Euro. Obendrauf kommen noch eine Aufnahmegebühr und die Kosten für Schulessen, Uniformen, den Schulbus und Lernmaterialien.

Die Schule richtet sich an die Expats internationaler Unternehmen, aber vor allem an zahlungskräftige deutsche Eltern, die ihre Kinder auf eine Karriere im Ausland vorbereiten wollen. In einer Selbstdarstellung heißt es: »Im Bewusstsein einer zunehmenden Internationalisierung unseres Wissens und Handelns macht es sich die Strothoff International School zur Aufgabe, Kinder zu weltoffenen, ganzheitlich gebildeten und mit Selbstvertrauen ausgestatteten Menschen auszubilden, deren sprachliche, soziale und intellektuelle Fähigkeiten es ihnen ermöglichen, überall auf der Welt zuhause zu sein.«

Entsprechend exklusiv ist auch die Ausstattung, mit der die Strothoff International School wirbt: Laptops für alle Kinder, Smartboards in allen Klassenzimmern, Internet im gesamten Gebäude, ein Lernatelier, zwei Bibliotheken, Reiten und Golfen als Zusatzangebote. Dennoch behauptet Daniel Schmid, der im Vorstand von MHK für die Schule verantwortlich ist, gegenüber der *Financial Times Deutschland*: »Wir streben nach Exzellenz, nicht nach Elite.«

Die Lehrer kommen von Internationalen Schulen in Korea, Singapur, Australien, China, Italien und den USA und sollen 30 bis 40 Prozent mehr Gehalt bekommen als im Staatsdienst – allerdings erfolgt die Bezahlung nach Leistung. Im Gegenzug müssen die Lehrer den ganzen Tag an der Schule sein. Und: Sie sollen in Sakko und Krawatte unterrichten – Ohrring oder Vollbart werden nicht toleriert. »Schließlich sollen sie Vorbild sein«, sagt MHK-Chef Hans Strothoff. Doch bei der Gründung der Schule gab es Streit mit den Behörden. Denn laut Hessischem Schulgesetz dürfen eigentlich nur ausländische Schüler auf Ergänzungsschulen wie die von Strothoff gehen. Deutsche Schüler brauchen eine Ausnahmegenehmigung, in der begründet wird, warum sie gerade diese Schule besuchen müssen. Zum Start konnten die Schüler an der Strothoff International School eine solche Genehmigung laut Presseberichten nicht vorweisen. Die Eltern der 107 Schülerinnen und Schüler sind Banker, Professoren und Immobilienmakler, denen angeblich »ganze Straßenzüge in Frankfurt gehören«, wie *Der Spiegel* schreibt. Bei der Eröffnungsfeier im August 2009 sollen in Dreieich mehr Louis-Vuitton-Handtaschen zu sehen gewesen sein als Schultüten, frotzelte das Nachrichtenmagazin.

Strothoffs Elite-Schule dürfte ein Paradebeispiel für die Entwicklungen sein, die von den Wissenschaftlern des Max-Planck-Instituts für Bildungsforschung kritisch beurteilt wurden: horrend hohes Schulgeld, das einer privilegierten Bevölkerungsschicht die Flucht aus dem staatlichen Schulsystem ermöglicht – und die Chancengleichheit untergräbt.

Nur etwas günstiger als Strothoffs Elite-Schule ist die international ausgerichtete Metropolitan School in Frankfurt, die im Gegensatz zu der in Dreieich aber eine staatlich anerkannte Ersatzschule ist. 794 Euro im Monat kostet ein Ganztagsplatz an der Grundschule, dazu kommen Essenskosten von 75 Euro und ein Gebäudegeld in Höhe von 3600 Euro als zinsloses Darlehen, das die Metropolitan School zurückbezahlt, nachdem das Kind die Schule verlassen hat.

Bis auf eine Stunde Deutschunterricht lernen die Kinder hier den ganzen Tag auf Englisch. Von einer »echten Immersion« spricht Schulgründer Peter Ferres, wie das Eintauchen in eine fremde Sprache genannt wird. Ferres, 50, war vorher 20 Jahre lang als Investmentbanker tätig, unter anderem bei der UBS und Credit Suisse; er brachte Premiere und Adidas mit an die Börse. Bevor er im August 2007 die Schule eröffnete, ließ er sich in einem Aufbaustudium in London zum Grundschullehrer ausbilden. Im Beirat der Metropolitan School sitzt seine Schwester, die Schauspielerin Veronica Ferres, aber auch die Schulexpertin und Reformpädagogin Enja Riegel, die fast 20 Jahre lang die preisgekrönte Helene-Lange-Gesamtschule in Wiesbaden geleitet hat.

Untergebracht ist die Metropolitan School in einem Flachbau im Stadtteil Rödelheim; vorher war hier die Hauptverwaltung eines Unternehmens einquartiert. Heute ist die Fassade poppig-bunt in den drei Farben der Metropolitan School bemalt: Rosa, Gelb und Grün. Ein Plakat zeigt lachende Kinder, darauf steht: »Learn to go your own way«. Lerne, deinen eigenen Weg zu gehen. Das klingt wie eine Floskel. Doch wer die Schule besucht, merkt schnell, dass hier tatsächlich großer Wert auf selbstständiges Lernen gelegt wird. »Der Lehrer, der vor der Klasse steht, redet und alles hört zu, das ist alter Unterricht, der pädagogisch längst überholt ist«, sagt Ferres. »Es geht darum, die ›teacher talking time‹ zu minimieren und die ›student talking and doing time‹ zu maximieren.«

Anstatt in klar abgegrenzten Mathe- oder Sachkundestunden lernen die Kinder an der Metropolitan School in vier bis sechs Wochen langen, fächerübergreifenden Lerneinheiten, die hier »units of inquiry« heißen. Diese Einheiten fangen im Idealfall mit der Frage eines Schülers an, etwa: Warum ist das Wetter in Frankfurt anders als in Singapur? Was dann am Ende der Einheit steht, kann man im Klassenzimmer der Klasse 2 bestaunen. Die Kinder haben Schaubilder gebastelt, die zeigen, wie Wolken und Regen entstehen. Sie haben mehrmals täglich die Temperatur vor der Schule gemessen und daraus Diagramme erstellt. Und sie haben die Klimazonen der Welt miteinander verglichen. Dafür sind die Kinder in die Bibliothek ausgeschwärmt und haben im Computerraum nach Antworten gesucht – wie kleine Forscher. Und nichts anderes bedeutet das Wort »inquiry«: nachforschen, untersuchen, recherchieren.

Auch die Bewertung der Schülerleistung funktioniert in der Metropolitan School anders als an deutschen Staatsschulen. Wie, das kann man im Raum der Klasse 3 nebenan sehen. Dort sitzen der kleine Alexander und die kleine Natasha gerade nebeneinander auf dem Boden, auf einem Teppich mit Kreisen, Dreiecken und Quadraten darauf. Sie lesen sich gegenseitig aus Büchern vor, die sie sich selbst ausgesucht haben. Alexander liest aus einer Geschichte über Ägypten vor. »Not long ago in a large University town ...«, beginnt er.

Als er fertig ist, sollen er und Natasha gemeinsam mithilfe eines Fragebogens bewerten, wie gut er gelesen hat. Ob er gelesen habe wie ein Roboter, fragt Alexander auf Englisch. »No«, sagt Natasha. Auch die Geschwindigkeit sei in Ordnung gewesen, einigen sie sich; nicht zu langsam und nicht zu schnell. Nur an manchen Stellen habe er etwas gezögert.

Während Natasha nun Alexander vorliest, kümmern sich die anderen Kinder um ihre Portfolios. Sie sollen aus den Ordnern Mathe-Arbeiten aus dem vergangenen Jahr heraussuchen, die ihnen besonders gut gelungen sind. Diese sollen sie dann bei einer Präsentation zusammen mit Arbeiten, die die Lehrer ausgesucht haben, den Eltern vorstellen. »Student-Led Conferences«, nennt sich das, kurz SLC.

»Die Kinder feiern, was sie gelernt haben«, sagt Klassenlehrerin Kim Lightfoot, eine Australierin, die vorher auch schon auf den Bahamas und in der Schweiz gearbeitet hat. »Gleichzeitig merken sie, dass sie selbst Verantwortung für das Lernen tragen.« Basti weiß schon, was er seinen Eltern auf der Konferenz zeigen will: die verschiedenen Formen von Pyramiden, die er aufgezeichnet hat. Felix und Luc sind wiederum stolz auf die Visitenkarte, die sie in der »Business Unit« gemacht haben. Gemeinsam haben sie ein Konzept für einen Freizeitpark entworfen. »The Colossal Recreation Park« steht auf der Karte, die sie dem Besucher überreichen.

Zusätzlich zu den »Student-Led Conferences« am Jahresende bekommen die Eltern noch ausführliche Berichte der Lehrer. Die beschränken sich nicht auf Noten in den einzelnen Fächern; vielmehr wird auf knapp einem Dutzend Seiten ausführlich der Fortschritt jedes einzelnen Kindes beschrieben. Der Unterricht an der Metropolitan School richtet sich nach dem sogenannten »Primary Years Programme« der International Baccalaureate Organization (IBO) in Genf, aber auch Teile des hessischen Rahmenlehrplans werden adaptiert. »Bei uns lernen die Kinder die Nidda, aber auch den Jangtse kennen«, sagt Schulgründer Ferres. Er nennt das »international education with German roots«.

Doch fast 10 000 Euro Schulgeld im Jahr: Das können sich nicht alle Eltern leisten, zumal die Schule erst jetzt damit angefangen hat, Stipendien anzubieten. Und dennoch sagt auch Ferres, der Hintergrund der Eltern sei bunt gemischt: Professoren, Büroangestellte, Handwerker, internationale Mitarbeiter aus allen Branchen, Anwälte, alleinerziehende Mütter – alles sei dabei. »Wenn die Kinder abgeholt werden, sehen Sie schwere SUVs genauso wie alte Gebrauchtwagen«, sagt Ferres. Ein Drittel der Eltern seien laut Ferres Expats, ein weiteres deutsch und beim letzten Drittel sei ein Elternteil deutsch und eines stammt aus dem Ausland. Mehr als 30 Nationalitäten sind an der Schule vertreten. Im Eingangsbereich hängen kleine Flaggen der Herkunftsstaaten: Schweden, Kanada, Griechenland, Italien, Türkei, Frankreich und viele mehr.

Noch ist nicht alles fertig an der Metropolitan School. Einen Yoga-Raum gibt es schon, dafür steht die Turnhalle noch genauso wenig wie die geplante Töpferwerkstatt. Und auch für die Verschönerung des Schulhofs, der im Schatten des Bosch-Büroturms nebenan liegt, werden die Eltern noch ein bisschen Hand anlegen müssen. »Es fehlen nur noch ein paar Ziegelsteine«, sagt Ferres. Dann sei die Schule perfekt.

Im Jahr 2009 gingen 240 Kinder auf die Metropolitan School, auf lange Sicht sollen es rund 600 werden. Bisher sind in dem Flachbau nur ein Kindergarten und die Grundschule untergebracht, im Sommer 2010 soll aber auch eine Sekundarstufe dazukommen. Dort sollen die Schüler später das IB-Diploma ablegen können, das deutsche Abitur parallel dazu anzubieten, findet Ferres unsinnig. »Mit dem Angebot beider Abschlüsse ködert man vielleicht Eltern«, sagt Ferres. Aber zu Ende gedacht sei das nicht. Was es aber geben soll, ist ein Realschulabschluss nach Klassenstufe 10 und das englische Pendant dazu, das »IGCSE«.

Neben dem Schulgeld der Eltern bekommt die Metropolitan School ab Sommer 2010 auch Zuschüsse vom Land Hessen; nach eigenen Angaben in Höhe von knapp 2900 Euro pro Grundschüler pro Jahr. Außerdem bekommt die Schule Sachspenden von Unternehmen. Neben dem Smartboard im Computer-Raum hängt beispielsweise das Schild des Sponsors »BMW Financial Services«, sanofi-aventis hat wiederum die Bibliothek finanziert. Doch im Gegensatz zu Phorms und den SIS-Schulen will Schulbetreiber Ferres kein deutschlandweites Netzwerk an Schulen aufmachen. »Es wird sicherlich nie eine Metropolitan-Schulkette geben«, sagt er. Darunter leide die Qualität. Er habe die Schule auch nicht gegründet, um reich zu werden, betont er, »sondern um gute Schule zu machen«.

Solche pädagogischen Ansätze zeigen eindrücklich: Das Lernen in diesen Schulen geht über Zweisprachigkeit und das Aufstellen von kreidelosen internetfähigen Tafeln hinaus. Sie schließen gleich dreifach an Entwicklungen an, welche die staatlichen Schulen gern ignorieren oder verunmöglichen. Erstens gibt es im Gegensatz zur hiesigen Debatte, die durch den komplizierten Föderalismus und das Schulstrukturtabu blockiert wird, in anderen Ländern einen beginnenden Diskurs über sogenannte 21st Century Skills. In den USA etwa spricht man nicht mehr so viel darüber, ob man Kinder noch wie anno dazumal in Reih und Glied in Klassenzimmer stecken kann. Dort wird die Frage aufgeworfen, welche Fähigkeiten Wissensarbeiter eines 21. Jahrhunderts brauchen, dessen Anforderungen schwer vorhersehbar sind. Im Zentrum stehen dabei stets: Problemlösungskompetenz, Kreativität, Teamfähigkeit – und Individualität. Diese Begriffe sind für Internationale Schulen unverzichtbar, weil ihre Klientel stets mit ihnen um sich wirft.

Die Schulen haben aber heute die Möglichkeit, die wohlklingenden PR-Begriffe in konkrete Lernformen zu übersetzen. Denn es gibt, zweitens, viel Know-how, wie Individualität im Unterricht gefördert wird. »Es tut Kindern unendlich gut, sicher zu wissen: Ich bin auf einem bestimmten Gebiet etwas Besonderes, was mich von anderen unterscheidet«, heißt es bei den Phorms-Schulen. Das ist ein bisschen pathetisch formuliert – aber man wehrt sich nicht gegen Individualisierung, wie es manche staatliche Schule tut. »Wir gestalten Unterricht«, wirbt Phorms, »durch eine Kombination aus gemeinsamen Elementen für alle einerseits und viel Raum für das Profil eines jeden Kindes andererseits.« Drittens können die Schulen auf charismatische Figuren zugreifen – wie etwa Enja Riegel, die in der Reformszene einen glanzvollen Namen hat. Riegel ist eloquent. Sie verleiht dem neuen Lernen im Fernsehen Gesicht und Stimme. Und Riegel denkt auch nach ihrer Pensionierung nicht daran, sich aufs Altenteil zurückzuziehen. Ihr geht der staatliche Reformprozess zu langsam, deswegen setzt sie gezielt auf private Antreiber: »Die öffentliche Schule soll zittern und Angst haben und endlich mal was Neues machen«, sagte sie in einem Interview dem *Deutschlandradio*. Zugleich hat Riegel stets einen reformpädagogischen Impetus, der wie der Schlüssel zum Schloss zu der Debatte über 21st Century Skills passt, also über unbekannte Herausforderungen, große Kreativität – und Individualität. »Kinder brauchen herausragende Aufgaben«, meint Riegel, »wirklich schwierige Projekte, etwas, an dem sie wachsen können – und was ihnen unglaublich viel Spaß macht.« Reichtum ist übrigens das Letzte, was ihr wichtig wäre: »Man soll mit Schulen nicht Geld verdienen«, sagt sie.

Tatsächlich ist es auch nicht ohne Weiteres möglich, in Deutschland mit Schulen Profit zu machen. Denn viele Schulen in freier Trägerschaft sind als gemeinnützige GmbHs (gGmbH) organisiert und dürfen Überschüsse nicht an ihre Gesellschafter ausschütten. Und auch der Zuschuss der Bundesländer an private Ersatzschulen ist in der Regel an die Gemeinnützigkeit gekoppelt.

Phorms hat eine gewiefte Konstruktion gefunden, wie sich mit Privatschulen trotzdem Geld verdienen lässt. Wer sich aufmacht zur Phorms-Zentrale im Berliner Stadtbezirk Wedding, einem Klinkerbau, in dem einst die AEG untergebracht war, bekommt sie von Béa Beste begeistert erklärt. Auf ein Flipchart zeichnet sie dem Besucher ein Unternehmensdiagramm mit mehreren Säulen und einem Dach darüber. Die einzelnen Schulträger – die Säulen – sind auch bei Phorms als gGmbHs organisiert. Doch darüber ist – als Dach – die Phorms Management AG angesiedelt. Bei gut 40 Investoren hat die Aktiengesellschaft inzwischen rund 20 Millionen Euro an Kapital eingesammelt, darunter Rolf Schmidt-Holtz, CEO von Sony Music. Dieses Geld leiht die AG den Schulen für deren Aufbau – und bekommt es später mit Zinsen zurück. So jedenfalls der Plan.

»Der Aufbau einer Schule kostet etwa drei Millionen Euro«, sagt Phorms-Chefin Beste. »Womöglich sogar fünf Millionen Euro.« Doch die AG fungiert nicht nur als eine Art Bank für die Schulen; sie übernimmt auch Dienstleistungen wie das Einrichten von Computern, das Recruiting von Lehrern oder deren Fortbildung, Die Kosten der Dienstleistungen stellt sie dann den einzelnen Schulen in Rechnung.

Die Fortbildung läuft bei Phorms so ab: Die Lehrer aller Schulen kommen zu einem »Education Summit« in der Berliner Zentrale zusammen, der jährlich abgehalten wird. Dort belegen sie Workshops wie »Differenzierung«, »Class Room Management« oder »TeamPhorming« und lernen den Umgang mit den interaktiven Smartboards, den Tafeln der Zukunft. Auch IT-Dienstleistungen oder der Möbeleinkauf werden bei Phorms zentralisiert und so billiger, als wenn jede Schule dies selbst übernehmen müsste. Dazu kommen weitere Unternehmensteile: UniPhorms heißt die Tochter, die die Schulkleidung für die Phorms-Schulen entwickelt und auch für andere Schulen Uniformen anbieten will. TransPhorms heißt die Sparte des Unternehmens, die es sich zum Ziel gesetzt hat, andere, bereits bestehende Privatschulen zu übernehmen. Im Februar 2009 hat TransPhorms die von der Insolvenz bedrohte Heidelberg International School übernommen. Dort können Kinder von Unternehmensmitarbeitern aus der Region, wie etwa BASF, SAP oder Heidelberg Cement, das IB-Diploma ablegen. Und mit der Tochterfirma RePhorms will die Schulkette als bezahlter Dienstleister staatliche Schulen managen. Mit der niedersächsischen Gemeinde Osterholz-Scharmbeck soll es bereits Verhandlungen gegeben haben.

Doch das Geschäftsmodell der Phorms AG kann sich nur wegen der Subventionen rentieren, die Privatschulen bekommen, wenn der Staat sie als Ersatzschulen anerkennt. Nach einer Wartezeit, die je nach Bundesland in der Regel zwischen drei und fünf Jahren beträgt, bekommen Privatschulen Zuschüsse in Höhe von rund 70 bis 90 Prozent der Kosten, die für Schüler einer Staatsschule anfallen. Bei den Privaten deckt dies aber wegen der kleineren Klassen und der größeren Zahl von Lehrern pro Schüler meist nur 60 Prozent der Kosten; der Rest muss durch Schulgeld, Sponsoren, einen Förderverein oder sonstige Einnahmequellen hereingeholt werden.

Die Ziele von Phorms waren hoch gesteckt: Von 2012 an wollte das Unternehmen schwarze Zahlen schreiben, 6 bis 8 Prozent Rendite erwirtschaften – und expandieren. »Bildung ist neben Energie der große Wachstumsmarkt der Zukunft«, hat Beste einmal der *Wirtschaftswoche* gesagt. Bis zu 40 Schulen sollen in den nächsten Jahren entstehen, lautete Bestes Vision, in Deutschland wie im Ausland. Mögliche Standorte wären Kenia, Israel oder die Türkei, aber auch Städte wie Boston, Madrid oder Paris waren schon im Gespräch. »In zehn Jahren wollen wir in jedem Sprach- und Kulturraum vertreten sein«, zitierte die *Financial Times Deutschland* den einstigen Phorms-Gründer Olek. »Wir müssen wachsen, um als Bildungsunternehmen bestehen zu können«, sagte Beste.

Doch für die offene Gewinnorientierung erntet die Phorms AG auch viel Kritik – und zwar von links bis konservativ. Die Vizevorsitzende der Gewerkschaft Erziehung und Wissenschaft, Marianne Demmer, findet zwar Gefallen am pädagogischen Konzept von Phorms, verurteilt aber umso schärfer das Geschäftsinteresse des Unternehmens. Ihre Gewerkschaft lehne »die Privatisierung und Kommerzialisierung des Schulbereichs mit Nachdruck ab«, sagte sie der *Stuttgarter Zeitung*. Und Josef Kraus sagt: »Bildung ist Teil der öffentlichen Daseinsvorsorge. Da kann es doch nicht um Gewinnmaximierung gehen.«

Selbst der Verband Deutscher Privatschulen (VDP) hadert mit Phorms. »Dass die Phorms-Leute herausblasen, Bildung könne profitabel sein, schadet uns allen – all denen, die oft unter Selbstausbeutung eine Schule betreiben«, zitiert die *Financial Times Deutschland* den VDP-Präsidenten Michael Büchler. Sein Verband kämpft seit langem dafür, dass Privatschulen in Deutschland zu 100 Prozent vom Staat finanziert werden – wie etwa in den Niederlanden. Eine Schulkette, die Profit macht, könnte der Politik hingegen eher Argumente liefern, sich aus der Finanzierung der privaten Einrichtungen zurückzuziehen.

Auch die Behörden geben Phorms immer wieder Kontra: In Hamburg bekam Phorms von der Schulbehörde im Sommer 2008 erst einmal eine Absage mit Verweis auf das hohe Schulgeld und das sogenannte Sonderungsverbot im Grundgesetz, das eine Benachteiligung von Kindern aus sozial schwachen Familien verhindern soll. Erst als Phorms das Schulgeld auf maximal 200 Euro pro Monat und 50 Euro für Geringverdienende senkte, bekam die Schule die Genehmigung.

In Köln verpassten die Behörden Phorms ebenfalls einen Schuss vor den Bug. Zum Schuljahresbeginn im Herbst 2009 verweigerten sie dem privaten Phorms-Gymnasium die Genehmigung. Die Bezirksregierung hatte Zweifel an der Ausbildung der Lehrer und an der sozialen Mischung der Schülerschaft. Auch sie verwies auf das Sonderungsverbot: Eine Schülerauswahl »nach Besitzverhältnissen der Eltern« sei nicht erlaubt, teilte die Behörde mit. 18 Schüler standen auf der Straße.

Die betroffenen Eltern reagierten wütend. »Man hatte uns gesagt, es seien nur noch Formalien zu klären«, zitiert die lokale Presse eine Mutter. Zu Beginn des nächsten Schuljahrs wird erneut geprüft.

Kritiker beeindrucken Phorms-Chefin Béa Beste wenig. »Es gibt ein chinesisches Sprichwort«, sagt sie. »Wenn der Wind des Wechsels weht, bauen einige Mauern und andere bauen Windmühlen.« Und dennoch brodelt es hinter den Kulissen der Profitmacher-Schule. Phorms-Mitgründer Alexander Olek hat Ende 2009 sein Amt als Aufsichtsratschef aufgegeben. »Die Visionen gingen auseinander«, sagt er.

Ein Rückschlag für die Expansionspläne kam 2010. Da entschloss sich Phorms, in die Hannoveraner Grundschule keinen neuen Schüler mehr aufzunehmen. Die erste Phorms-Filiale musste also schließen – angeblich, weil mit den mageren Zuschüssen Niedersachsens die Ansprüche einer Phorms-Schule nicht zu halten seien. Nicht mehr Béa Beste erklärte jetzt den Rückzug – sondern der neue geschäftsführende Direktor der Phorms-Holding, Frank Lechner. »Alle Kinder in Hannover werden einen geordneten Grundschulabschluss bekommen«, gab Lechner zwar eine Garantie für eingeschulte Kinder ab. Gleichzeitig räumte er jedoch ein, dass wohl auch die Kölner Filiale die Schultore schließen werde. »Unser Geschäftsmodell funktioniert an Standorten wie München, Berlin oder Frankfurt, aber nicht in Niedersachsen und NRW – weil dort die öffentliche Hand nicht genug dazugibt.«

Wolf Schmidt

Die Steiner-Schulen
Aufbruch mit Bedacht

■ Zu Besuch in den Interkulturellen Waldorfschulen
Mannheim und Berlin-Kreuzberg

Hier sieht es aus wie in einem Hörsaal. Vorn steht ein langgezogener Experimentiertisch, über den sich ein Holzbalken
spannt. Er dient als Rollbahn für Kugeln. Physiklehrer Wolfgang Borning führt mit Schülern einen Versuch durch. Immer
wieder lässt er eine kleine Metallkugel den Balken hinunter-
kullern. Zwei Schüler markieren mit Kreide die Stellen, an
der die Kugel nach ein, zwei, drei ... Sekunden ist. Ein weiterer Schüler bedient die Stoppuhr. Die anderen aus der Klasse
schauen zu. Manche tun das nicht. Ein Mädchen in türkisfarbe-
ner Kapuzenjacke lernt Erdkunde. Lehrer Borning ermahnt einen Schüler scherzhaft. »Hey, Markus, das sieht nach Sabotage
aus, und dafür gibt's die Höchststrafe – ich überleg mir noch,
was das ist«, sagt er augenzwinkernd.

Physikepoche in der 10. Klasse der Freien Waldorfschule in
Berlin-Kreuzberg. Der Versuch im Physiklabor ist zu Ende. Jetzt
beginnt für die Schüler erst die eigentliche Arbeit. An der Tafel steht nämlich inzwischen eine Tabelle mit den Resultaten
des Experiments. »Nennt mir ein Adjektiv für das, was ihr an

der Tabelle ablesen könnt«, ermuntert der Lehrer seine Klasse. Die Schüler rätseln. Der dritte Schüler trifft schließlich mit »gleichmäßig« das erwünschte Adjektiv. »Richtig«, freut sich Borning. Die Werte steigen gleichmäßig an. Erst jetzt, am Ende des Versuchs, verrät er das Thema des Unterrichts: Akzeleration, Beschleunigung.

Ein typisches Merkmal von Waldorfschulen: Der Lehrer gibt das Thema des Unterrichts nicht vor. Die Schüler sollen sich – in diesem Fall aus dem Versuch heraus – selbst die Herleitung und Entwicklung des Themas erschließen. Erst dann benennt es der Lehrer.

Waldorfschulen haben eine lange reformerische Vergangenheit. Vor 90 Jahren begann ihre Geschichte, und sie brachte einen Paradigmenwechsel in den deutschen Schulalltag. Rudolf Steiners Erziehungskunst stellte konsequent das Kind in den Mittelpunkt. Das war zuvor allenfalls vereinzelt so, etwa an einigen wenigen reformpädagogischen Einrichtungen wie den Landerziehungsheimen. An den staatlichen Schulen stand damals – wie heute – das Fach im Vordergrund.

Heute, knapp zehn Jahre nach der ersten PISA-Studie, könnten die Schulen Rudolf Steiners ein Vorbild für die staatlichen Schulen sein. Arbeiten sie doch schon lange wie integrierte Schulen: Sie trennen ihre Schüler nicht nach Leistung, und auch Noten gibt es erst spät. Aber wie weit gehen die Reformen der Waldörfler wirklich? Wie gut praktizieren sie das individuelle Lernen schon? Immerhin ist dies die Lernform, die seit den PISA-Reformen als die Wichtigste gilt. Keine Presseerklärung eines deutschen Kultusministers über modernen Unterricht, bei dem der Begriff individuelle Förderung fehlen dürfte.

»Die Waldorfschule kommt von der Tradition her sehr stark vom Frontalunterricht«, erklärt Hans-Georg Hutzel, Geschäftsführer der Waldorfschule in Berlin-Kreuzberg. Er weiß, für welche Unterrichtsform die Waldorflehrer von jeher eine Vorliebe haben. Hutzel gehört dem Vorstand des Bundes der Freien Waldorfschulen an.

Von 1945 bis 1955 gründeten sich in Deutschland 26 Waldorfschulen, dann verhängte der Waldorfschulverbund einen Gründungsstopp – aus Qualitätsgründen. Erst um das Jahr 1970 öffneten sich die Schulen wieder. Sie experimentierten mit neuen Lernformen, führten Praktika in den Bereichen Land- und Forstwirtschaft, Industrie oder Soziales ein und mischten sich in die Debatten um antiautoritäre Erziehung ein. »Ende der 1960er, Anfang der 1970er Jahre hatte die Waldorfschule die Meinungsführerschaft bei alternativen Schulkonzepten inne«, weiß Michael Brater von der Gesellschaft für Ausbildungsforschung und Berufsentwicklung. Brater ist Soziologe und hat jüngst die Waldorfschulen in einer Studie untersucht. In den 1970er Jahren übernahmen andere reformorientierte Schulen von den Steiner-Schulen pädagogische Elemente wie Epochenunterricht oder Praktika. Heute ist es umgekehrt. Seit 1970 steigt die Zahl der Waldorfschulen in Deutschland. Inzwischen gibt es 208 dieser Schulen in Deutschland. Nach den konfessionellen Schulen ist die Waldorfbewegung damit die Nummer zwei unter den deutschen Privatschulen. Fast die Hälfte liegt in Baden-Württemberg (55 Schulen) und Nordrhein-Westfalen (42 Schulen). Mit großem Abstand folgen Niedersachsen und Bayern. Von den Stadtstaaten hat Berlin mit acht die meisten. In den neuen Bundesländern dagegen haben sich die Waldorfschulen nicht etablieren können. Dort gibt es insgesamt 15 von ihnen.

Auch heute noch entstehen neue Schulen. Allerdings stagnieren an den Schulen die Schülerzahlen oder sind sogar leicht rückläufig. Ein Grund dafür könnte darin liegen, dass viele Waldorfschulen heute pädagogisch nicht mehr auf dem allerneuesten Stand sind. Während andere Schulen aufbrachen und mit neuen Methoden und Konzepten von Lernen und Schule experimentierten, kapselten sich die Waldorfschulen Ende der 1970er Jahre ab. Sie blieben pädagogisch in den folgenden Jahrzehnten auf dem damaligen Stand stehen. So ist in vielen Waldorfschulen Frontalunterricht noch immer die übliche Unterrichtsform.

Doch inzwischen kommen die Steiner-Schulen wieder in Bewegung. »Die Waldorfschule hat einen gewissen Nachholbedarf in Methodenvielfalt«, berichtet Hans-Georg Hutzel. »Da sind wir aber dran.« Tatsächlich öffnen sich mittlerweile mehrere Waldorfschulen vorsichtig für neue Methoden. Auch beim Bund der Freien Waldorfschulen, der übergeordneten Arbeitsgemeinschaft der Steiner-Schulen, haben sich bei der letzten Wahl die Erneuerer durchgesetzt. »Wir versuchen ab der 5. Klasse ein anderes Mittelstufenkonzept«, erklärt Hutzel den Weg, der an seiner Kreuzberger Waldorfschule beschritten wird. Er beinhaltet, dass die A-, B- und C-Klassen jeweils als gemeinsame Stufe betrachtet werden, deren Räume eng beieinander liegen. Die Stufen teilen sich neben den Klassenzimmern verschiedene Nebenräume. Dadurch können sie immer wieder anders gemischt werden und in Gruppen unterschiedlicher Größe zusammenarbeiten. Oder die Lehrer übernehmen Epochen in der Parallelklasse – Unterrichtsphasen, in denen Lehrer und Schüler über Wochen hinweg jeden Morgen am selben Fach arbeiten. So können die Lehrer ihre Fachgebiete gegenseitig ergänzen. Das bedeutet aber auch: Die Klassenlehrer müssen erstmals eng miteinander im Team arbeiten. Eine kleine Revolution für die Waldorfschulen, in denen bislang der einzelne Lehrer im Vordergrund stand.

Den Hintergrund für die pädagogischen Experimente der Kreuzberger Waldorfschule bildet eine grundsätzliche Entscheidung, die sie zu Anfang des Jahrzehnts traf: eine inklusive Schule zu werden. Das bedeutet, die Waldorfschule nimmt seit dem Jahr 2003 Kinder mit sonderpädagogischem Förderbedarf auf. Dann sitzen statt 32 Schülern nur 26 Schüler in einer Klasse, sechs davon sind Kinder mit Behinderung oder Handicaps in ihren Leistungen. Sie haben einen eigenen Klassenlehrer und einen Erzieher. Manche Schüler haben auch für einige Stunden einen eigenen Schulhelfer. Das ist ein persönlicher Assistent, der bei allem hilft – vom Hefteherausholen bis zum gemeinsamen Pausemachen.

Klassenlehrerin der inklusiven Klasse 6B ist Beate Unterborn, sie hat eine Ausbildung zur Heilpädagogiklehrerin absolviert. Unterborn teilt die Schüler in Gruppen ein. Markus, der an Trisomie 21 leidet, folgt drei anderen Jungs in ein kleineres Zimmer. Dort übernimmt Thomas Grischke, ebenfalls Lehrer einer inklusiven Klasse, die Gruppe. Er malt mit ihnen eine Karte, in der Mekka und Medina verzeichnet sind. »Wo ist Berlin?«, fragt er. Ferdinand zeigt auf einen Punkt etwas außerhalb der Karte. »Richtig«, nickt der Lehrer und erzählt von Wüste und Handel. Markus muss sich zeitweise auf eine Matratze in der Ecke legen, um sich auszuruhen. Lehrerin Unterborn ist sehr stolz auf ihn. Dennoch schließt sie nicht aus, dass er eines Tages auf eine reine Förderschule wechseln muss: »Integration hat ihre Grenzen«, sagt sie. Deshalb schickte sie ihn einmal zur Parzival-Schule in Zehlendorf, einer anthroposophischen Förderschule. Eine Schülerin begleitete Markus, der einen Bezug zu der Förderschule aufbauen soll.

Der Vormittag endet mit einer Stunde Freiarbeit. Markus sitzt auf seinem erhöhten Platz. Er schreibt in sein Heft, in das Linien mit großem Abstand gezogen sind: »… und Mohammed ist sein Prophet«, liest er laut. Der Schüler vor ihm malt und schreibt das Tafelbild ab. Unterborn sitzt vorne vor der zweiten Reihe bei einigen Schülern und gibt ihnen Tipps. Manche Schüler arbeiten auch vor der Tür; sie kommen und gehen.

»Wir kriegen einige Vorgaben, was wir machen sollen«, erklärt Schülerin Anita die Freiarbeit. »Wenn dann noch Zeit ist, können wir Englisch oder Russisch lernen.« Lehrerin Unterborn bewegt sich noch auf unsicherem Terrain. Um neue Methoden wie die Freiarbeit oder die Portfolio-Arbeit zu lernen, hat sie an der berühmten Montessori-Schule in Potsdam hospitiert. Portfolios sind Lerndokumentationen. Die Schüler tragen in ihren Tagesplan ein, was sie gemacht haben und bei welchen Problemen sie hängen geblieben sind. Gleichzeitig möchte Unterborn aber nicht alles eins zu eins übernehmen: »Wir sind eine lernende Organisation«, sagt sie, »aber wir passen neue Methoden an das Konzept der Waldorfpädagogik an.«

Die Entscheidung zur inklusiven Schule fiel manchen an der Kreuzberger Waldorfschule nicht leicht. »Das war eine Krise. Einige sagten: ›Wir fühlen uns überfordert durch die Schüler, die auf uns zukommen‹«, berichtet Geschäftsführer Hutzel. Dieser Schritt bedeutete auch, sich von einer einzügigen zu einer mehrzügigen Schule zu erweitern. Ein Abschied von der alten Familiarität, in der jeder jeden kannte. Für einige war das ein Grund, die Schule zu verlassen.

* * *

Die Kreuzberger Schule ist aber nicht die einzige, die sich mit der Waldorftradition auseinandersetzt und andere pädagogische Konzepte ausprobiert. Auch die Freie Interkulturelle Waldorfschule in Mannheim sucht nach Möglichkeiten, mit neuen Ideen an die Zukunft des Lernens heranzukommen.

Mehmet schaut auf das Kärtchen in seiner Hand: »Sa-la-mi«, liest er, Silbe für Silbe. »Richtig«, nickt seine Lehrerin. Mehmet darf nun mit seinem grünen Hütchen drei Felder auf dem Spielbrett vorrücken, das auf dem hellen Holztisch liegt. Drei Felder für drei Silben. Er zieht ein neues Kärtchen von einem Stapel auf dem Brett. Oh, das hier ist schwer. »A-ro-ma-los«, sagt er und dehnt das Wort dabei so weit es geht. »Prima«, lobt ihn seine Lehrerin erneut. »Verstehst du das Wort, das du gerade gelesen hast?«, fragt sie ihn. »Ja«, antwortet der türkische Junge, »das heißt geschmacklos.«

Katrin Höfer, Mehmets Förderlehrerin, ist zufrieden: Der Junge macht Fortschritte, in seiner Geschwindigkeit. Mehmet ist zehn Jahre alt. Er geht in die 3. Klasse, in der er der Älteste ist. Er hat Probleme mit dem Hören: Er hört die Silben nicht so differenziert wie andere Kinder. Dies ist bei Legasthenikern häufig der Fall. Da er auch Probleme mit dem Lesen hat, übt sie mit ihm, die einzelnen Buchstaben zusammenzuziehen und dabei die Silben zu erkennen.

Wie die Kreuzberger Waldorfschule ist die Mannheimer in einem Stadtteil zuhause, in dem viele Menschen mit Migrationshintergrund leben. Doch bei der Kreuzberger Waldorfschule ist deren Anteil mit 15 bis 20 Prozent für die Gegend niedrig. »Das ist ein Standortvorteil in Kreuzberg, es bringt uns sicher viele Schüleranmeldungen«, sagt Geschäftsführer Hutzel. Die Mannheimer Freie Interkulturelle Waldorfschule dagegen hat sich bewusst dafür entschieden, sich als interkulturelle Schule zu gründen. Sie will integrative Kraft im Mannheimer Brennpunktkiez Neckarstadt-West werden. Etwa die Hälfte der Schüler hat eine Zuwanderungsgeschichte. Viele haben auch mit Legasthenie, Rechenschwäche oder anderen Lernproblemen zu kämpfen.

Mannheim hat rund 327000 Einwohner. Knapp ein Drittel von ihnen hat eine Zuwanderungsgeschichte. Im Stadtteil Neckarstadt-West sind sie mit 53,5 Prozent in der Mehrheit, in der Altersgruppe der 6- bis 17-Jährigen stellen sie sogar gut 67 Prozent. Obwohl Baden-Württemberg ein reiches Bundesland mit wenig Arbeitslosen ist, liegt die Arbeitslosenquote in Mannheim bei neun Prozent. 40 Prozent der Empfänger von Arbeitslosengeld II sind Migranten.

In Neckarstadt-West am Nachmittag. Kleine Bäckereien, Friseurläden und billige dunkle Eckkneipen prägen das Bild in den schmalen Straßenzügen des Viertels gegenüber dem Messplatz, an dem die Schule steht. Die Sonne scheint, und die Rasen- und Gartenflächen zwischen den Reihenhäusern wirken grün und einladend. An einer Straßenkreuzung lungern drei etwa zehnjährige Jungs vor einem Zigarettenautomaten. Einer lässt sein Fahrrad betont lässig vor- und zurückrollen. Der Wortführer schlägt unterdessen mit der Faust gegen den Automaten. Weil nichts passiert, tritt er mit den Füßen gegen den Kippenspender. Über die Waldorfschule in der Nähe mag er nicht recht reden. »Klar kenne ich die. Aber von meinen Freunden geht da niemand hin. Ist doch viel zu langweilig da.«

»Hier herrscht ein Milieu der Angst, überall. Angst vor dem Verlust der Existenz, Angst vor Gesichtsverlust«, beschreibt Christoph Doll, der Klassenlehrer der 5. Klasse, seine Beobachtungen. »Abends senkt sich die Angst wie eine Glocke über das Viertel.« Er erzählt von Drogen- und Alkoholproblemen. Sogar Schüsse fielen in der Gegend gelegentlich, meint Doll.

Das ist die Realität, in der sich die Interkulturelle Schule niedergelassen hat. Bewusst in so ein Risikogebiet zu gehen, das ist für eine Waldorfschule ein großer Schritt. Und zugleich eine Absage an die Entwicklung der Steiner-Schulen in den vergangenen Jahrzehnten. Denn in der sozialen Zusammensetzung sind die Waldorfschulen ziemlich exklusiv. Mehr als 40 Prozent der Väter von Waldorfschülern sind Akademiker. Das hat eine Studie ergeben, bei der Waldorf-Absolventen der Geburtenjahrgänge 1938 bis 1974 befragt wurden. Zum Vergleich: Nur 12 Prozent der Absolventen von allgemeinbildenden deutschen Schulen haben einen akademisch gebildeten Vater. Bei den Absolventen der Waldorfschulen ist der Grad der Akademisierung sogar noch höher als bei ihren Eltern. Mehr als zwei Drittel erreichen das allgemeine oder fachgebundene Abitur, die Hälfte studiert sogar.

Die größte Berufsgruppe unter den Vätern von Waldorfschülern sind mit gut 14 Prozent die Lehrer. Dazu gehören auch viele Lehrer von staatlichen Schulen. »Offenbar sind die Lehrer oft besonders wenig zufrieden mit den staatlichen Schulen, die sie ja von innen kennen«, interpretiert der Soziologe und Waldorfexperte Michael Brater. Aber nicht nur viele Väter sind Lehrer: Auch unter den Waldorfabsolventen stellen die Lehrer mit 14,6 Prozent die größte Berufsgruppe – besonders bei den Frauen. Die Waldorfschulen sind also insgesamt gesehen eine Veranstaltung des Bildungsbürgertums für sich selbst. Das war ursprünglich anders gedacht.

* * *

Am 23. April kommen die Arbeiter zu einer Betriebsversammlung zusammen. Sie wissen noch nicht, dass sie einen mitreißenden Vortrag zu hören bekommen werden. »Der moderne Proletarier ist klassenbewusst geworden«, schmeichelt der Redner den Arbeitern. Aber der Mann will nicht auf eine sozialistische Revolution hinaus. »Dahinter versteckt sich das Menschheitsbewusstsein, das Bewusstsein, dass Menschenwürde errungen werden muss.« Der Vortragende hat den Einzelnen im Blick. Jeder stelle sich die Frage: »Was bin ich als Mensch? Stehe ich als Mensch menschenwürdig in der menschlichen Gesellschaft darinnen.«

Der Redner heißt Rudolf Steiner. Wir schreiben das Jahr 1919. Der Erste Weltkrieg ist gerade vorbei, es sind unruhige, revolutionäre Zeiten. Auch den Arbeitern der Zigarettenfabrik Waldorf-Astoria in Stuttgart steht eine kleine Revolution bevor. Sie bitten in der anschließenden Betriebsversammlung Rudolf Steiner, eine Werksschule für ihre Kinder einzurichten und zu leiten. Auch der Inhaber der Firma, der Unternehmer Emil Molt, befürwortet den Plan. Er ist bereits seit längerem mit Rudolf Steiner im Gespräch. Sie teilen die Auffassung: »Wir müssen zuerst mit dem Geld, das wir noch haben, freie Schulen gründen, um den Leuten das beizubringen, was sie brauchen.« Steiner ist zu diesem Zeitpunkt bereits kein Unbekannter mehr in der Pädagogenszene. Schon 1884 hat er die Forderung aufgestellt, das Erziehungswesen aus der staatlichen Bevormundung zu befreien. Nach einer sechsjährigen Tätigkeit an einer Arbeiterbildungsschule schreibt er das Buch »Die Erziehung des Kindes vom Gesichtspunkte der Geisteswissenschaft«.

Aber zur Gründung einer Schule braucht es nicht nur Ideen, sondern auch Geld. Das steuert Emil Molt bei. Er kauft ein

Grundstück hoch über Stuttgart auf der Uhlandshöhe. Aus dem ehemaligen Ausflugslokal entsteht im September 1919 die erste Waldorfschule. Sie ist wesentlich das Verdienst Molts, der nach heutigem Wert über zwei Millionen Euro für das große Areal ausgibt, auf dem sich heute noch eine große Waldorfschule und ein Lehrerseminar befinden. Molt wird die Schule organisatorisch weiter entwickeln und tragen – auch durch die bald folgende Wirtschaftskrise hindurch. Und er wird sie auch vor dem Zugriff der Nationalsozialisten bewahren. Er leistet Widerstand gegen die Versuche, die Autonomie des Kollegiums einzuschränken. Weil die Nationalsozialisten die Schule nicht gefügig machen können, ordnen sie 1938 deren Schließung an. Zu dieser Zeit müssen praktisch alle Privatschulen schließen.

Aber das Fundament ist zu diesem Zeitpunkt bereits gelegt. Aus einer ursprünglich als Werksschule für die Arbeiter der Zigarettenfabrik geplanten Anstalt war eine öffentliche Modellschule geworden. Molt nannte sie eine Menschenbildungsstätte. »Es kommt darauf an, dass wir ganze Menschen erziehen, solche, die nicht nur totes Kopfwissen haben, sondern vor allem soziales Empfinden«, sagte er. »Die Bildung, die in einer Waldorfschule leben will, ist: Der Mensch selbst soll Methode werden.«

* * *

An diese Gründungsgeschichte möchten die Mannheimer heute wieder anschließen. »Wir schließen den Kreis, indem wir sagen, wir gehen jetzt zu den Menschen hin, die nicht von sich aus die Schule am Stadtrand suchen, sondern die Arbeiter oder Arbeitslose sind. Dann hat man wieder das Klientel, das es im Ursprung auch war«, sagt Christoph Doll, der auch im Vorstand des Trägervereins tätig ist. Insofern sehen sich die

Mannheimer Interkulturellen Waldörfler als die »typischere Waldorfschule«, wie Doll bekräftigt, die wieder zurück zur Wurzel geht.

Die Idee zur Schulgründung hatten im Jahr 2000 Studierende und ein Dozent der anthroposophisch ausgerichteten Freien Hochschule Mannheim und die Leiterin des Waldorfkindergartens im Bezirk. Den Kindergarten gab es zu dieser Zeit schon seit etwa 20 Jahren und er war bereits eine Anlaufstation für die Studierenden. Sie kamen, um bei pädagogischen Projekten mitzuarbeiten oder Hausaufgabenhilfe zu leisten. Dabei wurde allen Beteiligten klar: Die Arbeit mit den Kindern in Kindergarten und Hort ist nur ein Tropfen auf den heißen Stein. Sie reicht nicht aus, um die strukturellen Benachteiligungen von Einwandererkindern im Schulsystem auszugleichen. Das aber ist die Achillesferse der Schule, wie die PISA-Studien seit dem Jahr 2000 immer wieder gezeigt haben. »Wenn man etwas ändern will«, sagten sie sich, »braucht man eine eigene Schule.« Dass die Waldorfpädagogik hier gute Arbeit leisten kann, hätten Kindergarten und Hort zu diesem Zeitpunkt bereits bewiesen, glaubte die Gründungsgruppe. Wo könnte das Konzept einer Schule, in der man nicht sitzenbleiben kann, besser hinpassen als hier, wo viele Kinder aus Frust, Angst oder Langeweile die Schule vorzeitig abbrechen?

In der neuen Schule sollten sich Kinder mit Migrationshintergrund und deutsche Kinder begegnen. Und voneinander lernen. Die Trumpfkarte, mit der sie dies verwirklichen konnten, hielten die Gründer dabei schon in der Hand: Als freie Schule kann die Waldorfschule ihre Schüler selbst auswählen. Ein unschätzbarer Vorteil gegenüber der staatlichen Sprengelschule, die alle Kinder aufnehmen muss – und der in Brennpunktgegenden die deutschen Schüler wegrennen, sobald sie einen gewissen Prozentsatz an ausländischen Schülern aufgenommen haben. Dann gilt die Schule als »gekippt«.

Die Interkulturelle Schule will diesem Trend entgegensteuern: »Wir sagen, wir brauchen verschiedene Nationen, und wir wollen die Relation von deutschen und Migrantenkindern nicht zu sehr auseinanderdriften lassen«, erklärt Klassenlehrer Doll. »Der Schulschnitt sollte bei 50:50 liegen. In den Klassen ist es unterschiedlich. Bei 40 Prozent Deutschen und 60 Prozent Kindern mit Migrationshintergrund sollte dann aber aufgepasst werden, dass nicht ›Gangs‹ entstehen. Letztlich geht es bei der Mischung darum, dass die deutsche Sprache automatisch als Informationssprache gepflegt wird.« Aber nicht nur die Schüler, auch 14 der 30 Lehrer haben eine Zuwanderungsgeschichte. Experten haben längst herausgefunden, wie wichtig es für Schüler aus Einwandererfamilien ist, dass unter ihren Lehrern viele Migranten sind. Dennoch kommen in Deutschland bisher nur ein bis zwei Prozent der Lehrer aus Zuwandererfamilien. Die Mannheimer Waldorfschule will auch dies besser machen.

Inzwischen gilt sie unter den 208 deutschen Waldorfschulen als ein Vorzeigeprojekt. Sie hat es geschafft, einen Akademikeranteil von heute 30 Prozent unter den Eltern zu erreichen. Anfänglich aber waren die Vorurteile groß. Die Lehrer wussten daher nicht: Schaffen sie es, die Schule zu einem echten Ort der Begegnung zu machen, oder liefern die Eltern ihre Kinder nur ab und kehren dann schnell wieder in ihre separaten Milieus zurück. Sie grübelten: Wie können sie einen Raum für echte Begegnung schaffen? Ihre Idee: Die Begegnungssprache. Lehrer Doll erklärt, wofür das gut ist: »Damit man den Anderen erst versteht, bevor man urteilt. Damit man also an sich selbst arbeitet, sich seiner Vorurteile bewusst wird und so eine vorurteilsbewusste Begegnung schafft.«

»Dobar dan, Safiye.« Die Lehrerin Sanja Prenc schaut der kleinen türkischen Schülerin freundlich in die Augen, während sie sie begrüßt. »Kako si?«, fragt sie. Das ist serbokroatisch und bedeutet: Wie geht's? »Dobar dan«, antwortet Safiye, »dobro«, gut. Safiye und ihre Mitschüler aus der 1. bis 3. Klasse haben im Fach Begegnungssprache serbokroatisch als ihre Sprache gewählt. Im Angebot sind außerdem türkisch, spanisch, polnisch und russisch. Zwei Stunden pro Woche singen, spielen und sprechen die Schüler von Sanja Prenc nun serbokroatisch, und das obwohl sie zum Großteil deutscher und türkischer Herkunft sind. Ein kroatisches und ein bosnisches Kind sollen neben der Lehrerin für die Muttersprachler stehen. »Die Eltern wollen, dass ihre Kinder anderen Kulturen begegnen«, erzählt Prenc. Deshalb seien viele türkischstämmige Kinder statt im türkischen Begegnungsunterricht in ihrer Gruppe. Die Kinder üben hier serbische oder kroatische Reime und Lieder und lernen die Bräuche und Feste dieser Länder kennen. »Im Begegnungsunterricht geht es vor allem um Kulturvermittlung«, erklärt Soziologe Brater die Art des Unterrichts. »Und darum, dass die deutschen Schüler am eigenen Leib erleben können, wie es ist, wenn man eine andere Sprache spricht und nicht alles versteht.«

Prenc, selbst halb Kroatin, halb Italienerin, nimmt die Körperteile mit ihren Schülern durch. Sie berührt über Kreuz ihre Ellenbogen und spricht dazu das fremde Wort. Die Kinder, die in kleinen Grüppchen im Raum verteilt neben den Tischen stehen, imitieren sie. Dann geht es raus ins Foyer. Die Kinder singen ein serbokroatisches Lied, tanzen im Kreis nach links und nach rechts. Und rein in die Mitte und raus in den Kreis. Zurück im Klassenzimmer schreibt und malt sie serbokroatische Wörter an die Tafel. Das lässt Raum zur Binnendifferenzierung: Die kleineren Kinder malen nur die Bilder der fremden Wörter ab. Die Größeren sind schneller fertig – sie können die Wörter bereits schreiben.

Der interkulturelle Unterricht und die ständigen Bemühungen der Lehrer haben schließlich Früchte getragen. Im fünften Jahr haben die Eltern selbst die Initiative ergriffen und einen Elternrat gegründet. Sie kommen nun häufiger zum Elternabend und übernehmen Verantwortung. Einige haben sogar einen Frühstückskreis ins Leben gerufen, bei dem sich Arm und Reich, Deutsch und Nicht-Deutsch in der Schule treffen und sich über ihr Leben austauschen. Eine deutsche Mutter trifft sich einmal die Woche mit vier türkischen Müttern, um mit ihnen Deutsch zu üben.

Der Einstieg für die Eltern der Erstklässler ist aber nach wie vor schwierig: »Für viele – egal, ob jetzt Deutsche oder Migranten – ist dieser Erstkontakt etwas ganz Eigenartiges, sei es das Kopftuch oder nur das Aussehen oder die Sprache. Am Anfang erlauben die Eltern nicht, dass sich die Kinder gegenseitig besuchen. Das dauert eine ganze Weile, bis die Kinder dann zu den Geburtstagen dürfen.« Nach etwa zwei Jahren, schätzt Doll, sind die Hürden auf beiden Seiten so weit abgebaut, dass die Eltern miteinander umgehen können.

* * *

In der 5. Klasse der Mannheimer Waldorfschule beginnt der zweistündige Hauptunterricht, ein typisches Merkmal von Waldorfschulen. Er ist rhythmisiert, das heißt, der Unterricht wird in drei Phasen eingeteilt. In der ersten Phase werden die Sinne angesprochen. In der zweiten die jeweilige Epoche unterrichtet. Und in der Schlussphase erzählt der Lehrer Märchen, Mythen oder die Schöpfungsgeschichte. Vor den Fünftklässlern, die ganz traditionell in Reihen sitzen, steht eine Praktikantin und spielt eine einfache Melodie auf der Sopranflöte vor. Die Schüler versuchen, die Töne von ihrem Griff abzulesen und nachzuspielen. Die Flöten tönen bunt durcheinander, eine wilde Klang-Kakophonie breitet sich aus. Nur mit Mühe lässt sich eine Melodie ausmachen.

Flöten ist aber nur eine Möglichkeit, den Unterricht zu beginnen. Der Lehrer der 2. Klasse, Žan Redžić, spricht mit seinen Schülern Sprüche und Gedichte im Chor. Andere singen mit ihren Schülern Lieder. Chorisches Sprechen ist ein Mittel, den Schülern die Sprache auf eine sinnliche Art nahezubringen. »So nehmen die Kinder die Sprache unbewusst auf. Und zwar nicht irgendeine Sprache, sondern die der Hochkultur«, erklärt Christoph Doll. Auch die Erzählzeit, mit der der zweistündige Hauptunterricht endet, bringt den Schülern Sprache auf eine eindrückliche Weise nahe. In diesen zehn Minuten erzählt der Klassenlehrer in seinen eigenen Worten Geschichten. »Wenn ich erzähle, dann bin ich mit der Sprache verbunden, und die Kinder auch«, ist Redžić überzeugt.

Žan Redžić kommt aus Bosnien. Dort hat er am Theater, als Journalist und für ein SOS-Kinderdorf gearbeitet. Vor sieben Jahren kam er nach Deutschland und gründete die Waldorfschule mit. »Ich kann verstehen und fühlen, wie es ist, wenn die Kinder keine Worte finden und dann aggressiv werden«, erklärt er den Vorteil, den er als Lehrer mit Migrationshintergrund bei der Arbeit mit den Kindern hier hat. Er kennt die Situation, mit der die Kinder täglich konfrontiert sind. Er kennt den Frust, den sie innerlich aufbauen, wenn sie sprechen wollen, aber nicht können. Deshalb legt er größten Wert darauf, dass die Kinder lernen, sich zu artikulieren, und dass sie den Umgang mit der deutschen Sprache als positive Herausforderung sehen: »Manchmal baue ich Rätsel in die Sätze ein, damit die Kinder Spaß an der Sprache bekommen«, sagt er.

Thema und Reihenfolge der Erzählzeit am Ende des Hauptunterrichts legt der Waldorflehrplan fest: In der 1. Klasse werden Märchen erzählt, in der 2. Klasse Fabeln und Legenden, in der 3. Klasse die christliche Schöpfungsgeschichte. Weiter geht es mit Edda und Odyssee, bis in der 6. Klasse die Phase der Biografien und der Entdeckung der Welt beginnen darf. Die Erzählzeit ist ein modernes pädagogisches Element, das an den meisten staatlichen Schulen alles andere als eine Selbstverständlichkeit ist. Hier sind die Waldorfschulen den staatlichen weit voraus. In Berlin gibt es deshalb inzwischen einen Verein gleichen Namens. Er versucht die Idee des Erzählens – also nicht des Vorlesens, sondern des narrativen Vorspielens – in die Schulen zu tragen. Von der privat organisierten Erzählzeit profitieren aber nur ein Dutzend der rund 800 Berliner Staatsschulen.

Christoph Doll ist überzeugt: Die Art der Waldorfschulen, mit Sprache umzugehen, ist wie gemacht dafür, mit benachteiligten Kindern aus anderen Kulturkreisen zu arbeiten. Michael Brater kann das bestätigen. Er hat herausgefunden: Kinder mit Migrationshintergrund haben ihre Sprachdefizite bereits nach drei bis vier Jahren überwunden. Das Konzept der Mannheimer Waldörfler scheint zu fruchten.

* * *

Die Kinder bilden eine Schlange vor dem Raum. Marie kommt zu spät. »Beeilung jetzt, Marie«, ruft Klassenlehrer Redžić. Die Schüler öffnen die Arme weit über dem Kopf. Sie tragen gelbe, orange oder weiße Umhänge. Manchen sieht man an, dass sie aus einfachem Leintuch notdürftig geschneidert wurden.

Dann geht ein Kind nach dem anderen in den sogenannten Eurythmieraum, wo der Musiklehrer sie am Klavier mit sanften Melodien erwartet. Die Kleinen bilden einen Kreis. »Fest ist die Erde«, sagt Eurythmielehrerin Barbara Stelzner – die Kinder stampfen auf – »und weit der Himmel über mir«. »A E A«, ruft Stelzner. Die Schüler malen jetzt Figuren in die Luft. »Ich bin da«, raunt Stelzner.

Typisch für Waldorfschulen sind nicht die nach PISA diskutierten schülerzentrierten Methoden wie individuelles Lernen oder Freiarbeit. Typisch für sie ist vielmehr die starke Betonung der Persönlichkeitsentwicklung nach den Vorstellungen Rudolf Steiners. Anthroposophen glauben, dass in jedem einzelnen Menschen bestimmte Fähigkeiten angelegt sind. Diese Fähigkeiten zum Vorschein zu bringen und entwickeln zu helfen – das ist die Aufgabe der Lehrer. Deshalb pflegen sie eigene Lehrformen wie Eurythmie.

Eurythmie, das ist der spezielle Tanz, der an Waldorfschulen gelernt und praktiziert wird – ein Urelement des Waldorfunterrichts. Jeder hat schon davon gehört, doch kaum einer weiß: Was soll das eigentlich? Nach Meinung der Waldörfler bilden eurythmische Formen mit dem Körper die Bewegungen nach, die Kehlkopf und Luft machen, wenn ein Mensch spricht oder singt. Für jeden Laut und für jeden Ton gibt es eine Gebärde, die die Schüler kollektiv ausführen sollen. Dabei beziehen sich die eurythmischen Formen auf »kosmische Urbewegungen« und deren Gesetzmäßigkeiten – Kräfte, die auch die menschlichen Körper gebildet hätten und am Leben hielten, so die Lehre Steiners.

In der Mannheimer Waldorfschule legt Margarete mit den beiden langen braunen Zöpfen die rechte Hand aufs Herz. »Gut,

Margarete«, lobt sie Lehrerin Stelzner, stellt sich hinter sie und legt ihr die Arme auf die Schulter. »Jetzt bitte alle: Engelsarme machen!« Die Kinder legen die Arme überkreuz auf ihre Brust. Von draußen hört man den Lärm von Bohrmaschinen. Und weiter geht es mit Mäuschen und Vögelchen, die im Kreis umeinander herumhopsen, während die Hälfte der Schüler am Boden sitzt und zuschaut oder tuschelt.

Während die Kleinen Eurythmie noch ganz gerne mögen, lehnen viele Waldorfschüler den Tanz ab, sobald sie das Teenager-Alter erreicht haben. Manche hassen ihn sogar inbrünstig. »Viele meiner Mitschüler mögen Eurythmie nicht«, bestätigt die 16-jährige Isabel von der Freien Waldorfschule Kreuzberg. Sie selbst schätzt sie aber – sie gibt ihr zusätzliche Gestaltungsmöglichkeiten, wenn sie beispielsweise ein Gedicht einübt: »Wenn man die Grundbewegungen einmal kennt, hat man viele Möglichkeiten, den Formen eine andere Betonung zu geben, eine eigene Bedeutung«, sagt Isabel.

»Die Lehrer werden regelrecht auf einen Thron gesetzt«, sagt Waldorf-Experte Michael Brater. Dahinter liegt das Konzept vom Lehrer als einer »geliebten Autorität«, das auf die Allgemeine Menschenkunde von Rudolf Steiner zurückgeht. Darin werden die Entwicklungsstufen der Kinder definiert und in Jahrsiebte eingeteilt. Den Entwicklungsstufen wiederum entsprechen unterschiedliche Lernphasen. Am Anfang steht das Nachahmungslernen. Erst in einer zweiten Phase dürfen sich Kinder die Themen selbst erarbeiten.

Zwei Probleme sieht Waldorfexperte Brater bei diesem Konzept: »Erstens setzt es die individuelle Beobachtung der Kinder durch alle voraus. Im Schulalltag fehlt den Lehrern großer Klassen aber die Zeit dafür. Die individuelle Handhabung ist daher häufig schlecht. Zweitens stammt die Allgemeine Menschenkunde aus dem Jahr 1920. Immer mehr Waldorflehrer zweifeln inzwischen daran, dass diese Entwicklungsstufung heute noch in der damals beobachteten Form gilt. Die Entwicklungsbedingungen für Kinder haben sich ja schließlich gewaltig verändert.« Beispielsweise kommen die Kinder heute wesentlich früher in die Pubertät als damals.

Aus der zentralen Stellung des Lehrers und dem Fokus auf die persönliche Entwicklung der Schüler ergibt sich ein Widerspruch: Einerseits dreht sich alles um die Kinder, um ihre Fähigkeiten und Bedürfnisse. Andererseits haben die Schüler wenig Raum für eine selbstständige Entwicklung: Ohne den Klassenlehrer geht nichts. Er entscheidet, wie und was die Schüler lernen. Welches Kind in den Chor oder in ein Orchester gehen darf. Welchen Zeugnisspruch er welchem Kind fürs Jahr mitgibt. Kurz: was wann für welches Kind richtig ist. »In jeder Phase hat das Kind seinen nächsten Schritt, was kommen soll. Das ist die Grundidee. Der Lehrer soll diesen Schritt sehen, intuitiv erspüren, wahrnehmen und danach seinen Unterricht ausrichten«, erklärt der Geschäftsführer der Kreuzberger Waldorfschule, Hans-Georg Hutzel. Erst mit der 8. Klasse – und dem Ende des zweiten Jahrsiebts – endet die enge Bindung der Waldorfklassenlehrer an ihre Klasse, die sie ab der Einschulung begleitet haben. Isabel findet, dass acht Jahre bei demselben Klassenlehrer zu lang sind. Die Kreuzberger Zehntklässlerin hat sich im Unterricht mehrfach unterfordert gefühlt, sagt sie: »Man hat schon gemerkt, dass der Lehrer nicht immer Bescheid wusste und die Themen daher nicht immer gut aufbereiten konnte.« Denn der Klassenlehrer unterrichtet einen breiten Fächerkanon, von Deutsch über Tierkunde bis Mathematik. Nach der 4. Klasse sollte daher mit dem Klassenlehrerprinzip Schluss sein, meint Isabel.

Hutzel sieht das anders. Für ihn stehen die sozialen und persönlichen Lernprozesse im Vordergrund, die in den acht Jahren ablaufen: »Die Waldorfpädagogik sieht vor, dass der Lehrer am Anfang fast von der ganzen Klasse akzeptiert wird. Dann kommt erfahrungsgemäß in der 3. oder 4. Klasse eine Phase, wo die Schüler den Klassenlehrer prüfen. In der Regel kommt danach ein Prozess, in dem sich die Klasse und der Klassenlehrer wiederfinden, auf einer anderen Ebene. Sie gehen dann nüchterner miteinander um.«

Hutzel verteidigt zwar das lange Klassenlehrerprinzip. Aber zum veränderten Mittelstufenkonzept seiner Kreuzberger Schule gehört auch eine vorsichtige Öffnung dieses Prinzips. Denn innerhalb der Waldorfbewegung ist man sich durchaus bewusst, welches Problem in der starken Stellung des Lehrers steckt und diese auch überfordern kann.

Die Studie *Autorität und Schule* hat 2007 die starken Klassenlehrer-Schüler-Beziehungen an Waldorfschulen untersucht. Dabei kam heraus, dass sie je nach Persönlichkeit von Lehrern und Schülern sehr unterschiedlich wirken kann: Während sie manchen Schülern Halt gibt oder unterstützend wirkt, behindert sie andere bei der Entfaltung ihrer »Autonomiepotenziale« und kann sich im schlimmsten Fall sogar negativ auf ihre Entwicklung auswirken.

Die starke Position der Waldorfklassenlehrer spiegelt sich auch im Schulgefüge wider, das keinen Schulleiter kennt. »Wir haben zwei Funktionsgruppen, eine organisatorische und eine pädagogische«, sagt Hutzel. »Der pädagogische Bereich wird von der pädagogischen Konferenz verantwortet, die sich in einzelne Delegationen aufteilt.« Das bedeutet: Wenn die Mehrheit der pädagogischen Funktionsgruppe, sprich die Lehrer, keine Veränderungen wollen, dann ist da nichts zu machen. Deshalb gibt es auch heute noch Waldorfschulen, die eine pädagogische Weiterentwicklung ablehnen.

Während im Verband heute die Erneuerer dominieren, war das bis vor wenigen Jahren noch anders. Da schottete sich die Waldorfbewegung gegen Kritik von außen geradezu kämpferisch ab – mit fragwürdigen Methoden. Der Bund der Freien Waldorfschulen ging in dieser Zeit hart gegen Zeitungen und Sender vor, die über Gegner der Steiner-Schulen berichteten. Wer kritisch über Waldorfschulen schrieb, musste mit Gegendarstellungen und Unterlassungserklärungen rechnen. »Gegen die unhaltbare Anschuldigung, jüdische Eltern nähmen ihre Kinder vermehrt von den Schulen, gehen wir gerichtlich vor«, sagte der damalige Waldorf-Vorsitzende Walter Hiller in der ZEIT.

Bei den Auseinandersetzungen ging es aber um mehr als die Frage, wie man mittels Anwaltsbüros Kritiker zum Schweigen bringt. Der Streit hatte zugleich eine pädagogische Komponente. Als im Jahr 2000 in Waldorfschulen Ernst Uehlis Werk »Atlantis und die Rätsel der Eiszeitkunst« auftauchte, waren die pädagogische und die Elternszene geschockt. Denn die Waldörfler waren bislang als liberale Pädagogen mit dem Hang zu spleenigen Tänzen bekannt. »Die schwarze Pigmentierung der Neger hat ihre Ursache in einem zu schwachen Ich-Gefühl«, schrieb Ernst Uehli 1936. Der *Südwestdeutsche Rundfunk* berichtete darüber, dass das Buch des früheren Waldorflehrers und Zeitgenossen Steiners teilweise noch heute im Waldorfunterricht verwendet worden sei. Manche Zeitung zog nach. Sogar die Bundesprüfstelle für jugendgefährdende Schriften schaltete sich ein. Sie nahm die Berichterstattung über rassistische Tendenzen in der Steiner-Lehre zum Anlass, das Buch »Atlantis und die Rätsel der Eiszeitkunst« des Anthroposophen Ernst Uehli auf Indizierung zu prüfen.

Das war für die Waldorfschule eine pädagogische Katastrophe. »Judenfeindlich, dogmatisch, altmodisch«, schrieb *DIE ZEIT* und fragte:»Kann man sein Kind noch unbesorgt auf eine Waldorfschule schicken?« Die Waldorfbewegung wendete ihre damals gern praktizierte Verteidigungsstrategie an: Sie klagte – und wies die Kritik mit dem Hinweis zurück, es handle sich um eine aus dem Zusammenhang gerissene Stelle. Rudolf Steiner und seine Adepten könne nur verstehen, wer ihr Werk als Ganzes zur Kenntnis nehme – und fühle. Der Steiner-Kritiker Peter Bierl aber entdeckte sogar beim Guru und Ideengeber der Waldörfler selbst, bei Rudolf Steiner, Stellen, die man nicht nur in Schulen nicht gern sehen möchte. »Egoistisch und wurzellos« seien die Juden, meinte Rudolf Steiner. Bierl zeigte, dass Steiner der Auffassung war, die Juden seien Gottesmörder, leugneten den Messias und hätten ihre historische Mission erfüllt.

An solchen Stellen entzündete sich eine heftige Debatte über die Pädagogik der Waldorfschulen insgesamt. »Das Buch des Steiner-Schülers Uehli, ein Buch nur für Lehrer, darf ab sofort nicht mehr verwendet werden«, sagte Hiller am Ende. Die Geschichte hatte jedoch noch eine andere Dimension, denn Lehrer der Steiner-Schulen – anders als an den staatlichen Schulen – benutzen Bücher, die sie selbst auswählen. Viele Hefte werden sogar eigens im Unterricht hergestellt. Die Schüler sind gewissermaßen die Autoren ihrer eigenen Lernwerke. Mancher Pädagoge schaut aus diesem Grund eifersüchtig auf seine Kollegen an Waldorfschulen. Freilich zeigt sich auch hier eine mögliche Problematik – denn niemand kann genau kontrollieren: Was verwendet der einzelne Lehrer im Unterricht genau?

Heute ist die Atmosphäre in der Waldorfbewegung eine ganz andere. »Wenn wir Rudolf Steiner wie eine Bibel lesen, dann ist das eine Katastrophe«, sagt ein Mann in eine Runde von vielleicht 100 Diskutanten hinein. Zum 90-jährigen Jubiläum ihrer Bewegung veranstalten die Waldorfschulen an ihrer ersten Schule auf der Uhlandshöhe in Stuttgart einen großen Bildungskongress. Er ist voller selbstkritischer und nachdenklicher Stimmen – aus der Bewegung der Steiner-Schulen selbst heraus. »Waldorf hatte mal einen Vorteil vor der Staatsschule«, stellt ein Vater aus einem Elternbeirat fest. »Aber was ist das Alleinstellungsmerkmal unserer Schulen heute – und vor allem morgen?«

* * *

Zum festen Bestandteil guter Privatschulen gehören heute neben einem besonderen pädagogischen Angebot auch unterschiedliche Finanzierungsquellen. Die beiden wichtigsten Zuflüsse sind die Schulgelder der Eltern und die Zuschüsse des Staates. An beiden Stellen haben die Waldorfschulen traditionell ein Problem. Denn die staatlichen Zuschüsse decken den Finanzbedarf nicht. Und die Schulgebühren sind häufig nicht so hoch, dass sie den fehlenden Betrag komplett ersetzen können. Daher haben sich manche Schulen neue Geldquellen erschlossen. Sie werden durch Fördervereine unterstützt und sammeln über die Pflege der Altschüler oder Alumni Geld ein – oder sie betreiben gezieltes Fundraising für Bau- und Entwicklungsprojekte.

Die Elternbeiträge an Waldorfschulen sind nach Finanzkraft gestaffelt, die Eltern schätzen ihren Beitrag selbst ein. In der Freien Waldorfschule Kreuzberg reicht die Spanne der Beiträge von zehn Euro bis 500 Euro, wobei diese Extreme jeweils nur von einem Elternpaar bezahlt werden. Aus der finanziellen Abhängigkeit ergibt sich ein starkes Interesse der Waldorfschulbetreiber an zahlungskräftigen Eltern. Es könnte sein, dass sich das zumindest unbewusst bei der Auswahl der Schüler auswirkt – auch wenn Waldorf-Vorstand Hutzel betont, dass sie die Schüler nicht nach dem Geldbeutel der Eltern auswählen. Die finanziellen Leistungen der Waldorfschul-Eltern in Deutschland sind zwischen 2002 und 2006 jedenfalls um zehn Prozent gestiegen.

Lukas Beckmann, 59, und seine Frau gehören zu denjenigen, die mehr als die knapp 124 Euro pro Schüler zahlen, die den durchschnittlichen Elternbeitrag an der Kreuzberger Waldorfschule darstellen. Wie viel sie genau zahlen, mag er nicht verraten. Aber: »Für diese Schule wäre ich auch bereit, auf Urlaub zu verzichten«, sagt er. Der frühere Landwirt und studierte Soziologe war Gründungsmitglied der Grünen und ist heute Fraktionsgeschäftsführer seiner Partei im Deutschen Bundestag. Seine jüngere Tochter geht in die 7. Klasse der Kreuzberger Waldorfschule. In die Integrationsklasse, das ist ihm wichtig: »Die Schüler der Integrationsklassen haben eine ganz andere, höhere soziale Kompetenz«, sagt er. Beckmann berichtet, dass seine Tochter viel besser mit besonderen Kindern umgehen könne als gleichaltrige Freunde.

Dieser pädagogische Ansatz kombiniert mit dem typischen Waldorf-Blick auf die Entwicklungszyklen des Kindes ist Beckmann wichtig. Das erwartet er auch von den anderen Eltern der Schule. Ob bildungsnah oder bildungsfern, arm oder wohlhabend – das spielt für ihn keine Rolle. Im Gegenteil, er schätzt das Verbindende der Schule, das gemeinsame Lernen aller in einer Klasse. Aber: Für die Schule engagieren müssen sich die

Eltern schon. Zur Pflicht der Eltern gehören beispielsweise zwölf Stunden Renovierungsarbeit im Jahr und das Putzen der Klassenräume. Dann gibt es noch diverse Gremien wie den Bau- oder den Festkreis, in denen auch Eltern jeder Klasse vertreten sind. Beckmann selbst sitzt in der Gesamtkonferenz.

Dabei gehört er nicht zu den Eltern, die ihr Kind in jedem Fall in eine Waldorfschule schicken. Die ältere Tochter, die die Schule schon abgeschlossen hat, ging vor Jahren in Nordrhein-Westfalen noch auf eine staatliche Schule – weil die dortige Waldorfschule nicht den eigenen Vorstellungen einer guten Schule entsprach. Auch seine Frau, die früher Journalistin war und heute als Lehrerin an der Waldorfschule arbeitet, wurde erst durch die Kreuzberger Schule zur Waldorf-Anhängerin. Er gehört also nicht zu jenen, die sagen: Niemals eine staatliche Schule? Beckmann schweigt lange. Dann sagt er: »Das Entscheidende für die Qualität einer Schule ist: Welchen Freiraum haben die Lehrer?« Er findet: Wenn die Struktur die Impulse, die mit den freien Entscheidungen der Lehrer verbunden seien, abtöte, werde Schule langweilig. »Freiheit, pädagogische Freiheit für die Schulen und für die Lehrerinnen und Lehrer, ist die Bedingung für guten Unterricht.«

Dabei gehört Freiheit für ihn zu einem streng abgegrenzten Bereich. »Freiheit ist ein Wert, der sich nur auf den kulturellen, geistigen Bereich und damit auf den Bildungsbereich unserer Gesellschaft beziehen lässt«, sagt er. »Bildung ist ein öffentliches Kulturgut. In der Wirtschaft hat Freiheit nichts zu suchen, in der Schule ist sie Bedingung und Grundlage.« Demzufolge unterscheidet er auch scharf zwischen Schulen in freier Trägerschaft und Privatschulen. Erstere haben seiner Meinung nach einen öffentlichen Auftrag. Er findet, dass sie staatlichen Schulen gleichgestellt und zu 100 Prozent finanziert werden sollten. Privatschulen dagegen sind für ihn Schulen wie das Internat Schloss Salem, die Bildung als Produkt anbieten und damit an den Markt gehen.

* * *

Wie schwierig die Lage für freie Schulen ohne zahlungskräftige Eltern sein kann, zeigt das Beispiel der Freien Interkulturellen Waldorfschule Mannheim. Für sie ist eine entspannte Finanzierung ein Stück Wolkenkuckucksheim. Die Schule ist so arm wie ihre Klientel: Etwa 40 Prozent der Eltern sind Geringverdiener oder Empfänger von Arbeitslosengeld II. Inzwischen haben die Eltern einen Finanzkreis gegründet, in dem sie ihre wirtschaftliche Situation untereinander besprechen. Das ist wichtig, denn die Schule muss sich trotz ihrer armen Klientel zum Teil über Elternbeiträge finanzieren: Als freie Schule aber erhält sie vom Land nur drei Viertel der Summe, die eine staatliche Schule bekommt. Momentan machen die Zuschüsse des Landes etwa 55 Prozent der Einnahmen aus. Die Stadt Mannheim schießt neun Prozent hinzu. 14 Prozent des Haushalts kommen über Stiftungen rein, ihr Anteil nimmt aber seit Jahren ab. Die Elternbeiträge machen inzwischen einen Anteil von über 18 Prozent des Kuchens aus. 50 Euro im Monat sind das pro Schüler im Durchschnitt etwa. Im Durchschnitt, denn es gibt die, die fast gar nichts zahlen, und die, die bis zu 200 Euro monatlich geben. Und wer wie viel zahlt, legt auch hier nicht die Schule fest – sondern die Eltern selbst.

Der chronische Geldmangel macht sich bemerkbar. Die Lehrer hier verdienen wesentlich weniger als jene an staatlichen Schulen. Viele der Tische und Stühle in den Klassenzimmern sind nicht neu, sondern aus zweiter Hand gekauft oder gespendet worden. Den Räumen sieht man an, dass sie selbst renoviert wurden. Dieter aus der 6. Klasse erzählt, dass es sein Klassenlehrer war, der die Wände in den Räumen jedes Jahr gestrichen hat, wenn die Klasse ins nächste Zimmer umzog, »damit wir es schön haben«. Tatsächlich sind die Wände aller Klassen bis zur 6. in runden Bewegungen gestrichen – in Grün, Blau, Gelborange oder Rosa. Auch das Foyer im Hauptgebäude leuchtet gelb. Der Innenhof ist klein; es gibt nur wenig Raum zum Spielen. Lehrer und Schüler bemühen sich, das Beste daraus zu machen. Statt der waldorfüblichen Gartenbauepoche bauen die Lehrer mit ihren Schülern eben Sandkästen, Spielecken oder legen Mini-Grünflächen an. Oder die Achtklässler nähen im Handarbeitsunterricht die Umhänge für ihr Theaterstück selber. Zum Waldorf-Konzept gehören nämlich kleinere Theaterprojekte in den Klassen 6 und 8 sowie ein großes in der 12. Klasse.

Trotz der Geldprobleme denkt die Schule darüber nach, im Gebäude gegenüber dem Innenhof eine weitere Fläche anzumieten und für die Schule umzubauen – schließlich will sie größer werden und einmal ihre Schüler bis zum Abitur führen. Im Frühjahr 2009 waren die ältesten Kinder in der 8. Klasse, und die Schule hatte 223 Schüler. Spätestens wenn diese Achtklässler in die Oberstufe kommen, brauchen sie zusätzliche Räume. Die Schule braucht also mehr Geld – ob von Stadt, Stiftung oder Eltern.

Im Werkunterricht der 5. Klasse der Mannheimer Waldorfschule geht es hoch her. Die Schüler stehen um die groben Werktische, rufen einander Witze zu und hobeln an ihren Holzstücken, die einmal zu Hähnen werden sollen. Das Modell steht auf einem Tisch an der Seite. »Was hier anders ist als an anderen Waldorfschulen?« Der Werklehrer Jean-Luc

Lasnier muss eine Weile nachdenken. Bevor er vor einem Jahr nach Mannheim kam, hatte er schon 24 Jahre lang an anderen Waldorfschulen unterrichtet. »Wir gehen hier mit Sprache, Kultur und Sozialem anders um als andere Waldorfschulen.« Die Schüler seien weniger verwöhnt, aber auch frecher. »Am Anfang haben die Schüler mich ganz schön zum Schwitzen gebracht. Sie haben mich geprüft.« Zwei ganz Schnelle arbeiten schon an einer nächsten Figur. Derweil sitzt die elfjährige Lale auf dem Boden an die Säule gelehnt. Ganz in Rosa gekleidet schmirgelt sie still an ihrem Hahn vor sich hin. »Es wird nicht auf dem Boden gesessen«, sagt Jean-Luc Lasnier, als er sie entdeckt, und lächelt: »Oh, eine rosa Wolke.« Er streckt seine Hände nach ihr aus – und zieht Lale hoch.

Annegret Nill

Die Graswurzeldemokraten

Selbstbestimmung als Prinzip

■ Zu Besuch in der Werkstattschule Rostock
und der Neuen Schule Hamburg

Tine möchte gern alles über Meerschweinchen wissen. Die Erstklässlerin sitzt konzentriert vor ihrem Text und grübelt über Cavia porcellus. Soll sie dieses komische Wort, das auch Meerschweinchen bedeutet, abschreiben oder nicht? Cavia porcellus. »Oh, dein Text ist schwer«, meint Lehrerin Anke Schmidt, als sie an ihrem Tisch vorbeikommt, und erklärt: »Cavia porcellus ist der lateinische Name für Meerschweinchen.« »Wenn du den wichtig findest, schreibst du ihn ab.« Schmidt überlässt dem Kind die Entscheidung – und geht weiter zum nächsten Tisch. Ihre Schüler sollen von Anfang an lernen, selbst zu urteilen.

Freiarbeit an der Werkstattschule in Rostock. Die Alternativschule wurde 1998 von Eltern gegründet und gehört zu den großen und erfolgreichen freien Schulen. Heute lernen dort rund 500 Kinder möglichst individuell und frei. Sie sollen wie bei dem gemeinen Hausmeerschweinchen Cavia porcellus selbst entscheiden, was für sie relevant ist und was nicht. Die ersten zwei Stunden verbringen die Kinder in der sogenannten Stammgruppe. An Regelschulen wäre das eine Klasse. Nur arbeiten Stammgruppen jahrgangsgemischt – 23 Schüler aus den Jahrgangsstufen eins bis vier sitzen an ihren Themen. Jeden Morgen arbeiten also 6- bis 10-jährige Schüler gemeinsam. Eine so weite Spanne in der Altersmischung gibt es nur an freien Schulen. Zwar haben auch mehrere Bundesländer in den staatlichen Schulen das jahrgangsgemischte Lernen eingeführt, dort ist aber meist bei zwei gemeinsamen Jahrgängen Schluss. Dann rebellieren in der Regel Eltern und Lehrer, weil sie behaupten, Kinder über drei Klassenstufen könnten nicht zusammenarbeiten.

Anders an der Werkstattschule. In der Freiarbeit dort untersuchen die Kinder Themen, die sie sich selbst ausgesucht haben. Aufgeregt springt Thomas von seinem Platz auf und geht zu seiner Lehrerin: »Der Gepard ist das schnellste Tier der Welt!«, verkündet er stolz. »Ist es schnell oder das schnellste?«, fragt Schmidt zurück. »Das Schnellste!«, beharrt Thomas. »Oh, das ist ja interessant«, kommentiert seine Lehrerin. Thomas geht zufrieden an seinen Platz zurück. Am Vortag hatten die Kinder Materialien zu ihren Themen recherchiert. Aus Büchern oder im Internet am Computer, der stets bereit in der hinteren Ecke des Raumes steht. Jetzt geht es für einige darum, eine erste Gliederung zu machen. Andere Kinder sind damit schon fertig. Sie feilen bereits an ihren Texten zum Thema.

»Viele Kinder haben sich schon über das Jahr hinweg überlegt, woran sie bei ihrem Freiprojekt arbeiten wollen, was sie fasziniert«, erklärt Anke Schmidt. Erst- und Zweitklässler suchen sich häufig Tiere als Thema. Bei den Älteren werden die Themen komplexer. Ein zehnjähriger Schüler zum Beispiel beschäftigt sich mit Sonnenenergie und Solarstrom. Um ihn herum liegen mehrere Computerausdrucke. Sein Tischnachbar hat gerade die Schäden in sein Heft gezeichnet, die ein Tornado verursacht. Die Informationen dazu hat er dem Buch »Wind und Wetter« entnommen, das aufgeschlagen neben ihm liegt.

In der Sekundarstufe ändert sich der Charakter der Werkstattarbeit noch einmal. Die Projektphasen werden viel intensiver – und sie dauern länger. »Für vier Wochen ist der normale Unterricht komplett über Bord geworfen«, erklärt Angela Eggers, die pädagogische Leiterin der Sekundarstufen der Rostocker Alternativschule. »Man hat dann kein Französisch oder Spanisch oder Physik, sondern es gibt nur ein Thema, beispielsweise Migration.« Die Schüler bekommen eine Mappe mit Material und Arbeitsaufträgen. Dann geht es los: Sie recherchieren, studieren, hören Experten an oder erkunden das Thema außer Haus auf Exkursionen. »Sie tun das so lange, bis das Thema von allen Seiten erfassbar geworden ist«, sagt Eggers. »Beim Thema Migration ist beispielsweise viel Spanisch dabei, weil ein Schwerpunkt sich mit Südamerika beschäftigt. Es geht auch um Geografie, und in der Frage, wie sich eine Migrationsbewegung in Statistiken widerspiegelt, verbergen sich viele mathematische Kompetenzen. Dazu kommt, dass die Schüler lernen, kritisch zu hinterfragen: Wie aussagekräftig sind Statistiken eigentlich?«

Wie viele Elterninitiativschulen hat sich auch die Rostocker Werkstattschule ihr pädagogisches Konzept selbst erarbeitet. »Wir wollten offen sein für verschiedene Strömungen und uns nicht einen Weg verbauen, indem wir uns festlegen – beispielsweise auf die Montessori-Pädagogik«, berichtet Dietlind Hentschel, die pädagogische Leiterin der Grundschule. Dabei schätzt sie die Ideen Maria Montessoris sehr. Alle Lehrerinnen im Grundschulbereich der Werkstattschule müssen eine Montessori-Ausbildung absolvieren.

Ebenso wichtig ist für die Rostocker Schule das Konzept der sogenannten Werkstattarbeit von Jürgen Reichen. Der Schweizer Reformpädagoge ist 2009 gestorben. Er hat mit »Lesen durch Schreiben« und dem Werkstattunterricht zwei wichtige Alternativkonzepte geprägt. Reichens Lernwerkstatt, eine spezielle Form des offenen Unterrichts, bildete die Ausgangsbasis für den jetzigen Werkstattunterricht der Rostocker Alternativschule. Die Schule entwickelt ihn sogar immer weiter. Mehrmals im Jahr arbeiten die Grundschüler dabei über eine Periode von drei bis vier Wochen jeden Morgen in der Werkstatt – einer Freiarbeitszeit mit gemeinsamen Themen, wie zum Beispiel »Rostock« oder »Indianer«. Diese Werkstatt ist der pädagogische Kern der Rostocker Schule und hat ihr auch den Namen gegeben.

Alternativschulen gibt es in Deutschland etwa seit Anfang der 1970er Jahre. Mittlerweile zählt der 1988 gegründete Bundesverband der Freien Alternativschulen (BFAS) offiziell 86 Mitgliedsschulen und zehn Gründungsinitiativen. Die tatsächliche Zahl der Freien Schulen dürfte noch um einiges darüber liegen. Denn ihre pädagogische Spannbreite ist weit und nicht alle bekennen sich zu den acht Wuppertaler Thesen von 1986, deren Einhaltung die Voraussetzung für eine Mitgliedschaft im Alternativschulverband ist. Die Thesen verpflichten die Mitgliedsschulen zu Prinzipien wie Eigenverantwortung und Demokratie im Alltag. Der Verband legt Wert darauf, dass die Schulen einzügig und somit familiär bleiben. Die größte Mitgliedsschule habe etwa 270 Schüler in den Jahrgängen eins bis zehn.

Die erste Alternativschule, die 1972 ihre Tore öffnete, war die von dem Soziologen und überzeugten 68er Oskar Negt gegründete Glocksee-Schule in Hannover – eine staatliche Schule. Es gibt sie heute noch als Schule von der 1. bis zur 10. Klasse mit dem Status »besondere pädagogische Prägung«. Negt vertrat stets die Meinung, dass Bildung Sache des Staates sei – und sich wandeln müsse. »Wenn das Schulsystem nicht in hochkarätige Privatschulen, Nachhilfeinstitutionen und eine Restschule zerfallen soll«, sagt er, »muss in der Schule etwas verändert werden.« Er hatte in den 1970ern genug Einfluss, um sich mit seinem Konzept einer anderen Lernphilosophie durchsetzen zu können. Aber, so klagte er Ende der 1990er Jahre in der Berliner *tageszeitung*, »der Nachteil der vielen Alternativprojekte war, dass sie sich nicht bewusst auf die Reform des bestehenden Systems gerichtet haben«. 1974 ging mit der Freien Schule Frankfurt die erste private, sprich freie Alternativschule an den Start.

Die Werkstattschule in Rostock mit ihren bald 500 Schülern ist gar nicht Mitglied im Verband der Freien Schulen. Sie gehört dem Bundesverband Deutscher Privatschulen an. Der Geschäftsführer des Alternativverbandes, Tilmann Kern, mag den Ausdruck Privatschule ohnehin nicht. »Denn unsere Schulen sind keine Clubs, deren Zugang beschränkt ist«, sagt er. Hingegen denkt Rainer Pahl, Geschäftsführer der Werkstattschule Rostock, da anders. Ganz ruhig und selbstverständlich sagt er: »Wir sind eine Privatschule.«

Die Anfangszeit seiner Schule gestaltete sich schwierig. Jahrelang hatten sie kein eigenes Gebäude und mussten unter schwierigen Bedingungen in alten Bauten mit den Kindern neue Lernkonzepte ausprobieren. Mehrmals sind sie umgezogen, bis sie 2005 in ihr jetziges Domizil fanden. Das Durchhalten hat sich gelohnt. Das selbst gebaute Schulhaus aus Ziegelstein ist hell und geräumig. Das Foyer im Zentrum des Gebäudes, das auch als Aula und Theatersaal genutzt wird, hat in der Mitte eine achteckige Fläche. Es ist nach oben hin geöffnet und wird im ersten Stock von einer Galerie umgeben, an die das hohe Lehrerzimmer mit seinen gläsernen Wänden anschließt. Das Glas soll ausdrücken: Die Lehrer sind für ihre Schüler da und ansprechbar. Die Türen zum Lehrerzimmer stehen häufig offen.

Genauso offen ist die Schule für Besucher von außen. Etwa 100 Lehrer im Jahr besuchen sie, um sich ihre Methoden abzuschauen und anders unterrichten zu lernen. An diesem Tag ist die Delegation einer kleinen österreichischen Dorfschule da. Die Lehrerinnen dort haben aus der Not der wenigen Schüler eine Tugend gemacht und unterrichten ebenfalls jahrgangsgemischt. Sie versuchen sich bereits an den Methoden des selbstständigen Lernens. Aber die Lehrer wollen ihren Unterricht verbessern, deswegen hospitieren sie an der Werkstattschule. Eine Lehrerin sitzt in der Stammgruppe von Anke Schmidt – und wird Zeugin, wie Konflikte in der Freiarbeit gelöst werden.

»Britta, möchtest du vielleicht in die ›Villa‹ gehen?«, unterbricht Lehrerin Schmidt eine Schülerin, die ständig mit ihren Nachbarinnen tuschelt. »Da kannst du ungestört arbeiten.« Die »Villa«, das ist ein Raum aus dem Hortbereich, der um diese Zeit leer ist und daher als Lernraum benutzt werden kann. »Wer möchte noch mit?«, fragt Schmidt. Zwei Schülerinnen melden sich. »Okay«, nickt die Lehrerin, und die drei verziehen sich in den Raum schräg gegenüber von ihrem Klassenzimmer.

Die Werkstattschule ist sehr erfinderisch darin, die Schülerzahlen beim Lernen nicht zu groß werden zu lassen. So darf immer ein Kind im Schulgarten helfen. Einige dürfen während der Freiarbeit in die Holzwerkstatt oder den Aktionsraum – das ist eine Art Kunstzimmer –, um dort an Projekten zu arbeiten. Dabei achtet die Stammgruppenleiterin darauf, dass alle Schüler im Wechsel drankommen. Die anderen können dann umso konzentrierter arbeiten.

»Es ist ein Zeichen unserer Schulen, dass sie sich intensiv mit pädagogischen Konzepten auseinandersetzen«, sagt Tilmann Kern, Geschäftsführer des Bundesverbandes der Freien Alternativschulen (BFAS), in dem viele Elterninitiativschulen organisiert sind. Die pädagogische Offenheit hängt auch damit zusammen, dass freie Grundschulen ein »besonderes pädagogisches Interesse« nachweisen müssen, damit die Schulbehörden sie genehmigen. Dazu müssen sie in der Regel ein Konzept einreichen, das mindestens 50 Seiten stark ist. Die Schulgründer haben also intensiv diskutiert, welche Prinzipien sie ihrer Schule zugrunde legen wollen. Viele sind als lernende Organisationen angelegt, die Elemente verschiedener Reformpädagogen aufnehmen – von Maria Montessori über Célestin Freinet bis zu Rebeca und Mauricio Wild, den Begründern der aktiven Schulen.

Doch nicht alle alternativen Schulen sind offen für verschiedene Reformpädagogiken. Es gibt auch jene, die sich ganz einer Strömung verschrieben haben. Das sind die Freien Montessori-Schulen, die aktiven Schulen und die demokratischen Schulen.

Die stärkste und populärste Gruppe unter den Alternativpädagogen sind heute die Montessori-Schulen. Auch in Deutschland boomt Montessori. Laut dem Dachverband gibt es rund 1000 Einrichtungen in Deutschland, 600 davon sind Kitas und Kindergärten. 300 Grundschulen gibt es, weiterführende

Schulen finden sich rund 100. Sie alle berufen sich auf Maria Montessoris legendären Satz, den einst ein Kind zu ihr gesagt haben soll: »Hilf mir, es selbst zu tun.« Das Leitmotiv einer Pädagogik, die das Kind in den Mittelpunkt des Lernens stellt.

Allerdings sind die Montessori-Schulen heute keineswegs immer Privatschulen. Vier von zehn Montessori-Schulen sind staatliche Schulen, die das pädagogische Prinzip und vor allem die Arbeitsmittel und die Idee der »gestalteten Umgebung« übernommen haben – mehr oder weniger. Denn die Prinzipien sind keinesfalls immer in Reinform zu finden. Montessori ist Mainstream. Es finden sich Schulen, die sich Montessori ins Schulprogramm schreiben, Eltern aber merken, dass dies eher als Label denn als pädagogisches Prinzip angewendet wird.

Demokratische Schulen sind in Deutschland eine neuere Entwicklung, die in den letzten Jahren viel öffentliche Aufmerksamkeit erfahren hat. »Es gibt heute Schulen, die sich explizit als demokratische Schulen gründen. Vor 15 Jahren gab es das noch nicht«, kommentiert Bundesverbands-Geschäftsführer Tilmann Kern, der in dieser Entwicklung aber keinen Trend sehen will.

* * *

Es ist kurz nach elf Uhr. In der Bibliothek der kleinen weißen Gründerzeitvilla sitzt eine 13-Jährige an einem Plan. Sie möchte gerne einen Fantasyroman schreiben. In der anderen Raumhälfte drängen sich fünf kleinere Schüler um ein Smartphone und schauen Musikvideos. Im Versammlungsraum probt die Theater AG, die eine Mutter und eine Lehrerin gemeinsam leiten. Draußen vor der Tür spielt eine Gruppe Jungs Fußball. Um die Ecke sind drei Schüler hinter einem Baum versteckt. Der Größte versucht, mit einem Stein einen rostigen Nagel in den

Stock zu schlagen, den er in der Hand hält. Die anderen stehen etwas mürrisch hinter ihm. Es ist ein buntes Treiben in der Villa, die eine Stiftung mit dem hübschen Namen »Anstiftung Nächstenliebe« für die Schule gekauft hat.

Lernen an der Neuen Schule Hamburg. Die Schule, zu deren Gründern die Sängerin Nena und ihr Lebenspartner Philipp Palm gehören, ist die erste sogenannte Sudbury-Schule, die in Deutschland genehmigt wurde. Sudbury-Schulen arbeiten im Geiste freier Erziehung – das heißt in maximaler Selbstbestimmung der Kinder. Sie entscheiden, ob und was gelernt wird. 2007 öffnete die Neue Schule Hamburg mit großem Medien-Echo ihre Tore für 85 Schüler.

Beim Lernen an der Neuen Schule müssen nicht unbedingt Lehrer in den Prozess involviert sein. Es muss auch nicht heißen, dass eins der traditionellen Schulfächer behandelt wird. »Lernen ist weiter gefasst«, meint Mitgründer Palm. »Spielen ist eine unserer stärksten Motivationen zu lernen. Beispielsweise arbeiten die Schüler an den Computern viel mit Google Sketch Up, einem 3-D-Programm. Damit kann man architektonische Modelle, Automodelle oder Räume bauen. Die Schüler entwerfen dabei ganze Räume nach ihrer Vorstellung.«

Lernen à la Sudbury kann auch heißen, dass Schüler, die das Gleiche lernen wollen, sich untereinander für bestimmte Uhrzeiten verabreden und bei älteren Schülern lernen. So mischen sich häufig die Jahrgänge: »Die Kurse entwickeln sich durch Kompetenzlevels und nicht durchs Alter«, sagt Palm. Oder es kann heißen, dass Schüler sich ein Wissensgebiet, das sie gerade interessiert oder das sie für ihre Lebensplanung brauchen, völlig selbstständig erarbeiten. Jörn beispielsweise, der als erster der Neuen Schule die Realschulprüfung ablegte und bestand, hat sich mithilfe der Lehrer allein darauf vorbereitet. »Unsere Idee ist, dass man aus dem Leben heraus mit 15 oder 16 an den Punkt kommt: Okay, ich habe eine Vision von dem, was ich machen möchte, dafür hilft mir dieser Abschluss und deswegen mach ich den«, erklärt Palm die Idee. Ein Lernkonzept, das den Ansatz der traditionellen Schule auf den Kopf stellt.

Zosia lernt gerne allein. Als die 14-Jährige vor zwei Jahren aus Polen kam, konnte sie Deutsch zwar sprechen, aber nicht schreiben. Deshalb bekam sie an ihrer ersten Schule schnell Probleme: »Die haben keine Rücksicht genommen, wenn jemand nicht mitkam«, erinnert sie sich. Irgendwann ging sie nur noch mit Kopf- und Magenschmerzen zur Schule. Wenn sie wieder zuhause war, »war der Tag gelaufen«. Sie blieb sitzen. Vor einem Jahr wechselte sie deshalb an die Sudbury-Schule. Hier hat sie ihre Rückstände mittlerweile aufgeholt: Bei den diesjährigen Vergleichsarbeiten, zu denen die Hamburger Schulbehörde auch die Neue Schule anhält, hat Zosia in ihrer ursprünglichen Klassenstufe eine Drei in Deutsch geschafft.

An die Neue Schule Hamburg kommen viele Schüler, die wie Zosia Probleme mit dem Gleichschrittlernen der Regelschulen haben. Schüler, die anderswo aussortiert und in niedrigere Schulformen abgeschult werden. Da es die Schule erst seit 2007 gibt, lässt sich über den schulischen Erfolg bisher noch nicht viel sagen. Die Erziehungswissenschaftlerin Tanja Pütz, die die Schule wissenschaftlich begleitet, hat als Zwischenergebnis herausgefunden, »dass im Laufe der ersten Schuljahre eine Vielzahl von verbindlichen Regeln entstanden sind, die durch die Schülerinnen und Schüler aufgestellt und in ihrer praktischen Nutzbarkeit erprobt wurden«. Pütz weiß, dass es den Eltern wichtig ist, dass sie und ihre Kinder im Schulleben mitbestimmen können. »Von Regellosigkeit kann nicht gesprochen werden«, hat die Wissenschaftlerin beobachtet. Nur entstehen Regeln an der Neuen Schule Hamburg eben anders – demokratisch.

Neun Schüler und zwei Lehrer sitzen auf Sofas, Tischen und dem Boden der violett gestrichenen Dachmansarde. »Dass du einfach ohne mich gefahren bist, find ich echt nicht okay«, schimpft Mandy. Sie ist sauer auf ihren Lernbegleiter. Christoph Ostermann unterrichtet Mathe, Deutsch, Englisch und Sport und war pädagogischer Leiter der Neuen Schule. Jetzt stellt sie ihn im Lösungskomitee zur Rede. Das Problem: Mandy und ihre Freundin waren die Woche zuvor auf dem Sportplatz einige Zeit außerhalb seiner Sichtweite – was sie nicht dürfen. Ostermann hat sie daraufhin beim nächsten Sportplatzbesuch einfach nicht mitgenommen. »Das Lösungskomitee hat Vorrang vor jeder anderen Lernsituation«, erklärt Lehrerin Sylvia Hesse, die gelernte Kinderkrankenschwester ist.

An Sudbury-Schulen haben Lehrer nicht mehr Autorität als Schüler. Sie können keine Machtworte sprechen und Konflikte von oben befrieden. Jede Lösung muss zwischen den betroffenen Parteien mithilfe neutraler Personen gefunden werden. Im Idealfall werden danach alle einen sozialen Lernprozess durchlaufen haben.

»Will noch jemand was sagen, oder kann ich die Lösung aufschreiben?«, fragt Moritz. Der Junge ist zwölf Jahre alt und im Moment der Vorsitzende des Lösungskomitees. Die Lösung heißt: Mandy hält sich in Zukunft an Absprachen. Und Ostermann beruft das nächste Mal ein spontanes Lösungskomitee ein, anstatt eigenmächtig Konsequenzen zu beschließen. Beide stimmen zu und unterschreiben den Antragszettel. Er enthält ganz formal ein Betreff, einen Kurzbericht des Vorfalls; auch die Zeugen und moralischen Unterstützer sind dort notiert. Ein Urteil, gesprochen im Namen der Neuen Schule Hamburg.

Das Lösungskomitee kann freilich nicht bei jedem Konflikt helfen. In zwei Fällen beschloss die Schulvollversammlung, dass Schüler gehen mussten, berichtet der Musiker und ehrenamtliche Schulleiter Palm. Einmal ist ein Schüler gewalttätig gegenüber einem anderen geworden. »Die großen Jungs haben mich getreten, an den Kopf und ins Gesicht«, berichtete ein Junge. Der Fall ging durch die Presse und bescherte der Neuen Schule Hamburg mehr Publizität als einer Neugründung gut tut. Kein Jahr nach dem Start sprachen *Der Spiegel*, *Stern* und die *Frankfurter Allgemeine Zeitung* von einer »schweren Krise«. Sogar die alternative *taz* fragte hämisch: »Na, war das vorauszusehen?« Die Eltern des Opfers nahmen ihr Kind von der Schule. Aber auch Lehrer mussten die Schule schon verlassen – weil die Vollversammlung sie abgewählt hatte. Die Vollversammlung ist für alle Lehrer und Schüler verpflichtend, sie entscheidet auch Personalfragen. Über alltägliche Entscheidungen und Regeln wird in den Schulversammlungen befunden. Die anstehenden Themen werden vorher ausgehängt. Jeder kann dann selbst entscheiden, ob er kommen und abstimmen mag oder nicht. Beispielsweise wollten einige Schüler um die 14-jährige Zosia aus Polen vor einiger Zeit gerne die Dachmansarde renovieren. Dafür mussten sie einen Antrag einreichen, dem ein genauer Kostenplan beigefügt war. Eine prima Lernsituation, findet Palm. »Dafür müssen sie sich informieren: Was kostet denn so ein Eimer Farbe. Da steckt viel Mathe drin. Denn sie müssen berechnen: Wie viel Farbe brauchen wir? Sie dürfen nicht zu viel veranschlagen, sonst wird der Antrag vielleicht nicht genehmigt.« Die Schulversammlung hat ein monatliches Budget von 500 Euro, über das sie entscheiden darf.

Die Aufnahmeprozedur für neue Lehrer und Schüler verläuft so: Die Bewerber stellen sich zunächst einem Einstellungskomitee aus Lehrern und Schülern vor. Dann müssen sie einige Wochen hospitieren. Zum Abschluss wird die Vollversammlung einberufen und abgestimmt. Dabei zählt jede Stimme, die Schüler sind also stets in der Mehrheit.

Schulversammlungen gab es schon mal in der Schulgeschichte – in Summerhill. Die Summerhill School, die der Brite Alexander Sutherland Neill 1921 in Lieston / Großbritannien eröffnete, war die erste demokratische Schule. Dort machen die Kinder auf der Schulversammlung selbst die Gesetze, nach denen sie sich dann richten müssen. Summerhill bietet zwar Kurse an, die sich an den traditionellen Fächern orientieren. Allerdings können die Kinder selbst entscheiden, ob sie am Unterricht teilnehmen wollen oder es lieber lassen.

»Der große Vorteil der freiwilligen Teilnahme am Unterricht ist das völlige Fehlen von Disziplinlosigkeit, die in so vielen herkömmlichen Schulen ein großes Problem darstellt«, sagt David Gribble. »Denn wer nicht teilnehmen will, nimmt nicht teil.« Gribble ist langjähriger Leiter der demokratischen Sands School aus Großbritannien. Manche freien Schulen gehen aber noch weiter als die Sands School oder Summerhill. An der Freien Schule am Mauerpark in Berlin wäre es undenkbar, dass die Kinder nach einem Stundenplan lernen, schreibt die *Süddeutsche Zeitung*. Stattdessen entscheidet dort »jedes Kind selbst, mit welchen Lehrern es das Schuljahr verbringen will«.

Knapp 200 demokratische Schulen gibt es weltweit laut der »Alternative Education Resource Organization« inzwischen. Die meisten davon (83) befinden sich in den USA. Es folgen Israel (24), die Niederlande (12) und Kanada (9); und in Großbritannien gibt es drei solcher Schulen. Für Deutschland führen sie, wie für Südkorea, Japan und Brasilien, auf ihrer Website sechs Schulen auf. Das weltweite Netzwerk demokratischer Schulen (International Democratic Education Network IDEN) spricht von über 200 Schulen in mehr als 30 Ländern. Die radikalsten unter den demokratischen Schulen aber sind die Sudbury-Schulen. Die erste wurde 1968 im amerikanischen Framington, das im Sudbury Valley liegt, eröffnet. Mittlerweile sind auf der Website der Sudbury Valley School 30 weitere weltweit versprengte Schulen gelistet. Und sie wachsen weiter. Sechs Initiativen für Sudbury-Schulen gibt es in Deutschland.

Unterricht in Sudbury-Schulen kommt nur zustande, wenn die Schüler die Initiative ergreifen. Auch hier heißen die Lehrer (Lern-)Begleiter. Sie sind nicht als Wissensvermittler angestellt, sondern helfen den Kindern eher dabei, wie sie ihr Lernen selbst organisieren können. Oder dabei, geeignete Lehrer zu finden, wenn es an der Schule keinen Experten für das gewünschte Fach gibt. Hinter der Pädagogik der Sudbury-Schulen steht ein konstruktivistisches Bild vom Kind, meint die Erziehungswissenschaftlerin Tanja Pütz: »Die Kinder werden als ›Welterkunder‹ gesehen.«

Im Büro der Schulsekretärin haben Niko und sein Freund sich in ein Internet-Chatforum eingeloggt. Ein dritter Schüler, der gerade einen Haufen altes Papier geschreddert hat, guckt den beiden über die Schultern. Zwar gibt es im ersten Stock neben dem Sprachlabor einen kleinen Raum mit vier Computern für die Schüler. In dem arbeitet aber gerade ein Team von Administratoren daran, das Computersystem zu erneuern. Administratoren, das sind Schülerinnen und Schüler verschiedenen Alters, deren Computerkenntnisse so gut sind, dass sie einen entsprechenden Führerschein bekommen haben. Der ermächtigt sie beispielsweise dazu, neue Programme auf den Schulcomputern zu installieren.

Der Führerschein ist etwas, das es der reinen Theorie nach an einer Sudbury-Schule eigentlich nicht geben kann: ein Kontrollinstrument. Die Neue Schule setzt es ein, um sicherzustellen, dass die Schüler wirklich die nötigen Kenntnisse für das haben, was sie ausführen wollen. Beispielsweise muss, wer im Atelier arbeiten will, einen Führerschein für den kleinen Kunstraum haben. Um den zu bekommen, muss er nachweisen, dass er mit Pinseln und Farben verantwortlich umgehen kann. Und er muss sogar zeigen, dass er anschließend richtig sauber machen kann. Vergeben können diese Führerscheine nach einer kurzen Prüfung alle Mitglieder des achtköpfigen Atelierteams. Wie alle Teams an der Neuen Schule wird es gewählt. Beim Computer ist die Sache etwas komplizierter. Da gibt es Führerscheine für verschiedene Kenntnisstufen. Der Administrator-Führerschein ist der höchste, den die Schüler erwerben können.

Der Kniff mit dem Führerschein weist auf ein nicht unkompliziertes Problem, das alle Reformschulen haben, hin: Wie beobachtet und dokumentiert man den Lernfortschritt der Kinder? Im Frontalunterricht normaler Schulen ist das kein Problem – jedenfalls keines für die Schule. Wenn ein Schüler beim Gleichschritt nicht mitkommt, dann bekommt er erst schlechte Noten, bleibt später gegebenenfalls sitzen oder wird sogar abgeschult. Beim individuellen Lernen in Alternativschulen ist das viel schwieriger, haben sie doch den Anspruch, jeden Schüler in seiner Eigenart wahrzunehmen und zu fördern. Sitzenbleiben ist in Reformschulen nicht vorgesehen, denn diese lehnen »institutionell definierte Schulversagenserlebnisse« ab. So nennt der Bielefelder Bildungsforscher Klaus-Jürgen Tillmann das Sitzenbleiben. Es hat nichts mit dem Kind zu tun, sagt Tillmann, sondern mit dem Schulsystem. Gerade für Eltern, die aus dieser »Schule-muss-weh-tun«-Tradition kommen, ist es daher anfangs nicht leicht zu verstehen, wie man den Lernstand von über 20 frei lernenden Kindern jeweils individuell im Auge behalten kann.

Alle Reformschulen beantworten die Frage im Prinzip gleich. Sie weigern sich, die Kinder zu sanktionieren, also durch schlechte Noten oder Ähnliches zu beschämen. Stattdessen arbeiten sie mit Motivation und Förderung. Parallel dazu haben sie ihre Diagnoseinstrumente verfeinert. Mit Arbeitsblättern, Checklisten und Lerntagebüchern wird sehr genau dokumentiert, wo der Schüler jeweils steht. Statt Zeugnissen gibt es häufig etwas, was man in der Wirtschaft Personalentwicklungsgespräche nennen würde. Allerdings: Jenseits des gemeinsamen Prinzips interpretieren sie die Art der Diagnose und Dokumentation im Detail anders.

An der Werkstattschule in Rostock arbeiten die Lehrer mit Eltern-Schüler-Gesprächen, Pensenbüchern und ausführlichen Lernfortschrittsberichten am Ende des Schuljahres. So können sie ihren Schülern und deren Eltern ein möglichst genaues Feedback über Lernleistungen geben. In Pensenbüchern werden die Fächer in Kompetenzen aufgeschlüsselt. Die Lehrer kreuzen an, wie viel die Schüler beherrschen. So können die Schüler selbst sehen, wie gut sie schon sind – und wo sie sich noch ins Zeug legen müssen.

In der Sekundarstufe kommen Portfolios als Lerndokumentation hinzu. Die Schüler tragen in die Portfolios ihren Tagesplan ein, was sie gemacht haben und bei welchen Problemen sie hängen geblieben sind. Außerdem gibt es auch sogenannte Talentportfolios, in die alles hineinkommt, was der Schüler wertvoll findet. Das können sowohl herausragende Arbeitsprodukte als auch gute Einschätzungen sein.

Ob die Lehrer über diese Instrumente hinaus noch mit Tests arbeiten wollen, bleibt ihnen überlassen. Stammgruppenleiterin Anke Schmidt zum Beispiel schreibt grundsätzlich keine Tests. Wenn jemand im Unterricht nicht mitkommt, merkt sie das durch ihre individuellen Lehrmethoden auch so, sagt sie. Bei Mathelehrerin Ulrike Beyer gibt es zwar Tests – aber nicht für alle zur gleichen Zeit. Bei ihr entscheiden die Schüler selbst, wann sie eine Probe schreiben wollen, genauer: wann sie ihrer Lehrerin zeigen, dass sie das Thema verstanden haben.

Anders als vielleicht erwartet, gibt es auch an der Neuen Schule Hamburg ein differenziertes System der Leistungsbeurteilung. Jeder Schüler hat ein Fach oder einen Ordner, in dem er Lernergebnisse aufbewahren kann. Etwa alle zwei Wochen führen die Schüler Feedbackgespräche mit ihren Lernbegleitern. Solche Gespräche sind eine intensive und individuelle Art, den Fortschritt des Kindes zu beobachten. Alle sechs Monate gibt es ein »Lebensplan-an-der-Schule-Gespräch«. So nennt es Lehrerin Kirsten Hanebuth. Dabei geht es zum einen darum, wie es den Schülern an der Neuen Schule Hamburg geht. Zum anderen wird ein Projektplan für die kommende Zeit entworfen. »Lernen hier bedeutet nämlich nicht, zu tun, was man will und wie man es will«, betont Lehrerin Kirsten Hanebuth. »Es bedeutet, sich zu entscheiden, was man lernen will und das dann auch zu tun.«

Die Schüler können übrigens den Spieß auch umdrehen. Sie vergeben Spaßfaktoren für die Wissensgebiete, mit denen sie sich beschäftigen. Das kann von »bombig« bis »superblöd« alles sein. Unten rechts unterschreibt die prüfende Person. Schüler, die auf einem Wissensgebiet »Profikenntnisse« erworben haben, können angeben, dass sie Lernpaten sein wollen. Dann können sich andere Schüler an sie wenden, wenn sie auf dem Gebiet Kenntnisse erwerben wollen.

* * *

Ziel all dieser Übungen und Methoden ist die Selbstregulierung. Ursprünglich stammte der Terminus aus der Psychologie, später übernahm ihn Alexander S. Neill, um das selbstregulierte Lernen von Summerhill zu definieren. Oskar Negt trug den Begriff in die Glocksee-Schule – von wo aus er zum Grundsatz der Alternativschulen wurde: »Kinder sollen nicht belehrt werden, sondern haben die Freiheit, sich in den Lernprozess als selbsttätiges Subjekt einzubeziehen, Ziel ist das Lernen lernen!« Die Interpretation dieses Grundsatzes variiert freilich. Entscheiden die Kinder in Summerhill, ob sie am »Unterricht« überhaupt teilnehmen, so läuft das an der Glocksee-Schule und vielen anderen Alternativschulen anders ab: Dort steht die Tür offen. Ein wichtiges Symbol dafür, dass jeder Schüler sich dem Lernen auch entziehen kann, wenn er es als Zwang empfindet. Allerdings: Nicht jeder Schüler kommt mit so viel Freiheit zurecht.

In der Werkstattschule in Rostock müssen Schüler, die in eine höhere Klasse einsteigen wollen, mehrere Wochen lang auf Probe lernen. Die Lehrer entscheiden dann darüber, ob das Kind bleiben darf. Während der Probezeit achten sie darauf, ob es in die Gruppenstruktur der Stammgruppe passt und wie selbstständig es arbeiten kann. Denn die Lehrer der Werkstattschule haben die Erfahrung gemacht: Nicht jedes Kind, das später dazustößt, ist in der Lage, seine Arbeitsweise vom konsumierenden auf den selbstständigen Lernstil einer freien Schule umzustellen. »In den ersten Tagen genießen die Kinder erst mal die Freiheiten der Schule und stellen erst später fest, dass sie genau damit nicht zurechtkommen«, sagt Grundschulleiterin Hentschel.

Manchmal gibt es auch positive Überraschungen. Da ist die Geschichte von Christina, die vor einem Jahr als Hospitantin der zweiten Jahrgangsstufe zu einer Stammgruppe dazustieß. Christina ist die Tochter einer Lehrerin und durch eine Erbkrankheit taubstumm und halbseitig gelähmt. In ihrer Förderschule war Christina unglücklich, da unterfordert. Geistig ist sie fit. Die Werkstattschule nahm sie anfänglich nur unter Bauchschmerzen und probeweise auf. Heute jedoch ist sie ein akzeptiertes Mitglied ihrer Stammgruppe, berichtet Lehrerin Elsbe Gnutzmann. Die Integration hat so gut geklappt und die anderen Schüler haben so viel von ihr gelernt, dass es Überlegungen gibt, sich auch für andere Kinder mit körperlichen Beeinträchtigungen zu öffnen – allerdings erst nach einer Hospitationszeit. »Wir fragen uns: Können wir den Kindern geben, was sie sich wünschen«, begründet Gnutzmann die Probephase. Nur wenn die Antwort positiv ist, dürfen die Kinder bleiben.

Die Werkstattschule wählt ihre Schüler aus. Das kann sie sich erlauben, denn es gibt inzwischen viel mehr Nachfrage als Plätze. Bei den Schulanfängern bewerben sich 200 Schüler auf die 46 verfügbaren Plätze. Da zur Werkstattschule auch ein Kindergarten gehört, dessen Kinder übernommen werden und Geschwisterkinder Vorrang haben, bleiben am Ende nur noch wenige Plätze für Schüler, deren Eltern nicht schon zur Schulgemeinschaft gehören.

Das hat Konsequenzen für die soziale Zusammensetzung der Schülerschaft. Während es bisher noch mehrere Schüler gab, die unmittelbar aus dem Einzugsgebiet der Schule in Rostock-Biestow kamen und nicht zur Schicht der Bildungsprivilegierten gehörten, nimmt deren Zahl immer mehr ab. »Noch ist es so, dass es im Kindergarten ganz gut gemischt ist«, sagt Grundschulleiterin Hentschel. »Aber inzwischen hat sich in der Stadt herumgesprochen: Wenn man bei uns einen Platz an der Schule haben will, sollte man sein Kind im Kindergarten haben, weil die bevorzugt aufgenommen werden. So dass die Chance der Mischung peu à peu schwinden wird.«

Aber auch jetzt schon gehen auf die Werkstattschule wesentlich mehr Kinder von bildungsbeflissenen und wohlhabenden Eltern, als dies bei den staatlichen Regelschulen in Rostock der Fall ist: »Im Vergleich zur Regelschule, an der ich vorher war: Da gab's auch Kinder, die hatten kein Frühstück, da gab's Kinder, die hatten gravierende Überlebensprobleme«, stellt Hentschel die unterschiedliche Sozialisation ihrer ehemaligen und heutigen Schüler gegenüber. »Hier geht das bei einzelnen Eltern eher in Richtung Wohlstandsverwahrlosung: Da wird alles gekauft, das volle Entertainmentprogramm für die Kinder gefahren.«

Geschäftsführer Pahl findet es logisch, dass die Schüler einer Privatschule aus bildungsnahen Elternhäusern kommen. Schließlich setze die Anmeldung an der Werkstattschule voraus, dass sich die Eltern schon mal Gedanken über die Bildung ihrer Kinder gemacht haben: »Wenn ich Elternteil bin und weiterdenke als ›kurze Beine, kurze Wege‹, wenn ich mir Gedanken darüber mache, wie die Schule ist und was dort für

Inhalte vermittelt werden, dann habe ich schon den ersten Schritt getan. Dann gehöre ich nämlich zu der ›Schicht‹, die über Bildung nachdenkt. Und das ist üblicherweise nicht die Schicht der Hartz-IV-Empfänger und Arbeitslosen. Maximal noch die derer, die arbeitslos geworden sind, oder der Studenten, die nicht das Einkommen haben.«

Ein Platz an der Werkstattschule in Rostock kostet für Grundschüler 110 Euro monatlich plus 80 Euro für den Hort, in den bis auf etwa fünf Kinder alle Grundschüler gehen. Sekundarschüler zahlen 176 Euro im Monat, Geschwisterkinder 20 Euro weniger. Für Eltern, die nachweisen können, dass sie für das reguläre Schulgeld nicht genug verdienen, gibt es je nach Einkommen eine gestaffelte Ermäßigung. Der niedrigste Satz für Hartz-IV-Empfänger liegt bei 20 Euro Schulgeld im Monat. Insgesamt erhalten momentan 29 der knapp 500 Schüler einkommensbedingte Ermäßigungen, das sind etwas über fünf Prozent.

Die Lehrer sind in der Regel jene Gruppe, die am genauesten darauf achtet, dass es keine soziale Segregation durch die Schule gibt. Das ist bei den beiden Schulen nicht anders. Die Rostocker Lehrer fühlen sich nicht wohl damit, dass auch ihre Schule die Schülerschaft mehr und mehr trennt. Zumal viele der Überzeugung sind, dass ihre Art, jahrgangs- und leistungsgemischt Schule zu machen, gerade auch für Schüler aus bildungsfernen Elternhäusern gut wäre. Ändern können und wollen die Lehrer angesichts der finanziellen Konsequenzen aber nichts: »Wir haben im Kollegium letztes Jahr mal herumgesponnen: Was wäre, wenn wir einen zweiten Schulstandort in einem Problemstadtteil aufmachen würden«, berichtet Grundschulleiterin Hentschel. »Aber dann haben wir uns die Frage gestellt: Wir werden nur begrenzt gefördert vom Land, und wir sind immer der Buhmann – warum sollten wir das tun? Finanziell ist das für einen privaten Träger der totale Ruin.«

Denn das Land Mecklenburg-Vorpommern übernimmt für freie Schulen nur »je nach pädagogischem Konzept 60 bis 85 vom Hundert der Personalkosten« – so steht es in Paragraf 127 des Landesschulgesetzes. Bei Förderschulen können es auch bis zu 100 Prozent sein. Gelder für Sachaufwendungen, wozu auch der Hausmeister und die Schulsekretärin zählen, gibt es über den Schullastenausgleich der Gemeinden. Die beiden Quellen reichen aber nicht, um die gesamten Kosten inklusive Baukredit zu decken. Die Werkstattschule ist deshalb auf die Elterngelder angewiesen, die etwa 25 Prozent der Finanzierung ausmachen – und eben viele Eltern, die finanzielle Probleme haben, abschrecken.

»Die Ironie ist: Unsere Schule verkörpert eigentlich die Wunschvorstellung von Schule, die PDS und SPD haben«, meint Geschäftsführer Pahl. Er ist überzeugt, dass man Schule heute anders machen muss, als an den staatlichen Regelschulen üblich. »In den staatlichen Schulen schlummert ein enormes Potenzial. Leider kann es nicht geweckt werden: Der Staat hat sich durch das Lehrerpersonalkonzept des Landes, welches Entlassungen verbietet, zu sehr an seine Lehrer gebunden. Die staatlichen Schulämter sind aus meiner Sicht nicht mehr zeitgemäß. Um die Qualität zu sichern, reichen ein guter Rahmenplan, eine anständige Evaluation und gute Lehrer.«

Das Finanzierungsproblem teilt die Werkstattschule mit allen freien Alternativschulen. Ohne Elterngelder geht es nicht. Die Art, wie die Schulen damit umgehen, ist aber unterschiedlich. Manche haben eine soziale Staffelung bei den Elternbeiträgen eingeführt. Andere wollen die Elternbeiträge für alle so niedrig wie möglich halten und nehmen daher von allen das gleiche Geld. Das hat tatsächlich zur Folge, dass manche Kinder leider draußen bleiben müssen.

Auch die Neue Schule Hamburg hat eine Regelung für Kinder aus ärmeren Elternhäusern gefunden. Normalerweise verlangt sie 160 Euro monatlich pro Schüler, eine Staffelung gibt es nicht. Dafür stellt sie sechs freie Plätze zur Verfügung, für die die betreffenden Schüler gar nichts zahlen. Zusätzlich vergibt die von den Schulgründern um Nena mitgegründete Stiftung »Anstiftung Nächstenliebe« Stipendien an Schüler, die sich die Schule sonst nicht leisten können. Die Stipendienhöhe hängt von der Bedürftigkeit der Eltern ab und reicht von 40 bis 120 Euro monatlich. Momentan bekommen zehn Schüler Stipendien.

»Unsere Schulen wollen nicht entmischen«, betont auch Tilmann Kern, der Geschäftsführer des Bundesverbandes der Freien und Alternativschulen. »Wir können aber aufgrund der Zuschusslage nicht auf Elterngelder verzichten. Denn wir haben keinen Überbau, der die Kosten finanzieren kann.« Um aus diesem Dilemma herauszukommen, setzt sich der Alternativschulverband dafür ein, dass freie Schulen die gleichen Gelder bekommen wie staatliche.

* * *

Zwei Elternpaare und eine Mutter sitzen im Kreis um ein Seidentuch. Sie sind an diesem Spätnachmittag gekommen, weil sie ihre Kinder gerne im nächsten Schuljahr an der Werkstattschule sehen möchten. Alle sind etwas nervös. Warum sie wollen, dass ihr Kind auf diese Schule geht? Die Mutter direkt aus dem Kiez rund um die Schule sagt: »Mein Kind ist eine Ruhige.«

Sie hat schlicht Angst, dass ihre kleine Tochter an einer Regelschule untergeht. Die anderen Eltern finden das Konzept der Schule gut. Einem der Väter, er ist Rechtsanwalt, geht es darum, dass die Kinder hier in ihrem eigenen Rhythmus lernen können. Er legt Wert darauf, dass sein Sohn eigenständiges Arbeiten lernt. Bei dem anderen Elternpaar ist die Mutter die treibende Kraft. Während der Vater, ein Unternehmertyp, sich freundlich zurückhält, schwärmt sie vom klassenübergreifenden Lernen.

Eines der wichtigsten Konfliktfelder an den Elterninitiativschulen ist das Verhältnis zwischen Eltern und Lehrern. Denn beide Gruppen sehen sich oft als die Chefs in freien Schulen. Die Eltern, weil sie die Schule gegründet haben und dafür bezahlen. Die Lehrer, weil sie die Schule machen. Auch die Werkstattschule hatte anfangs Schwierigkeiten im Umgang mit den Eltern. »Wir haben die Eltern reinreden lassen und waren immer bemüht, es allen recht zu machen«, berichtet Hentschel über die turbulente Anfangszeit. »Irgendwann kam der Punkt, da ging das nicht mehr. Die Eltern wollten mit entscheiden, wer eingestellt wird und wie der Stundenplan aussieht. Da haben wir dann einen Schnitt gemacht.« Die Lehrer der Werkstattschule haben die Eltern somit bei pädagogischen Fragen entmachtet. Einige Eltern haben daraufhin ihre Kinder von der Schule genommen. Mittlerweile wurde die Regelung eingeführt, dass die Eltern mindestens einen Tag in der Schule hospitieren und ihre Arbeitsweise kennenlernen müssen, bevor ihr Kind aufgenommen wird. Der Grund dafür: Sie sollen sich vorher darüber klar werden, ob sie hinter den experimentellen Lernformen stehen können oder ihr Kind doch lieber auf eine traditionellere Schule schicken wollen.

Camilla Wüstenberg ist 39 Jahre alt und gehört zu einer neuen Gruppe von Eltern, die ihre Kinder auf eine Privatschule schickt: den ostdeutschen Mittelschichtseltern. Die studierte Straßenbauingenieurin arbeitet heute in der Verwaltung. Ihr Mann hat in der DDR Elektrofacharbeiter gelernt und sich nach der Wende zum Reha-Facharbeiter fortgebildet; die beiden Söhne besuchen die 4. und die 7. Klasse der Werkstattschule. Wüstenberg schätzt sich und ihren Mann als Normalverdiener ein. Dennoch sind sie bereit, eine ganze Menge Geld für die Bildung ihrer Kinder auszugeben: Etwa 350 Euro bezahlen sie für den Schulbesuch der beiden Söhne monatlich. Solange keiner der beiden seinen Job verliert, wären sie sogar bereit, für gute Bildung noch mehr zu zahlen: Zwischen 500 und 1000 Euro für beide Kinder gemeinsam gibt sie als maximal leistbar an.

Dabei ist den Wüstenbergs nicht jede Privatschule recht. Camilla Wüstenberg hat nach der Wende einen Kommunikationsaufbaukurs gemacht und in diesem Rahmen die Reformansätze des amerikanischen Psychologen Thomas Gordon kennengelernt. In der Folge beschäftigte sie sich mit reformpädagogischen Ansätzen. Von teuren »Hochleistungsschulen« grenzt sie sich klar ab. Auch die Entscheidung für eine reformpädagogische Privatschule war zunächst schwierig: Ihr Mann fand die Auswahl der Grundschule nicht so wichtig. Der ältere Sohn ging daher zunächst auf eine staatliche Schule. Aber der Umgang mit den Kindern dort passte ihnen nicht. Eine der Fachlehrerinnen arbeitete noch mit Methoden, die die Kinder beschämen. In die Ecke stellen zum Beispiel. Die hat ihren Sohn auch mal quer über den Gang angebrüllt. Auch was sie sonst sahen, gefiel ihnen nicht. »Wir haben erlebt, wie in der staatlichen Grundschule mit den Schwächeren umgegangen wird«, sagt Wüstenberg. Für individuelles Lernen seien die Klassen einfach zu groß. »Das Aussortieren beginnt schon früh. Die Kinder bekommen den Stempel, dass sie Versager sind.« Was sie an der staatlichen Grundschule erlebten, besiegelte ihre Meinung: »Wir sind mit diesem Schulsystem nicht einverstanden«, sagt Wüstenberg.

Das im Grundgesetz gewährte Recht auf Gründung von Privatschulen bedeutet Wüstenberg noch aus einem anderen Grund viel: »Dass der Staat nicht das alleinige Recht auf Schulen, auf Bildung hat, ist durch unser Grundgesetz gesichert und hat seinen Ursprung in der Gleichschaltung der Bildung im Dritten Reich«, erklärt sie. »Vor dem Hintergrund finde ich es sehr sehr wichtig, dass es private Schulen gibt.«

An der Werkstattschule gefällt ihr, dass die Kinder die Zeit bekommen, die sie brauchen: »Wer von der Regel, vom Standard abweicht, wird in der Grundschule aufgefangen«, freut sie sich. »Das Kind kann sich individueller entwickeln.« Und sagt: »Angenommen, einer von uns würde seine Arbeit verlieren: Wir würden trotzdem versuchen, die Kinder auf der Schule zu halten.«

Was den experimentellen Ansatz der Schule betrifft, sind die Eltern, deren Kinder schon länger auf die Werkstattschule gehen, unterschiedlicher Meinung. Es gibt jene, die wie die Wüstenbergs grundsätzlich hinter diesem Ansatz stehen. Und es gibt welche, die meinen, es sei doch schön, wenn nach all den Experimenten auch mal ein wenig Ruhe einkehre. Da ist es manchmal schwierig, weitere Veränderungen durchzusetzen.

Doch genau das gehört zum Konzept. So möchten die Lehrer schon seit längerem auch in der Sekundarstufe die morgendliche zweistündige Freiarbeit einführen, die in der Grundschule praktiziert wird. Bisher gibt es nach der Grundschule nämlich nur noch einzelne Freiarbeitsstunden, die über die Woche verteil liegen. Und so sollte es nach dem Willen der Eltern auch bleiben. In der Sekundarstufe nämlich haben viele schon den Schulabschluss ihrer Kinder im Blick. Da werden sie schnell nervös – und fallen zurück in die alten Lehrformen, die sie aus ihrer Schulzeit kennen.

Der Durchbruch gelang, nachdem die Schule im November 2008 Besuch von ihren Partnerschulen der Initiative »Blick über den Zaun« (BÜZ) bekommen hatte. BÜZ ist ein inzwischen 20 Jahre alter Zusammenschluss von reformpädagogischen Schulen. Gegründet wurde der Kreis von den Landerziehungs-heimen, allerdings geht die Mitgliedschaft inzwischen weit über diese Schulen hinaus. Heute gehören über 100 private wie staatliche »reformorientierte Schulen« dem »Blick über den Zaun« an – darunter die besten deutschen Schulen, etwa der Schulpreisträger Wartburg-Grundschule in Münster. Die-se Schulen haben ein System des gegenseitigen Hospitierens entwickelt. Sie besuchen sich mehrere Tage gegenseitig und sagen sich dann ziemlich offen, was an der jeweiligen Schule gut ist – und was besser werden kann.

Die kritischen Freunde des BÜZ merkten an der Werkstatt-schule genau jene Punkte als problematisch für die Weiterent-wicklung an, die auch deren Lehrer gerne weiterentwickeln wollten. Das hat die Eltern beeindruckt, erzählt Grundschul-leiterin Hentschel glücklich: »Jetzt können wir uns immer hinsetzen und zu den Eltern sagen: Die von ›Blick über den Zaun‹ haben das und das auch gesagt. Das führt zu einer ganz anderen Akzeptanz bei den Eltern.«

Über pädagogische Fragen entscheidet bei der Werkstattschule heute ein Leitungsteam, das aus den beiden pädagogischen Lei-terinnen, den Jahrgangs- und den Fachkoordinatoren besteht.

Dieses Team entscheidet auch über Fortbildungen und die Einstellung von neuen Lehrern. Für Organisatorisches wie die Stunden- und Personaleinsatzplanung sind die pädagogischen Leiterinnen zuständig, die alle zwei Jahre vom Lehrerkollegium gewählt werden. Verwaltung und Finanzielles liegen dagegen in den Händen von Geschäftsführer Rainer Pahl – zumindest bei den größeren Summen. Für kleinere Anschaffungen, wie Lernmaterialien, Papier oder Ähnliches, haben alle Lehrer ein Monatsbudget, für etwas größere ein eigenes Jahresbudget.

Die Werkstattschule ist damit ein Beispiel für die Professionalisierung der einst als unzuverlässige Laissez-faire-Schulen verschrieenen Alternativschulen. Einige dieser Schulen sind längst aus der kritischen Projektphase heraus. Sie strecken ihre Fühler nach Kooperationspartnern und staatlichen Schulen aus – und tragen dabei den Gedanken einer schülerorientierten Pädagogik weiter. Die Werkstattschule etwa hat sich eine eigenwillige Organisationsform gegeben.

Normalerweise sind die Träger der freien Schulen Vereine, die zu diesem Zweck von Eltern oder Lehrern gegründet werden. Wie bei der Neuen Schule Hamburg. Der Verein trägt dann die Verantwortung für die Schule und bezahlt die Lehrer. Geschäftsführer Pahl von der Werkstattschule in Rostock findet Trägervereine jedoch unpraktisch: »Die Vereinsstruktur ist nicht geschaffen, um ein Unternehmen zu führen. Wir haben hier ja Millionenumsätze im Jahr.« Entscheidungen wie einen Schulneubau könnten keine Leute treffen, die jedes Vierteljahr einmal auf eine Versammlung kämen, glaubt er.

Die Werkstattschule hat sich deshalb unter das Dach einer gemeinnützigen Aktiengesellschaft (gAG) begeben, die »Europäische Stiftung für innovative Bildung gAG« (EuSiB gAG).

Die Aktiengesellschaft hat den Vorteil, dass man jeden Ange-
stellten zum Miteigentümer machen kann – über Aktien. Und
Eltern zu Miteigentümern werden können. »Letztendlich ist
es so ein bisschen wie eine Genossenschaft«, erklärt Pahl die
Vorzüge der gAG. Tatsächlich bekommt jeder neue Lehrer mit
der Einstellung eine Aktie im Wert von 50 Euro geschenkt.
Gleichzeitig hat der Geschäftsführer in diesem Modell mehr
Macht und Gestaltungsfreiheit.

Die Stiftung expandiert mittlerweile. So hat sie im letzten
Jahr die Pädagogische Akademie Rostock gegründet, ein Wei-
terbildungszentrum für Lehrer und Erzieher. Diese kooperiert
mit dem Zentrum für Lehrerbildung und Bildungsforschung
der Universität Rostock. Die Idee war, gute Seminare nach
Rostock zu holen, anstatt die Lehrer zu teuren Fortbildungen
immer quer durch Deutschland zu schicken. Denn »Lehrer der
Werkstattschule dürfen nicht an Fortbildungen des Landes
Mecklenburg-Vorpommern teilnehmen, weil diese aus Mitteln des Europäischen Sozialfonds finanziert werden«, erklärt
Grundschulleiterin Hentschel. Mit der Akademie gehen sie
jetzt den umgekehrten Weg: Denn an den Fortbildungen nehmen auch Lehrer von staatlichen Schulen teil, die zum Hospitieren kommen – und dafür bezahlen.

Eine weitere Neugründung von 2008 unter dem Dach der
gAG ist das Pädagogische Kolleg Rostock, eine Fachschule für
Frühpädagogik. Sie soll 2010 eine private Hochschule werden
und einen Bachelor-Abschluss anbieten. »Wir haben Erzieher
gesucht und festgestellt, dass es auf dem Markt zu wenige
gibt«, erklärt Pahl das Engagement. »Die Situation wird sich in
den nächsten Jahren hier noch zuspitzen – wegen der Verren-
tungswelle in Ostdeutschland und dem Kita-Ausbau in West-
deutschland.« Aus der Not entstand schließlich die Idee, selbst

auszubilden und »gut ausgebildete Frühpädagogen in das entstehende Loch zu werfen.«

Das Tempo des Staats, sagt Pahl selbstbewusst, sei angesichts der bildungspolitischen Lage ja »furchterregend langsam«. Viele Alternativschulen wollen nicht mehr warten, bis die Schulbehörden ihre Trägheit überwunden haben.

Annegret Nill

Privatschulen am Gängelband des Staates

Eine bedrohte Spezies als Impulsgeber

Eines der erfolgreichsten jüngeren Bilderbücher handelt von einem angsteinflößenden Fantasiewesen namens Grüffelo. Der Grüffelo ist ein Ungeheuer, das im Wald herumstreunt und gefährlich für andere Tiere ist. Das Buch von Axel Scheffler und Julia Donaldson ist wohl deswegen so erfolgreich, weil es den Kindern zunächst einen Schauer über den Rücken jagt – ehe sich dann herausstellt, dass der Grüffelo ein knuffiger bärenähnlicher Freund ist.

Wenn man die Diskussion über Privatschulen verfolgt, dann muss man unweigerlich an den Grüffelo denken. Der Grüffelo Privatschule ist ein schnell wachsendes Wesen, das monströse Größe annimmt. Er hat scharfe Zähne namens »Schulgeld«, die mit teilweise über 20 000 Euro pro Monat die Gerechtigkeit des Schulwesens verletzen. Und der Grüffelo ist ein arrogantes und elitäres Raubtier, das mit Vorliebe arme Kinder frisst. So sieht das von den Medien erzählte Märchen über Privatschulen aus.

Aber wer ist diese Privatschule eigentlich wirklich? Wie groß und gefährlich ist der Grüffelo Privatschule tatsächlich? Die Antwort fällt nüchterner aus, als es die vielen Zeitungsberichte vom rasanten Anstieg teurer Privatschulen suggerieren. Ja, die Privatschulen haben einen Zuwachs zu verzeichnen. Aber er ist viel moderater, als behauptet wird. Und er findet in einem Preissegment statt, das weit von den Schulgeldern der gefürchteten 20 000-Euro-Schulen entfernt ist.

»Von einem Boom zu sprechen, halte ich für übertrieben«, sagt etwa der Rechtsanwalt Stephan May. »Ich sehe eher einen kontinuierlichen Anstieg.« May kennt sich in der Sache aus wie kein Zweiter in Deutschland. Er ist Geschäftsführer jener Arbeitsgemeinschaft, die alle deutschen Privatschulverbände koordiniert – der Arbeitsgemeinschaft Freier Schulen mit Sitz in Hamburg. Die Zahl der Privatschulen hat tatsächlich seit 1992 um mehr als die Hälfte zugelegt. Allerdings hat dieser Zuwachs eben über den langen Zeitraum von beinahe 20 Jahren stattgefunden. Laut Statistischem Bundesamt gab es 1992 insgesamt 1991 Schulen in freier Trägerschaft, 2008 waren es 3057. Das ist ein Zuwachs. Aber in ihm stecken zwei Effekte, die man berücksichtigen sollte. Erstens starten die Privatschulen von einem extrem niedrigen Niveau aus. Die knapp 2000 privaten Schulen hatten 1992 einen Anteil von nur 4,5 Prozent an den damals über 43 000 Schulen in Deutschland. Zweitens gab es vor ziemlich genau 20 Jahren die Vereinigung mit der DDR, in der es logischerweise keine privaten Schulen geben konnte. Heute finden sich in den östlichen Bundesländern aber über 700 Privatschulen. Zwei Drittel des Zuwachses kommen also durch die Aufholjagd in den östlichen Bundesländern zustande.

Hinter dem für viele so bedrohlich anmutenden Wachstum versteckt sich ein weiterer Fakt, der viel Verwirrung auslöst. Das statistische Bundesamt zählt manche Privatschule mehrfach. Wenn etwa ein Träger eine Grundschule und eine daran anschließende weiterführende Schule betreibt, dann tauchen zwei Schulen in der Statistik auf. Die ist deswegen nicht falsch. Aber es unterminiert die Glaubwürdigkeit des Booms der Privatschulen erheblich. Stefan Mays Arbeitsgemeinschaft Freier Schulen zum Beispiel zählt knapp über 1500 allgemeinbildende private Schulen und 400 Förderschulen. Beim Statistischen Bundesamt hingegen sind zur gleichen Zeit gelistet: 2427 allgemeinbildende private Schulen und 630 Förderschulen. Jeder kann sehen, dass es dort erhebliche Verzerrungen gibt, die geeignet sind, den Grüffelo Privatschule viel größer wirken zu lassen, als er tatsächlich ist.

Der sprunghafte Zuwachs der Privatschüler auf allen Ebenen – das ist ein Schauer, der den Deutschen gern über den Rücken gejagt wird. Seit Jahren das gleiche Spiel: Man hat das Gefühl, dass die Textbausteine in den Redaktionen bereitliegen. Der Datenreport 2008 vermeldet ein Plus von 42 Prozent Privatschulen in zehn Jahren. *Der Spiegel* fertigt eine Grafik, die einen dicken gelben Pfeil zeigt mit einem Plus von 265 Prozent: schneller – höher – weiter. Gleichzeitig taucht ein einziger Träger, der keine zehn Schulen betreibt, in nahezu jedem Medienbericht auf. Die Phorms-Schulen haben inzwischen wahrscheinlich mehr Zeitungsberichte als Schüler. Die Berichte nach den Pressekonferenzen des Statistischen Bundesamtes werden seit 2006 nach dem gleichen Muster geschrieben: Die größten Zuwachsraten aus Wiesbaden werden mit Bildern aus den 10 000-Euro-Schulen von Phorms illustriert.

So wird ein Mediengrüffelo geboren. Man kreuze die exorbitante und künstlich vergrößerte Steigerung von Privatschulen mit den Schulgeldern von Phorms – und schon hat man eine hochnervöse Elternschaft, die denkt: Kann ich mir das leisten? Wieso kann ich mir das nicht leisten? Wo führt das hin?

»Die teuren International Schools und auch Phorms haben in der öffentlichen Meinung viel kaputt gemacht«, ärgert sich Florian Becker, Sprecher des Verbandes Deutscher Privatschulverbände. »Die Leute denken beim Thema Privatschulen immer gleich an immense Summen von 10000 Euro und mehr. Das trifft aber längst nicht für alle Privatschulen zu.«

Wer das Privatschulwesen halbwegs realistisch vermessen will, der muss sich ansehen: Welche Schulform ist gemeint? Und über welche Art von Privatschule wird diskutiert? Um welche Region handelt es sich? Der erste Schritt, Privatschulen zu verstehen, ist der, eine Basisgröße zu benutzen, die realistische Vergleiche zulässt. Da die Angaben über die Schulen weit auseinander gehen, sollte man die Zahl der Schüler an allgemeinbildenden Schulen ohne Förderschulen nehmen. Das ist die Zahl der Privatschüler, die wir im Auge haben, wenn wir über Privatschulen sprechen. Hier decken sich die Angaben der Privatschulverbände und des Statistischen Bundesamtes einigermaßen. Es waren im Jahr 2007 rund 558000 Schüler nach Zählung bei den Verbänden und 605749 laut Statistischem Bundesamt. Legt man diese Größen zugrunde, dann ergibt sich daraus folgendes Bild: Über die Hälfte der 558000 Schüler an organisierten Privatschulen besuchen katholische Schulen (295000 Schüler oder 53 Prozent). Rund 17 Prozent gehen auf evangelische Schulen (96000), etwa 14 Prozent auf Waldorfschulen (78000). Hinzu kommen etwa 6000 Schüler an den Landerziehungsheimen (1 Prozent) und 84000 Schüler, die dem Verband der Privatschulverbände zugeschrieben werden (15 Prozent).

Der zweite Schritt ist, einen intelligenten Vergleichszeitraum für die Zuwachsraten bei Privatschulen zu benutzen. Der

Präsident des Statistischen Bundesamts spricht gerne davon, »dass das Interesse an Privatschulen nicht zuletzt aufgrund des schlechten Abschneidens bei PISA (...) deutlich zugenommen hat«. Nehmen wir die Statistiker beim Wort und sehen uns die Steigerungen bei Privatschülern vor und nach der ersten Studie an, die den PISA-Schock in Deutschland auslöste. PISA 2000 wurde im Dezember 2001 veröffentlicht. Hätten Schulgründer und Eltern darauf reagieren wollen, so konnten sie dies frühestens ab dem Jahr 2002 tun. Wie sieht der Zuwachs seitdem aus?

Von 2002 bis 2008 stieg die Zahl der Privatschüler (wieder ohne berufsbildende und Förderschulen) um 18 Prozent an. Die Zahl der Waldorfschüler nahm um 10 Prozent zu, die der Privatgymnasiasten um 12 Prozent und die der privaten Grundschüler um 63 Prozent. Vergleicht man dies mit den Zuwächsen im gleichen Zeitraum vor PISA, sind kaum große Veränderungen zu entdecken – außer bei den Grundschulen. Zwischen 1995 und dem Erscheinen der Studie im Jahr 2001 nahm die Zahl der privaten Grundschüler um 39 Prozent zu. In den sechs Jahren nach 2002 um 63 Prozent. Bei den Schülerzahlen an den anderen Schulformen bleiben die Zuwächse vor und nach PISA praktisch gleich.

Der größte Zuwachs findet bei privaten Grundschulen statt – und er ist zugleich das beste Beispiel dafür, wie sehr das Plus in seinen Auswirkungen auf das Schulsystem überschätzt wird. Denn seit der Veröffentlichung der Studie stieg die Zahl zwar auf 74 000 private Grundschüler. Nur drückt sich die soziale Realität eben auch hierin aus: Den 74 000 Privatgrundschülern stehen immer noch knapp drei Millionen staatliche Grundschüler gegenüber. Der David private Grundschule ist also 40-mal kleiner als der Goliath staatliche Schule. Bei den

privaten Gymnasien ist der Zuwachs an Privatschülern über-
schaubar. Allerdings ist der Anteil der privat unterrichteten
Gymnasiasten an der Gesamtzahl der Oberschüler durchaus
respektabel – er lag im Jahr 2008 bei 13,3 Prozent.

Im dritten Schritt muss man fragen: Was kosten Privatschulen wirklich? Die privaten Schulen sind keine Raubtiere mit
20 000 Zähnen, sondern sie sind ziemlich harmlos. Katholische
Schulen verlangen nach Aussagen des Schulreferats der Deutschen Bischofskonferenz in Bonn zwischen 25 und 80 Euro pro
Monat. Etwa die Hälfte der katholischen Schulen nimmt überhaupt kein Schulgeld. Obendrein gibt es großzügige Regelungen für das zweite, dritte und weitere Kinder. Man kann also
davon ausgehen, dass weit mehr als die Hälfte der 295 000 katholischen Privatschüler gratis zur Schule gehen.

An evangelischen Schulen liegt das Schulgeld zwischen
50 und 150 Euro, so lauten die Informationen aus dem Schulreferat der Evangelischen Kirche in Deutschland. Auch bei
den evangelischen Schulen gibt es großzügige Regelungen
für Geschwisterkinder. Die Waldorfschulen verlangen von
den Eltern meist gestaffelte Beiträge, in der Regel, ohne sich
Einkommensnachweise zeigen zu lassen. Ähnlich liegen die
Schulgelder bei den Schulen, die im Verband Deutscher Privatschulverbände organisiert sind – zwischen 120 und 200 Euro.
Genauere Angaben kann die Berliner Geschäftsstelle des Verbandes nicht machen, da auch sie keine zentrale Erhebung
über das Schulgeld vornimmt.

Sieht man sich nach einem solchen realistischen Dreischritt
noch einmal die berühmten Phorms-Schulen an, so zeigt sich
erneut, dass sie allein eine *mediale* Bedeutung haben. Statistisch sind sie beinahe irrelevant. Die Phorms-Schule hat mit
ihren zwischendurch rund 1700 Schülern einen Anteil von gut

2 Promille an den Privatschülern. An der Gesamtschülerzahl in Deutschland kann man ihren Anteil nur mittels einer komplizierten mathematischen Formel ausdrücken, in der die Zahl »Zehn hoch minus vier« auftaucht. Dieser Wert ändert sich auch dann kaum, wenn man die teuren Internate und die International Schools hinzurechnet. Dann kommt man auf Zahlen von 10 000 bis 20 000 deutscher Schüler, welche die in der Presse stets bestaunten Fantasiepreise von bis zu 30 000 Euro pro Jahr bezahlen. Das heißt, zwischen 1,7 und 3,5 Prozent der Privatschüler lernen für so viel Geld. Umgerechnet auf das gesamte Schulsystem liegt die Zahl bei zwei Promille der Schülerschaft an Teuerschulen.

* * *

Was der Referent berichtet, wirkt wie eine Karikatur. Die alte Schule, so trägt der Mann vor, erwarte von Schülern konvergentes Denken und Konformität. Dort werde viel wiederholt und den Schülern eine sehr begrenzte Fächeranzahl angeboten. Die Lehrer glaubten daran, dass man Wissenspakete Schülern passgenau nach Klassenstufen vermitteln könne.

Der Mann heißt Olaf Steenbuck. Er ist kein Schulhistoriker, der in einem verstaubten Hörsaal über die wilhelminische Gleichschrittschule berichtet. Steenbuck referiert über die Schulen von heute. Im Saal Galilei des feinen Nikko-Hotels in Düsseldorf haben sich die 13 Landesgruppen des Verbandes der Privatschulverbände zu ihrer Jahrestagung versammelt. Über 200 Geschäftsführer und Privatschulleiter sind aus ganz Deutschland angereist, um sich über modernste Lehrmethoden zu informieren. Da ist Olaf Steenbuck der Richtige. Er arbeitet bei der Frankfurter Karg-Stiftung, eine der unzähligen Nichtregierungsorganisationen, die sich inzwischen um die

Bildungskrise kümmern, weil der Staat nicht mehr zurande kommt. Die Stiftung hat sich spezialisiert auf die Förderung von hochbegabten Schülern. Das sind Kinder, mit denen die Regelschule oft nichts mehr anzufangen weiß. Genau wie mit behinderten Kindern oder Jungen, mit Migranten oder Kindern aus sozial benachteiligten Elternhäusern. Weil diese Schule von einem Einheitsschüler ausgeht, den man mit einer uniformen Lehrmethode, dem Frontalunterricht, »beschulen« könnte – obwohl doch jedes Kind anders ist.

Steenbucks Alternative dazu heißt: Individualisierung. Als eines der Beispiele dafür nennt er die Werkstattschule in Rostock, die mit der Karg-Stiftung zusammenarbeitet. Eine Schule, der es gelinge, durch individuelles Arbeiten auch hochbegabten Schülern die Chance zum schnelleren Lernen zu geben. Die Alternative zum herkömmlichen Unterricht der Staatsschule heißt: Projektarbeit, jahrgangsübergreifendes Lernen, flexible Lerngeschwindigkeiten, Freiarbeit, Logbuch und Wochenplan, vertiefendes Lernen und Selbstlernzeit. Vieles davon gibt es an der Werkstattschule zu sehen.

Nun geschieht etwas Überraschendes. Die Schulleiter und Geschäftsführer der privaten Schulen stellen im Hotel Nikko keine einzige Frage zu ihrer vorbildlichen Partnerschule. Sie gehen wortlos zum nächsten Thema über: dem Hochbegabten-Gymnasium St. Afra – einer staatlichen Spezialschule des Landes Sachsen. In der Regel findet dort nur Aufnahme, wer einen Intelligenzquotienten von über 130 aufweist. Der Staat versucht auch dort, was er schon immer gemacht hat: Er sortiert die einzigartigen Schüler zu einer vermeintlich homogenen Lerngruppe und setzt ihnen – Vorschriften. In einem Film sehen die Leute auf dem Privatschulkongress die Hochbegabten von St. Afra. Umgeben von den hohen Mauern eines

Internats, berichten sie zerknischt von den vielen Regeln, die ihnen im sächsischen Elite-Internat das Lernen schwer machen.

Der Düsseldorfer Kongress mutet an wie ein Symbol für den Stand der Privatschulen heute. Sie sind an vielen Stellen Reformwerkstätten, die originelle Wege gehen und gute Beispiele geben. Nur können sie den übermächtigen Riesen Staatsschule nicht reformieren – auch weil sich die Betreiber von Privatschulen ihrer Freiheit oft selbst berauben, indem sie eifersüchtig auf den Staat schielen.

So sieht auch das Ergebnis der Hospitation bei den verschiedenen Typen von Privatschulen aus, den konfessionellen und kommerziellen, den Waldorf- und Reformschulen sowie den freien demokratischen Schulen. All diese Schulen haben sich auf den Weg gemacht. Sie arbeiten mit neuen pädagogischen Konzepten, um der PISA-Krise zu begegnen. Sie praktizieren fast durchweg eine intensivere Beziehungskultur zu ihren Schülern. Und sie versuchen, ihre Schule als Organisation weiterzuentwickeln. Nur – als Motor einer demokratischen Schulreform sind sie insgesamt zu schwach.

Die besuchten Privatschulen sind bewusst Vorzeigeeinrichtungen gewesen, Speerspitzen der Lern- und Schulreform. Dennoch muss man beim genauen Hinsehen differenzieren. Die rund 1500 in Verbänden organisierten allgemeinbildenden Privatschulen sind einfach zu klein und zu wenig, um den Supertanker Staatsschule zu einer Richtungsänderung zu bewegen. Selbst die Ausnahmeerscheinungen dieser Schulen zeigen: Schulentwicklung ist ein so komplexer Prozess, dass ein schnell wirkender Reformimpuls auf den Giganten Staatsschule nicht ohne Weiteres zu erwarten ist.

Betrachten wir die Schulen mit Blick auf die jeweilige Form der Schule in freier Trägerschaft noch einmal im Schnelldurchlauf. Die beiden konfessionellen Schulen sind auf ihre Art vorbildlich; und sie stehen stellvertretend für ihre jeweilige Privatschul-Spezies. Die Evangelische Schule Berlin Zentrum hat einen ausgefeilten Ansatz des individuellen Lernens. Dort kann man sehen, wie Schüler im 21. Jahrhundert lernen könnten – weitgehend selbstständig und mit großen Zielen vor Augen. Die Schule bietet ihren Schülern Lernformate, in denen sie individuell wie auch im Team arbeiten können. Gleichzeitig hat sich diese Schule Elemente gemeinsamen Lernens bewahrt, sie schafft den Klassenverband nicht völlig ab. Und sie macht die Schule als demokratische Institution stark. Die Evangelische Schule Berlin Zentrum behauptet nicht nur eine andere Beziehungskultur, sie hat echte Unterstützungssysteme dafür: Es gibt einen Tutor (Lehrer) als persönlichen Berater für jedes Kind.

Die evangelischen Schulen allgemein sind in ihren Lernmethoden vergleichsweise modern. Die Schulstiftung der Evangelischen Kirche in Deutschland, 1993 gegründet, propagiert viele Elemente neuen Lernens. Es gehört gerade bei den über 150 evangelischen Neugründungen im Osten der Republik zum festen Programm, neben der Orientierung am christlichen Menschenbild mit reformpädagogischen Ansätzen zu arbeiten. In der Kirchenstiftung der EKD geht man davon aus, dass von den neuen Schulen ein Reformimpuls auf die bestehenden evangelischen Schulen ausgeht. Methoden wie Freiarbeit, Wochenpläne oder Projektarbeit sind bei den evangelischen Schulen viel weiter verbreitet als etwa bei den katholischen Schulen. Das zeigt exemplarisch auch der direkte Vergleich der betrachteten Schulen.

Der große Gewinner und zugleich eine Enttäuschung ist das Jesuitenkolleg St. Blasien. Diese Schule könnte in vieler Hinsicht das große Vorbild für deutsche Schulen sein. Es ist beeindruckend zu sehen, mit welcher Investitions- und Innovationskraft sich die 75 Jahre alte Schule in den letzten Jahren noch einmal weiterentwickelt hat. Das hat mit der Strategie zu tun, die Vorteile der Privatschule für die Einwerbung von Finanzmitteln zu nutzen. St. Blasien ist auch organisatorisch besser aufgestellt als die meisten deutschen Privatschulen. Damit ist das Jesuitenkolleg aber nicht nur staatlichen Schulen weit voraus – sondern auch den katholischen.

St. Blasien hält viel auf seinen pädagogischen Ansatz, sich um den Einzelnen zu kümmern. »Cura personalis«, hieß das bei ihrem Gründer Ignatius von Loyola. Das ist ein Element, das sich bei allen konfessionellen Schulen findet: Sie propagieren als großes Ziel stets die Hinwendung zum einzelnen Kind. Aber es ist bezeichnend, dass die katholischen Reformschulprojekte, etwa der Marchtaler Plan oder die jüngsten Bemühungen im Offizialatsbezirk Oldenburg, genau hier ansetzen. In Oldenburg steht die grundlegende Schul- und Lernreform unter dem Titel »Weil du so wertvoll bist«. Schulen mit diesem Bibelspruch an den individuellen Fähigkeiten und Interessen des einzelnen Kindes auszurichten, ist der richtige Weg. Allerdings muss sich die größte Gruppe von Privatschulen, die insgesamt knapp 300 000 Schüler unterrichtet, fragen lassen, wieso sie das Motto der »cura personalis« seit Jahrhunderten über ihren Portalen stehen hat – es aber erst im 21. Jahrhundert auch im Lernen wirksam werden lässt.

An der Einrichtung eines »Zentrums für individuelle Begabungsförderung« in St. Blasien lässt sich beispielhaft die große Schwäche der meisten katholischen Schulen festmachen: Ein

Lernkonzept, das die Sorge um den einzelnen Schüler zum zentralen Bestandteil des Lernens machen würde, besitzen sie noch gar nicht. Im Unterricht der katholischen Schulen steht immer noch das Fach im Vordergrund. Neuere Konzepte werden sogar explizit abgelehnt – als »aufgeblähte Modeerscheinungen«. Die beinahe durchgehende Lehrform ist der Frontalunterricht. Über den 45-Minuten-Takt denkt man allenfalls »immer wieder mal nach« – ohne etwas zu ändern. So ähnlich hört man es immer wieder aus den katholischen Einrichtungen. Die Folge ist, dass sich hervorragende Lehrer systematisch um die Früchte ihrer eigenen pädagogischen Arbeit betrügen. Sie interessieren ihre Schüler durch aufwendige Rollenspiele. Und halten sich dann sklavisch an die Klingel, die nach 45 Minuten alle pädagogischen Besonderheiten beendet.

Ein gemischtes Bild ergibt sich bei jenen Schulen, die explizit einen reform- oder alternativpädagogischen Ansatz verfolgen. Am besten schneiden die freien Alternativschulen ab. Sie unterscheiden nicht mehr nach Schularten. Sie verteilen keine Noten mehr, sondern bei ihnen sind jene Lernberichte selbstverständlich, die in der staatlichen Schule nur mühsam Einzug halten. Die Elterninitiativschulen geben Kindern viele Möglichkeiten, selbstständig und teilweise auch selbstbestimmt zu lernen. Sie tun das mit einer großen Gelassenheit und Professionalität – weil es seit langem ihre gute pädagogische Praxis ist.

Die Entwicklung dieser meist kleinen freien Schulen verläuft kontinuierlicher als manches große Projekt. Es ist eine zunehmende Professionalisierung der Leitungsstrukturen zu beobachten. Die Schulen finden, sofern sie keine radikal graswurzeldemokratischen Ansätze verfolgen, Anschluss an Netzwerke des neuen Lernens wie den Verbund »Blick über den Zaun« oder den Wettbewerb um den Deutschen Schulpreis.

Projekte wie die Freie Schule Anne-Sophie des Würth-Konzerns zeigen dagegen Wohl und Wehe eines großen Vorzeigemodells. Die Schule Anne-Sophie ist ein hochmodernes Lernexperiment, das mit viel Geld und Know-how auf die grüne Wiese gesetzt wird. Das bringt mit sich, dass man im Kreis der Initiatoren auf schnelle Erfolge starrt – fast wie bei einer Fußballmannschaft, für die man viele teure Stars eingekauft hat. Schulen sind aber keine Klone, die man künstlich großziehen kann. Vielmehr sind sie soziale Gebilde, die sich von innen heraus entwickeln müssen. Wer zu schnell zu viele Schüler aufnimmt, geht das Risiko ein, dass das Lernen als kreativer und konkreter Prozess zwischen Lehrern und Schülern aus dem Blick gerät.

Das Projekt Anne-Sophie ist ebenfalls ein Einzelfall, aber es steht für eine Methode, die versucht, Schulen des 19. Jahrhunderts aus dem Stand in solche des 21. Jahrhunderts zu verwandeln. Hier zeigt sich, wie weit sich Deutschland insgesamt von der Entwicklung moderner Schulen abgekoppelt hat. Das Bildungssystem ist föderal gesteuert und setzt traditionell auf vergleichsweise scharf getrennte Schulformen – das wirkt wie eine Modernisierungsbremse. Fast alle Debatten von Veränderung beißen sich an der Schulstrukturfrage und der Kulturhoheit der Bundesländer ergebnislos fest. Kleine Teile der Industrie versuchen nun, den großen Sprung ins 21. Jahrhundert zu schaffen. Besonders Bildungsunternehmen, die Erfahrungen im berufsbildenden Sektor haben, gründen Schulen im allgemeinbildenden Bereich, etwa der TÜV Rheinland oder die SRH-Gruppe im Südwesten Deutschlands.

Das bedeutet, dass die Frage der Schulentwicklung als Neustart mit frischen Lehrerteams bedeutsam wird. Man versucht nicht, alte Schulen zu reformieren, sondern neue zu gründen – offenbar um die Beharrungskräfte zu umgehen, die es in bestehenden Schulkulturen gibt. Denn als begrenzender Faktor für einen neuen pädagogischen Stil erweist sich immer wieder eine traditionell denkende Lehrerschaft. Die Herausforderung, neue Schulen zu entwickeln, besteht darin, überhaupt genug reformorientierte Lehrer zu finden. Das Beispiel der Freien Schule Anne-Sophie steht exemplarisch für dieses Problem. Nicht umsonst versuchen entschlossene Schulreformer, selbst in die Lehreraus- und -fortbildung einzusteigen. Sie versuchen dem Mirakel auf die Spur zu kommen, das die Unternehmerin Bettina Würth mit der Frage umreißt: »Was hat das zwei Jahrhunderte alte staatliche Schulsystem aus unseren Lehrern gemacht?«, und dem sie selbst entgegensteuert mit einem 2009 gestarteten Programm namens »Reform Plus«. Dabei wird Lehramtsstudenten der Pädagogischen Hochschule Ludwigsburg Gelegenheit zu einer dreimonatigen Praxisphase an der Freien Schule Anne-Sophie und an anderen reformpädagogischen Schulen gegeben.

Gute Schulen sind die beiden Waldorfschulen in Mannheim und Berlin sowie die Odenwaldschule. Diese Schulen stehen in einer langen Tradition des gemeinsamen Lernens. Die Odenwaldschule ist seit 100 Jahren eine Gesamtschule, die Waldorfschulen sind es als Spezies seit 90 Jahren. Dennoch überrascht, dass der Schatz an Methoden individuellen Lernens nicht größer ist, den diese Schulen hervorgebracht haben. Sie müssen sich selbst noch entwickeln – und können nur bedingt als pädagogisches Vorbild für den staatlichen Schulkoloss dienen.

Die Odenwaldschule hat viel Erfahrung mit der Verknüpfung praktischen und kognitiven Lernens. Sie hat als Internatsschule einen sehr sensiblen Blick auf ihre Schüler als Kinder und Jugendliche. Gleichwohl hat die Odenwaldschule erst ein relativ junges Programm der systemisch eingebundenen Individualisierung des Lernens. Das lässt sich verallgemeinern auf die Landerziehungsheime – auch wenn sie eigentlich das Gedächtnis des reformpädagogischen Wissens sind. »Wir haben beim individuellen Lernen wenig zu bieten«, gesteht ein Vertreter aus der Landerziehungsheim-Bewegung. Das ist gewiss untertrieben. Immerhin haben die Landerziehungsheime den »Blick über den Zaun« gegründet. Dieser 20 Jahre alte Verbund sogenannter »kritischer Freunde«, war lange *der* wichtigste Multiplikator für individuelle Lernkonzepte und moderne Schulentwicklungen in Deutschland. Für die Landerziehungsheime selbst gilt dennoch, dass sie als Blaupause für modernes Lernen noch nicht taugen. Es ist ein bisschen wie mit ihrem Namen. Landerziehungsheime, das versteht heute kaum mehr jemand, und man übersieht daher leicht die reformpädagogische Erfahrung, die sich dort angesammelt hat. Es ist kein Wunder, dass die Macher der Landerziehungsheime darüber nachdenken, ihren alten Namen nur noch im Untertitel zu nennen.

Auch die Waldorfschulen fangen gerade erst an mit dem individuellen Lernen. Die Waldorfschulen haben zwar ein sehr weit ausgebautes Konzept des Lernens nach Rudolf Steiner. Es gibt dem Lehrer einen unendlich großen Spielraum, um das Kind in seiner Individualität wahrzunehmen. Die Steiner-Schulen haben also qua anthroposophischer Idee einen entwicklungsoffenen Blick auf das Kind. Sie beanspruchen für sich, »dass es erst seit Steiner eine vollständig am Kinde und seiner Entwicklung orientierte Pädagogik gibt«. Allerdings werden inzwischen auch innerhalb der Bewegung Zweifel geäußert, ob *jeder* Lehrer diesen Spielraum nutzt. Die vollkommene Freiheit des Lehrers führt im Idealfall dazu, dass »jede Unterrichtsstunde eine Schöpfung ist«. Sie kann aber auch zu völligem Steuerungs- und Kontrollverlust der Schule führen. Es wird sogar diskutiert, ob eine bruchlose Verknüpfung eines Lernarrangements mit großen Projekten, Lernbüros und Werkstätten ohne Weiteres mit Steiners Lernkonzept zu vereinbaren ist.

Beide Schultypen, die Waldorfschulen wie die Landerziehungsheime, haben obendrein ein Entwicklungsproblem. Sie unterliegen einer Art organisatorischen Selbstfesselung. Schulentwicklung – das gilt an manchem Landerziehungsheim »als Ding der Unmöglichkeit«. Das hat mit dem basisdemokratischen Anspruch zu tun, der etwa an der Odenwaldschule zu beobachten ist. Er hat zur Folge, »dass man über viele wichtige Fragen immer wieder neu diskutieren muss«. Und so nicht recht vorankommt. Die Staatsschule will sich nicht bewegen, die Landerziehungsheime möchten es, aber schaffen es nicht.

Die Erfahrungen an Waldorfschulen sind ganz ähnlich. Auch dort sind Selbstblockaden erkennbar. Die Waldorfschulen haben aus ihrem Konzept heraus sehr frei arbeitende Lehrer. Es gibt keinen echten Schulleiter, sondern nur kollektive Leitungsgremien. Dies führt nach Auskunft von leitenden Kräften der Waldorfbewegung zu mancher Schule, die kaum mehr Innovationskraft besitzt. »Diese blockierten Schulen werden früher oder später eingehen – und hoffentlich durch neue Schulen ersetzt«, sagen Waldörfler.

Die beiden vordergründig profitorientierten Schulen sind in vielerlei Hinsicht vorbildlich. Bei ihnen sind, anders als es viele Außenstehende vermuten, nicht nur die üblichen Standards zu finden, die Eltern für viel Geld erwarten – also kleine Klassen, zwei Lehrer, Ganztags- oder zweisprachiger Unterricht. Auch die beobachteten teuren Privatschulen sind experimentierfreudig und wenden sich vom klassischen Frontbeladen der

Kinder ab. Dort wird manchmal jahrgangsübergreifendes Lernen praktiziert, es gibt keine festen Stundenpläne mehr, dafür viel Projekt- und Freiarbeit. Auch haben sehr individuelle Formen der Leistungsbewertung Einzug gehalten. Einiges davon könnten staatliche Schulen ohne Weiteres übernehmen, auch wenn sie es nur zögerlich tun. Anderes, wie die Klassenstärken von höchstens 20 Kindern mit zwei Lehrern, wäre an staatlichen Schulen nur denkbar, wenn die rigiden staatlichen Vorschriften über Mindestklassengrößen endlich fielen. Das gilt natürlich umso mehr für die luxuriöse Ausstattung mit neuen intelligenten Tafeln oder Laptops für alle Schüler, die an den Profitmacher-Schulen Standard sind.

Allerdings sind die profitorientierten Schulen ganz offensichtlich sozial selektiv. Das Vorhandensein von Stipendien wird stets behauptet, kann aber praktisch nie belegt werden. Ein peinliches Phänomen bei Schulen, die der staatlichen Schule Intransparenz und Ineffektivität vorwerfen – und dann die soziale Zusammensetzung ihrer Schülerschaft verschleiern.

Für die Reformimpulse, die vom gesamten privaten Schulsektor ausgehen, ergibt sich daraus insgesamt ein heterogenes Bild. Die Entwicklung der Schulen und des Lernens sind im Einzelnen beachtlich. Einige der Privatschulen reichen pädagogisch an die exzellenten Schulen heran, die für den Deutschen Schulpreis nominiert werden. In organisatorischen Fragen haben die Privatschulen die Nase vorn. Das gilt für die Professionalität des Jesuitenkollegs St. Blasien im Fundraising genauso wie für die wie Unternehmen geführten Schulen wie Phorms, Anne-Sophie oder die Metropolitan School in Frankfurt.

»Wir arbeiten oft mit Schulen zusammen, die praktisch nicht kooperationsfähig sind«, sagt Silke Ramelow, die Geschäftsführerin von BildungsCent. Das ist eine Einrichtung, die Schulen mit Wirtschaft und Rektoren mit Unternehmern zusammenbringt. »Staatsschulen begreifen sich oft nicht als Organisation mit eigener Identität, die Privatschulen schon.« Für Ramelow ein schwieriger Zustand in einer Zeit, in der es darum geht, Schulen zu eigenständigen Akteuren einer Schulreform von unten zu machen. »Es ist natürlich ein Problem, mit jemandem Organisationsentwicklung zu verwirklichen, der sich gar nicht als Organisation begreift.«

Privatschulen sind Reformwerkstätten, das zeigen die Schulen eindrücklich. Aber es sind zugleich nur Reforminseln. Das Zahlenverhältnis zwischen Reformern und Traditionalisten dürfte dem entsprechen, das auch beim Deutschen Schulpreis herrscht. Hier die Armee von über 30 000 staatlichen Schulen, die zu weiten Teilen eher traditionell arbeiten. Dort eine Gruppe von 100 bis 200 Schulen, die zum harten innovativen Kern gehören. Die Frage ist: Sucht die staatliche Seite überhaupt den Brückenschlag? Fördert insbesondere die Schulaufsicht das private Schulwesen? Oder hat der Staat Angst, wie das Verfassungsgericht einst schrieb, »sich mit einer Förderung des Privatschulwesens gewissermaßen selbst Konkurrenz zu machen«?

* * *

Im September 2009 flatterte diversen Privatschulen in Berlin ein Brief ins Haus, ein Blauer Brief. In dem Schreiben wimmelte es nur so vor Paragrafen und versteckten Drohungen. Und es war ein Datum genannt. »Ich bitte Sie um Übermittlung der Schulgeldregelungen«, heißt es da, »möglichst bis zum 19. Oktober 2009.« Der Staat macht ernst. Andernfalls, so deutet die

Behörde an, werde die staatliche Betriebsgenehmigung nicht mehr erteilt. In Hamburg wurde ein ähnliches Schreiben verschickt. Es richtete sich an 13 Privatschulen und stellte offen das Ende der Zulassung in Aussicht. »Das Sonderungsverbot muss eingehalten werden, damit es kein soziales Ungleichgewicht gibt«, begründet Behördensprecherin Brigitte Köhnlein laut der Zeitung *Die Welt*. Zuvor hatte die Konferenz der Kultusminister in einer ihrer Sitzungen erörtert, wie man mit Privatschulen weiter verfahren wolle. Beobachter gehen davon aus: Die Länder werden die Daumenschrauben anziehen.

Inhalt des Berliner Behördenbriefs ist das Schulgeld. Wie hoch ist es? Können Ermäßigungen gewährt werden? Gibt es Befreiungen? Im Hintergrund lauern allerdings keine Fragen, sondern – ein Verbot. Das sogenannte Sonderungsverbot aus dem Grundgesetz. »Wir sind dabei, auch für Berlin schrittweise die Umsetzung des Sonderungsverbots des Art. 7 Abs. 4 Satz 3 des Grundgesetzes (…) zu überprüfen«, steht in dem Blauen Brief an einige Berliner Privatschulen. Das Sonderungsverbot ist die große Keule des Staates gegen die Privatschulen. Wenn die Leute Sonderungsverbot sagen, dann meinen sie meistens das: verbieten, nicht zulassen, Genehmigung versagen.

Das Grundgesetz hat einen relativ komplizierten Artikel 7. Insgesamt sechs Absätze, in denen es um die grundsätzliche Schulaufsicht des Staates, die religiöse Erziehung sowie um Privat- und Vorschulen geht. Der vierte Absatz über Privatschulen ist ziemlich lang geraten. Er beginnt mit dem Satz: »Das Recht zur Errichtung von Privatschulen wird gewährleistet.« Dieser Satz ist für Privatschulen die Neuheit und der Kern der schulrechtlichen Philosophie des Grundgesetzes. Denn darin ist ein Grundrecht formuliert. Interpreten der Verfassung schreiben es gerne deutlicher: Jedermann hat das Recht, eine Privatschule zu gründen. So hat es auch das Bundesverfassungsgericht mehrfach formuliert.

Für Verfassungsrechtler ist das die eigentliche Botschaft. Denn das Recht, eine private Schule zu gründen, steht an einer herausragenden Stelle des Grundgesetzes, ganz vorne; da, wo die Grundrechte sich befinden. Und es ist nicht so leicht veränderbar. Denn die Grundrechte sind in der Verfassung der Bundesrepublik besonders geschützt – aus der leidvollen Erfahrung, dass die Nationalsozialisten einst den gesamten Grundrechtskatalog mit einem Federstrich außer Kraft setzten.

Jedermann besitzt also das Grundrecht, eine Privatschule zu gründen. Nur wird diese Besonderheit gar nicht oft zitiert. Auf der Hitliste der meistgenannten Sätze über Privatschulen steht eine andere Formel ganz oben. Hervorgehoben und fett markiert wird Satz 3 des Absatzes über Privatschulen: »Die Genehmigung ist zu erteilen, (…) wenn eine Sonderung nach den Besitzverhältnissen der Eltern nicht gefördert wird.« Da steht kein Wort von Verbot. Dennoch hat sich dieser Satz gewissermaßen als das Leitmotiv des Grundgesetzes über Privatschulen etabliert. Und zwar als Sonderungsverbot. Der Schluss, den bestimmte Kreise ziehen, lautet in etwa so: Wenn eine Auswahl der Schüler nach den Besitzverhältnissen der Eltern getroffen wird, dann schließen wir die Privatschule. Oder lassen sie erst gar nicht zu. Das ist die Meinung auch vieler Menschen. Selbst Eltern, Lehrer und sogar Fundraiser von Privatschulen entschuldigen sich gern dafür, dass sie an so einer verwerflichen Einrichtung arbeiten. Sonst würden, wie geschehen, die Kollegen einem Schulrat, der an eine private Schule wechselt, auch nicht diesen Gruß zum Abschied hinterherrufen: »Du bist dir im Klaren, dass du zum Feind überläufst?«

Es gibt eine komplexe historische Entwicklung, wie das Recht auf Privatschulen ins Grundgesetz kam. In den Herrenchiemseer Protokollen der Verfassungskonvents um Anton Pfeiffer (CSU) und Carlo Schmid (SPD) findet sich zum Thema Schule kein Eintrag. Schule sei ohnehin Ländersache und also am Chiemsee nicht zu beraten, umschifften die Verfassungsgeber damals den heiklen Bildungsteil einer Verfassung. Über Schulfragen, so schreibt der Rechtswissenschaftler Johannes Rux, hatte auch der damalige Verfassungsgesetzgeber zunächst gar nicht verhandelt. Denn es war »absehbar, dass im Parlamentarischen Rat keine Einigung zu erzielen war«.

Dennoch wird in den Sitzungen des Rats später schnell und ohne größere Diskussion ein Artikel aus der Weimarer Reichsverfassung übernommen – und auf ein ganz anderes, höheres Niveau gehoben. In Weimar war der Privatschulartikel nicht mehr als eine organisatorische Anmerkung. Er besagte, dass das Privatschulwesen unter Aufsicht des Staates stehe. Im Grundgesetz klingt es ganz anders, es adelt die Gründung von Privatschulen zu einem Grundrecht. Und hält erst dann fest, dass die Privaten Schulen der Genehmigung bedürfen und den Landesgesetzen unterstehen. Der Parlamentarische Rat verzichtete auch darauf zu betonen, dass der Bildungs- und Erziehungsanspruch des Staates vor allem durch staatliche Schulen zu erfüllen sei. »Damit wird einem staatlichen Schulmonopol eine Absage erteilt«, schloss das Bundesverfassungsgericht im Jahr 1994.

So seltsam die Entstehungsgeschichte, so eindeutig waren die Motive, die Privatschulen zu einem Grundrecht zu erheben. Immerhin hatte man gerade die Diktatur hinter sich. Und die Nationalsozialisten sprangen mit Privatschulen um, wie sie wollten. Sie trieben erst die Juden aus den Schulen und schickten sie in eigene jüdische Schulen. Dann begannen sie, die jüdischen Schulen aufzulösen. Später wollten sie sich die Waldorfschulen und die katholischen Schulen gefügig machen, was nicht immer einfach war. Schließlich übernahm man die Schulen oder schloss sie kurzerhand. Von daher ist es verständlich, dass sich die Gründer des Grundgesetzes sagten: Es darf nie wieder geschehen, dass der Staat auf die Privatschulen losgeht. Daher sichern wir das Recht auf Privatschulen als ein vornehmes Recht der Gesellschaft gegen den Staat.

Andere Interpretationen sehen konfessionelle Gründe im Vordergrund. Diesen zufolge nahm der Parlamentarische Rat die Privatschulen wegen der Kirchen als Grundrecht in die Verfassung auf. Der Staat übernahm in Deutschland von den Kirchen zwar die Schulaufsicht und entriss ihnen dann auch oft die Trägerschaft der Schulen. Aber er sicherte den Kirchen über die Jahrhunderte zugleich stets besondere Rechte zu – vom Religionsunterricht bis zur Bekenntnisschule. Daher schlüpfen noch heute Privatschulgründer unter das Dach der Kirche, um diese Sonderrechte in Anspruch zu nehmen. Für den Parlamentarischen Rat kam möglicherweise noch ein weiteres Motiv hinzu, das Recht auf Privatschulen so stark zu machen: Der Kalte Krieg stand vor der Tür. Es war abzusehen, dass der Osten der Republik sich anders entwickeln würde. Dass die sowjetisch besetzte Zone, ein sich anbahnender sozialistischer Staat, sicher keine Privatschulen zulassen würde, lag auf der Hand. Insofern gab es 1948 einige sehr gute Gründe, im Grundgesetz ein explizites Recht zur Gründung von Privatschulen zu verankern.

Auch die Einschränkungen des Grundrechts auf Privatschulen sind plausibel. Es solle vermieden werden, hieß es im Parlamentarischen Rat, dass sich Privatschulen zu abgesonderten

»Standes- oder Plutokratenschulen« entwickeln. Dies sicherte man in zweierlei Hinsicht ab. Erstens durch das Sonderungsverbot, also die Tatsache, dass es keine elitären Schulen geben darf, die nur für Reiche zugänglich sind. Und zum Zweiten dadurch, dass man bei der Gründung von privaten *Grundschulen* besonders hohe Hürden angelegt hat. Will jemand eine Primarschule (im Grundgesetz heißt es noch altertümlich Volksschule) privat betreiben, so gilt das nur für sehr eingeschränkte Fälle: Er muss ein besonderes pädagogisches Interesse vorweisen.

Die Privatschulen leiden, verfassungsjuristisch gesehen, an dem vielfachen Spagat, den das Grundgesetz wegen der deutschen Geschichte machen muss. Die Verfassung gewährt das Recht auf Privatschulen – aber es schränkt es bei den Grundschulen stark ein. Es garantiert die Privatschulen als Institution – aber es trägt ihnen auf, keinesfalls zur Sonderung nach den Besitzverhältnissen der Eltern beizutragen. Dahinter steht, so schrieb das Verfassungsgericht 1992, »eine sozialstaatliche und egalitär-demokratischem Gedankengut verpflichtete Absage an Klassen, Stände und sonstige Schichtungen«.

Aber wie gehen Verfassungsgericht und Behörden nun mit dieser juristischen Lage um? Widersprüchlich. Karlsruhe hat den Grundrechtscharakter mit einigen spektakulären Sätzen einerseits gestärkt. Aber es zieht andererseits eben nicht den klaren Schluss zu sagen: Um Sonderung zu vermeiden, erhöhe ich den staatlichen Zuschuss an Privatschulen. Es hat zwar formuliert, dass das Recht auf Privatschulen nicht leerlaufen darf, indem der Staat diese Schulen bürokratisch behindert oder sie nicht genügend unterstützt. »Soll Artikel 7 Absatz 4 Satz 1 Grundgesetz nicht zu einem wertlosen Individualgrundrecht auf Gründung existenzunfähiger Ersatzschulen und zu einer nutzlosen institutionellen Garantie verkümmern, so muss diese Verfassungsnorm zugleich als eine Verpflichtung des Gesetzgebers verstanden werden, die privaten Ersatzschulen zu schützen und zu fördern«, heißt es wörtlich.

Das klingt eindeutig. Aber das ist es nicht, weil in der Verfassung folgender Satz nicht steht: Der Staat muss die Lebensmöglichkeiten der Privatschulen durch Zuschüsse sichern. So ähnlich hatte es die Deutsche Partei im Parlamentarischen Rat zwar beantragt. Aber dieser Antrag kam nicht durch. Ein Subventionsanspruch der Privatschulen wurde später sogar ausdrücklich abgelehnt. Das hatte Folgen – denn die Kultusministerkonferenz beschloss in ihren Richtlinien über Privatschulen schon im Jahr 1951: »Aus Art. 7 können Ansprüche auf Unterstützung privater Schulen nicht hergeleitet werden.« Es bleibe den Bundesländern aber unbenommen, Privatschulen zu fördern – im Rahmen ihrer Möglichkeiten. Das kann man auch einfacher sagen: Damit wurde eine Art Förder-Willkür begründet. Die Bundesländer können Privatschulen fördern, wie es ihnen passt. Darunter leiden die Privatschulen noch heute.

Das Verfassungsgericht hat aber auch selbst dafür gesorgt, dass Privatschulen finanziell nicht gleich behandelt werden. In seiner Entscheidung aus dem Jahr 1997 legte Karlsruhe fest, dass die Träger zur Finanzierung von Privatschulen »eine angemessene Eigenleistung erbringen müssen«. Dazu zählen die Anfangsfinanzierung und Investitionen. Auch andere hohe Gerichte vertreten diese Linie. Bei Privatschulen habe der Staat lediglich eine minimale Förderpflicht – dann nämlich, wenn die Existenz der Schule gefährdet ist.

Das bringt Privatschulen in eine Zwickmühle: Schließen sie die Differenz zwischen ihren tatsächlichen Kosten und dem staatlichen Zuschuss durch Erhöhung des Schulgeldes, so riskieren sie den Entzug der Genehmigung. Tun sie es nicht, gefährden sie ihre Schule ebenfalls – weil sie nicht mehr wirtschaftlich arbeiten können und möglicherweise pleitegehen.

Diese Entscheidung hat weitreichende Folgen: Die Förderbeträge für Privatschulen liegen in den einzelnen Bundesländern fast immer »unter den Ausgaben je Schüler an einer entsprechenden staatliche Schule«, wie Helmut E. Klein in seiner Studie »Privatschulen in Deutschland« schreibt. Sie können die Deckungslücke zwischen staatlichem Zuschuss und den für den Betrieb notwendigen Mitteln nicht schließen. Privatschulen müssen das Schulgeld erhöhen. Das bedeutet – der Staat zwingt die Schulen durch seine niedrigen Zuschüsse quasi dazu, den zulässigen Höchstbeitrag für das Schulgeld zu überschreiten.

Der Staat nennt Privatschulen folgerichtig Ersatzschulen – und fördert sie nur lückenhaft. Sieht man sich genauer an, wie viel an Zuschüssen die einzelnen Bundesländer den Privatschulen gewähren, so steht man vor einem kaum zu verstehenden Mosaik. Manche Bundesländer geben den Privatschulen Pauschalbeträge, manche arbeiten nach einem Bruttokostenmodell, die einen beteiligen sich an den Personalkosten, die anderen berechnen einen »Haushaltsfehlbetrag« – und ziehen von diesem einen bestimmen Prozentsatz an Eigenleistung ab. Es gibt Länder, die eine Mixtur aus den genannten Modellen anwenden, und fast alle lassen neue Privatschulen jahrelang warten, ehe sie überhaupt einen Zuschuss bezahlen. »Die Förderrichtlinien der Bundesländer sind vollkommen unterschiedlich und widersprüchlich«, berichtet Julia Schier, die Geschäftsführerin des Verbandes Deutscher Privatschulverbände. Der Staat fördert Privatschulen auf alle nur erdenklichen Arten. Dabei gibt es alles – nur eins nicht: ihre gleichberechtigte Finanzierung im Vergleich zu staatlichen Schulen.

Die konkreten Geldbeträge machen die Willkür bei der staatlichen Finanzierung deutlich. Helmut E. Klein vom Institut der deutschen Wirtschaft hat 2007 eine Gegenüberstellung vorgenommen. Danach gibt es Bundesländer wie Baden-Württemberg, in denen Grund- und Hauptschulen in privater Trägerschaft gerade mal die Hälfte dessen erhalten, was staatliche Schulen bekommen. In anderen Ländern wie Brandenburg oder Saarland reichen die Zuschüsse bis knapp an die staatlichen Förderbeträge heran. In Nordrhein-Westfalen passiert nun etwas Verwunderliches: Dort fördert das Land die Grundschulen angeblich besser als seine eigenen. Dennoch ist die Zahl der Privatschulen in Nordrhein-Westfalen insgesamt nicht explodiert. Woran kann es also liegen, dass ein Land die Privatschulen vermeintlich bevorzugt – und dennoch kein Boom an Neugründungen ausbricht?

Das hat damit zu tun, dass alle Bilanzvergleiche zwischen privaten und staatlichen Schulen ein Problem beinhalten. Die Privatschulen können und müssen ziemlich genau angeben, wie viel sie kosten. Aber der Staat ist nicht in der Lage dazu, auch nur näherungsweise anzugeben, was er für seine Schulen eigentlich ausgibt. Die Kosten für die Gebäude etwa, bei privaten Schulen ein wichtiger und zugleich teurer Faktor, fallen bei den staatlichen Schulen regelmäßig unter den Tisch. Diese Kostenblindheit hat Folgen. Das Statistische Bundesamt etwa, das den fiskalischen Wert staatlicher Schulen zu erheben versucht, muss regelmäßig ein »nicht ausgewiesen« in seinen Tabellen vermerken. Glücklicherweise gibt es Studien, die zeigen, was der Staat in Wahrheit für seine Schulen ausgibt.

Das Ergebnis der sogenannten Steinbeis-Gutachten etwa sagt viel aus. Es beweist, dass auch das vermeintliche Luxusland für Privatschulen, Nordrhein-Westfalen, freie Grundschulen nur zu 75 Prozent fördert. Und es belegt, wie ruinös die Finanzierung der Privatschulen tatsächlich ist: Hessen zahlt privaten Hauptschulen ein Drittel des Betrages, den es für staatliche Hauptschulen ausgibt, Baden-Württemberg spendiert privaten 35 Prozent dessen, was es staatlichen Grundschulen zuschießt, und private Gesamtschulen bekommen von verschiedenen Bundesländern nur die Hälfte der effektiven Kosten staatlicher Gesamtschulen.

Das passt schlecht zum verheerenden Ruf als Geldschneider und Schnöselschulen, den Privatschulen oft haben. Die Wahrheit dürfte eher so aussehen: Die Privatschulen bezahlen doppelt für das Unwissen der Bürger, dass diese Schulen ein Grundrecht der Verfassung ausfüllen. Sie werden als die schulischen Buhmänner der Nation geächtet – aber sie ersparen dem Staat Millionenbeträge, indem sie öffentliche Schulen bereitstellen. Bei den Betreibern von Privatschulen sorgt das für Verdruss. Andreas Wegener von der Privaten Kant-Schule in Berlin fordert, dass private und staatliche Schulen grundsätzlich gleichgestellt werden sollten – weil sie beide dem öffentlichen Auftrag für Bildung nachkommen. »Bei der Frage, ob eine Schule gut ist, verläuft die Grenze nicht zwischen privaten und staatlichen Trägern«, sagt Wegener, der auch Berliner Landesvorsitzender des Verbandes der Privatschulen ist. »Es geht letztlich darum, wie die Träger eine gute Schulentwicklung hinbekommen. Der Staat sollte dafür sorgen, dass die materiellen Voraussetzungen dafür bestehen. Denn es geht letztlich um die Kinder und Jugendlichen, die ein ideales Bildungsangebot erhalten sollen.«

Die Gerichte haben mit ihrer Rechtsprechung dafür gesorgt, dass die Privatschulen ein kaum lösbares Finanzierungsproblem haben. Aber sie ziehen auch ein viel grundsätzlicheres Imageproblem nach sich. Die widersprüchlichen Entscheidungen der Gerichte führen nämlich dazu, dass sich in der Politik und in der öffentlichen Meinung eine relativ simple Sichtweise durchsetzt. Am Fall der verhinderten Privatschule in Berlin-Kreuzberg kann man viel über die öffentliche Wahrnehmung von Privatschulen lernen.

Denn in dem berühmtesten Berliner Stadtteil hat nie jemand darüber nachgedacht, wie man eine private Schule so stützen könnte, dass sie für jeden erschwinglich ist. Zunächst sah zwar alles ganz freundlich aus für den Bezug des Gebäudes der ehemaligen Rosegger-Schule durch private Träger. Die SPD forderte die dortige Stadträtin für Schule auf, die Möglichkeiten für eine private Schule zu prüfen. Schulstadträtin Monika Hermann (Bündnis 90/Die Grünen) tat, wie ihr aufgetragen. Sie lobte öffentlich ein Interessenbekundungsverfahren aus.

Aber dann kam es zu einer Kehrtwende. Erst beschloss der Bezirkselternausschuss kategorisch, dass es eine Privatschule nicht geben dürfe. Die soziale Ungerechtigkeit würde sonst verschärft. Dann forderte auch die Bezirksverordnetenversammlung, »erste Schlussfolgerungen« aus der Interessenbekundung für die Schule zu ziehen. Damit war aber nicht etwa gemeint, einem der vier Bewerber für die Rosegger-Schule die Erlaubnis zum Start zu geben, sondern genau das Gegenteil: Diese Erlaubnis sollte verweigert werden. Das Bezirksamt habe sicherzustellen, dass keinerlei »Vorentscheidungen mit rechtlich verbindlichem Charakter getroffen werden (Stichwort: Vertrauensschutz).«

Was in Kreuzberg geschah, war aber kein einfacher Beschluss. Es raste eine Art Wutwelle durch den Bezirk – gegen Privatschulen. Der Vorsitzende des Schulausschusses des Bezirks befürchtete, dass eine Privatschule zu »kannibalistischen Effekten« für staatliche Schulen führen würde. Ein Mieterrat begrüßte die Entscheidung: »Wir brauchen an diesem Standort eine Grundschule, die für alle Kinder zugänglich ist, keine Privatschule.« Und eine Kiez-Initiative verriet, wie sie dafür gesorgt hatte, dass sie den Beschluss gegen eine der Privatschulen zustande brachte. Sie verhinderte, dass die Schule aus dem »Vermögen des Bezirkes« genommen wurde. »So haben wir heute«, schreibt einer der Aktivisten, »die Rosegger-Schule noch im Einflussfeld der parlamentarischen, verwaltungsaristokratischen Strukturen.« Das bedeutet auf gut Deutsch: Was die Verfassung de jure will, ist uns egal. Wir verbieten Privatschulen de facto.

Dass die Kreuzberger Politik besser im Verhindern von Schulen ist als im Entwickeln, hatte sich indes schon früher gezeigt. Denn wenn den verwaltungsaristokratischen Strukturen wirklich etwas an guter Schule gelegen hätte, dann hätten sie die staatliche Rosegger-Grundschule retten können. Das Gegenteil war der Fall. »25 Jahre lang wurde hier nicht eine Mark investiert!«, klagte die Rektorin des Rosegger-Schule, kurz bevor sie dichtgemacht wurde. »Alle Anfragen um Sanierungsmittel wurden abgelehnt. Die Rosegger-Schule war immer das Schlusslicht!« Am Ende war es auch nicht etwa der Staat, der seine Schule vor dem Aus bewahren wollte. Es war die Gesellschaft in Person der Eltern, die im letzten Moment das Sterben der Schule abzuwenden versuchten. Sie gründeten einen Förderverein. Aber da war es bereits zu spät. Der Schulträger Staat gab die Schule auf.

Kreuzbergs Rosegger-Schule ist ein Exempel der perfiden Schulpolitik des Staates: Er lässt erst seine eigene Schule eingehen – und verhindert danach, dass sie privat neu gegründet wird. Der Kreuzberger Beschluss, öffentliche Schulgebäude keinesfalls an private Schulträger zu vergeben, ist ein Privatschulverhinderungsukas. Ein Bezirks- und Freizeitparlament hebelt damit das Grundrecht auf Gründung von Privatschulen aus.

Wer glaubt, dass dies ein lokaler Ausnahmefall ist, sollte die Entwicklung der Privatschulen in den kommenden Jahren gut beobachten. Denn der Staat hat viele Möglichkeiten, den Privatschulen das Leben schwer zu machen. Er muss sie gar nicht verbieten, er muss ihnen nur Konkurrenz machen. Ein solcher Fall wird eintreten, wenn bald Hunderttausende Lehrer in Pension gehen. Der Essener Bildungsökonom Klaus Klemm rechnet vor, dass bis 2015 rund 300 000 Lehrer in Ruhestand gehen (gegenüber dem Vergleichsjahr 2007). Bis 2020 wird sich die Lehrerschaft durch Pensionierungen sogar um 467 000 Lehrer verringern. Mit anderen Worten: Der deutschen Schule steht ein beispielloser Strukturwandel bevor.

Die Bundesländer aber jagen sich bereits jetzt gegenseitig die Lehrer ab. Denn der Staat hat jahrelang weder genug Lehrer ausgebildet noch eingestellt, um die entstehende Lücke schließen zu können. Dabei ziehen die Länder alle Register wie Gehaltsboni oder großzügige Verbeamtungsregeln. Die Leidtragenden dieser Entwicklung werden die Privatschulen sein. Sie können nämlich ihre Lehrkräfte bereits heute nur viel schlechter bezahlen als die Staatsschule. Schuld daran sind die willkürlichen Finanzierungsregeln für Privatschulen.

Solange der Lehrerarbeitsmarkt nicht umkämpft war, stellte das kein existenzielles Problem dar. In der absehbaren Situation einer geradezu existenziellen Lehrerknappheit wird dies aber zur Überlebensfrage für Privatschulen. Dann wird den Privatschulen die wichtigste Ressource zum Betrieb genommen – die Lehrer. In den Kultusministerien weiß man bereits jetzt, dass »das größte Problem der Privatschulen in naher Zukunft die Versorgung mit Lehrkräften sein wird«, wie der hohe Schulbeamte eines Bundeslandes verrät. »Ich könnte mir vorstellen, dass insbesondere kleinere Schulen, die nicht die Gehälter des Öffentlichen Dienstes zahlen können, aufgeben müssen.«

* * *

Spaziergang auf dem Markt der Möglichkeiten, einer Art Messe von Privatschulen. Russische Eltern informieren sich, wie sie ihr Kind so einschulen können, dass es bei einem Wechsel in ein anderes Land keine Nachteile hat. Wichtig ist ihnen: kleine Klassen und von Anfang an eine zweite Fremdsprache. Eine junge Frau ist mit ihrem kleinen Bruder gekommen, den es in der 13. Klasse erwischt hat. Er wird das Abi an der staatlichen Schule nicht schaffen. Deswegen sucht sie für den verlorenen Bruder nun ein privates Internat. Wichtig ist ihnen: gute mentale Betreuung und – das Abi. Am Stand eines katholischen Gymnasiums steht ein Paar. Die beiden wollen sich rechtzeitig informieren, auf welche Schule ihr Kind nach der 4. Klasse gehen kann. Wichtig ist ihnen: Latein und christliche Werte.

Die Wünsche an Privatschulen sind so verschieden wie ein Herbststrauß bunt ist. Nur in einem sind sich alle Bewerber um Privatschulen einig: Sie halten die Privatschule für besser als die staatliche. Und tatsächlich, ein Blick auf die unbestechlichen PISA-Tabellen zeigt: Überall auf der Welt haben die privaten und unabhängigen Bildungseinrichtungen die Nase vorn. In Schweden lagen die Privatschulen in der Lesekompetenz ihrer Schüler knappe vier PISA-Pünktchen vor den Staatsschulen, in den USA sind es gut 30 Punkte, in Spanien 50, in Deutschland satte 80, in Großbritannien waren es zeitweise sogar 100 Punkte Differenz. Nur einige wenige Länder, darunter der notorische PISA-Gewinner Finnland, schaffen es, dass die Staatsschule knapp vor der Privatschule durchs Ziel geht. Im Prinzip gilt: Die Privatschule ist besser als die Staatsschule – wenn man die Mittelwerte der erreichten Lesekompetenzen zum Maßstab macht. Das sind gewaltige Vorsprünge der Privatschulen. Gerade für Deutschland und Großbritannien. Die Forscher gehen davon aus, dass man in einem Jahr einen Zuwachs in der Leseleistung von gut 30 Punkten erreichen kann. Damit lägen die deutschen Privatschüler also um gut zwei Lernjahre vor denen an staatlichen Schulen.

Die internationalen PISA-Studien hatten so scheinbar die unbezwingbare Überlegenheit der Privatschulen bewiesen. Zwei Forscher aber wunderten sich. Manfred Weiß und Corinna Preuschoff hielten es für unzureichend, allein anhand besserer PISA-Mittelwerte Privatschulen zum Sieger zu erklären. Und stellten auch fest, dass die deutschen Privatschulen viel zu sehr Terra incognita seien, um zu solchen Schlüssen zu kommen. »Der Informationsstand über Privatschulen in Deutschland ist ausgesprochen defizitär«, monierten die Autoren. Weiß und Preuschoff wollten es genauer wissen. Also schauten sie in die Daten, die in der PISA-Studie 2003 für Privatschulen erhoben wurden. So konnten sie in einer eigenen Studie rund 800 Privatschüler mit den Testergebnissen staatlicher Schüler vergleichen. Das Resultat war spektakulär.

Es zeigte erstens, dass die Unterschiede zwischen privaten und staatlichen Schulen auf ein Minimum schrumpfen, wenn man nur gleiche Schulformen vergleicht. Also zum Beispiel private und staatliche Realschulen oder private und staatliche Gymnasien. Die puren Mittelwerte hatten in Deutschland 80 PISA-Punkte Vorsprung für die privaten Schulen ergeben; nun lagen die Differenzen nur noch bei maximal 10 Punkten – und sie gingen auch noch zwischen staatlicher und privater Schule hin und her. Die Studie von Weiß und Preuschoff bewies zweitens, dass das gute Ergebnis privater Schulen weniger an den Schulen als an den Schülern liegt – genauer: Es hängt von ihrer sozialen Herkunft ab und vom Geschlecht.

Einen eindeutigen Sieger gab es bei Weiß und Preuschoff nämlich gar nicht – abgesehen von den privaten Realschulen. Dort aber ist es weniger die Schulform, die den Ausschlag gibt. »Die differenzierte Betrachtung nach Geschlecht zeigt jedoch, dass der Vorteil der Privatschulen ausschließlich auf die Leistungen der Mädchen beschränkt ist«, schreiben die Autoren über die Schulen. Wie so oft bei PISA sind es die Gründe hinter den Ergebnissen, die spannend sind. Danach sind »Mädchen mit höheren kognitiven Grundfähigkeiten an den privaten Realschulen stärker vertreten als an den staatlichen Realschulen«. Warum ist das so? Es hat mit etwas zu tun, was die PISA-Studie nicht erklären kann, sondern nur die Geschichte. Private Mädchenrealschulen entstanden Ende des 19. Jahrhunderts, als Frauen wie die Ordensschwester Maria Ward auf ihre Art für Gleichberechtigung kämpften. Sie gründeten Mädchenrealschulen, eine Tradition, die in den Köpfen vieler Eltern noch heute Bestand hat. Sie schicken ihre schlauen Mädchen immer noch auf Privatschulen, vor allem private Realschulen. An den untersuchten Gymnasien konnten die Forscher freilich keine Unterschiede in der Leistung feststellen. Das klingt auf den ersten Blick wenig spannend, ist in Wahrheit aber ein interessanter Befund. Die privaten Gymnasien seien möglicherweise, so die Vermutung, »weitgehend ein Spiegelbild der staatlichen Gymnasien«. Das ist ein erster wichtiger Hinweis darauf, dass die Frage der Sonderung, die das Grundgesetz den Privatschulen verbietet, gar keine Frage der privaten oder staatlichen Trägerschaft sein könnte.

Einen ausführlichen Band zum Vergleich zwischen privaten und staatlichen Schulen brachte Claudia Standfest zusammen mit zwei Co-Autoren heraus. Die Studie wählte erneut konfessionelle Schulen, in diesem Fall evangelische Schulen, und verglich sie mit staatlichen Schulen. Das Ergebnis fiel im Detail anders aus – aber es bestätigte die wichtigsten Erkenntnisse der Studie von Weiß und Preuschoff.

Erstens ist es so, dass die Vorteile privater Schulen erneut auf den gleichen Effekt zurückgeführt werden konnten: die besondere soziale Auswahl der Schülerinnen und Schüler. Die Schüler an Schulen in evangelischer Trägerschaft, so schreibt Standfest, »kommen aus leicht positiv selegierten Elternhäusern mit erkennbarem Bildungshintergrund«. Auf gut deutsch heißt das: Die Leistungen der evangelischen Schulen sind deshalb etwas besser, weil sie die bessere Schülerschaft haben. Zweitens ergab sich erneut der Befund, dass sich die Ergebnisse an privaten und staatlichen Gymnasien kaum unterscheiden. Sie lagen beinahe punktgenau beieinander. Im Leseverständnis erzielten die evangelischen Gymnasien 588,4 PISA-Punkte, die staatlichen 586,6. Auch das klingt zunächst unspektakulär, ist in Wahrheit aber interessant. Denn es verweist wiederum darauf, welch enorme Bedeutung die soziale Auswahl der Schülerschaft für die schulischen Leistungen hat.

Privatschulen, so die Erkenntnisse vieler Forscher, sind bei pauschalen Vergleichen deutlich besser als die staatlichen

Schulen. Sie sind nur noch wenig besser, wenn man sehr genaue Schulformvergleiche vornimmt. Die Vorsprünge ihrer Schüler zerrinnen, wenn man sich genau ansieht, welche soziale Herkunft die Schüler eigentlich haben. Das heißt, kontrolliert man statistisch das sogenannte kulturelle Kapital, so sind die Schülerleistungen an privaten und staatlichen Schulen praktisch gleich.

Dieser Effekt lässt sich am besten beobachten, wenn man private und staatliche Gymnasien vergleicht – denn dort ist die Herkunft nicht unterschiedlich. Tatsächlich sind die Leistungen zwischen privaten und staatlichen Gymnasien gleich. In Mathematik liegt bei Standfest die Staatsschule vorne, im Lesen um einen Hauch die private. Exakt dasselbe Ergebnis bei Weiß und Preuschoff.

Nehmen wir eine eigene kleine Kontrolle vor. Die Organisation für wirtschaftliche Zusammenarbeit und Entwicklung (OECD) hat in ihrem bereits zitierten Vergleich zwischen den staatlichen und privaten Schulen einen Vorsprung von etwa 80 PISA-Punkten in der Lesekompetenz für die privaten Schulen entdeckt. Die deutschen Privatschulen kamen auf einen Mittelwert von 564 im Gegensatz von nur 485 PISA-Punkten der staatlichen Schulen. Was kommt heraus, wenn man die deutschen Gymnasien dazu ins Verhältnis setzt? Auch sie erzielen einen deutlichen Vorsprung vor dem Mittelwert aller Staatsschulen – nur ist er sogar deutlich größer als der von Privatschulen. Die Werte für die Gymnasien liegen zwischen 569 Punkten für Bremen und 598 Punkten für Bayern.

Was bedeutet das? Das ist erstens trivial. Was soll schon herauskommen, wenn man eine speziell nach Leistung ausgewählte und dann auf eine höhere Schulform verbrachte Schülerschaft mit dem Durchschnitt der Schüler vergleicht?

Sie muss besser sein. Wäre sie es nicht gewesen, so hätte man schleunigst die deutschen Gymnasien schließen müssen. Es sagt zweitens etwas darüber aus, welche enorme Rolle die kognitive und soziale Vorauswahl von Schülern spielt. Das ist an Gymnasien wie an Privatschulen in allen Studien das gleiche: Die Schule selbst spielt eine relativ geringe Rolle – viel wichtiger ist die Schülerschaft. Und es ist drittens eine schallende Ohrfeige für die Kultusminister. Denn die politisch Verantwortlichen sind auf den vermeintlichen Boom der Privatschulen nicht gut zu sprechen. Will sagen, sie nehmen die Privatschulen an die Kandare, weil sie möglicherweise gegen das Sonderungsverbot verstoßen.

Tatsächlich liefern die Forscher den Kultusministern wie auf einem Silbertablett die richtigen Ergebnisse: Die Privatschulen sind besser, weil sie eine, wie man es vornehm ausdrückt, »sozial positiv selegierte« Schülerschaft aufweisen. Es gibt also tatsächlich eine Sonderung. Allerdings fördern die Forscher noch ein ganz anderes Ergebnis zutage: Die »Sonderung der Schüler nach den Besitzverhältnissen der Eltern« ist nämlich auch im staatlichen Schulwesen zu beobachten, sogar viel stärker. Und zwar – an den Gymnasien.

Sonderung ist also nur zu einem geringen Anteil das Problem der Privatschulen, Sonderung ist vor allem der Sündenfall des staatlichen Schulwesens. Sie ist aber im Grundgesetz nur den privaten Schulen verboten. Das ist absurd. Denn es bedeutet, dass die Kultusminister den Blauen Brief, den sie an die Privatschulen versandten, gleich noch einmal verschicken sollten: an die deutschen Gymnasien. Die Sozialauswahl, die Sonderung oder, böse gesagt, die Selektion nach der Herkunft der Eltern, ist dort am stärksten. Wenn die Kultusminister das Sonderungsverbot des Grundgesetzes ernst nehmen wollten, so müssten sie schleunigst bestimmten Schulen die Betriebsgenehmigung entziehen – ihren eigenen Gymnasien.

* * *

Werfen wir noch einen abschließenden Blick nach Brandenburg. Es ist gewissermaßen das erste Bundesland, das zum Testfeld für einen ganz realen Fall von Sonderung werden könnte. Brandenburgs Gerechtigkeitswerte sind ausweislich der PISA-Daten binnen sechs Jahren viel schlechter geworden. Gleichzeitig nimmt in Brandenburg die Zahl der Privatschulen sprunghaft zu. 16 Prozent der Schulen sind privat. Das ist ein Wert, der etwa doppelt so hoch ist wie im Bundesdurchschnitt, wo etwa acht Prozent der Schulen privat sind. Liegt der Absturz Brandenburgs also womöglich an den bösen Privatschulen?

»Es gibt einen enormen Anstieg beim Zuzug von wohlhabenden, gebildeten Leuten in den Speckgürtel«, berichtet Stephan Breiding, der Sprecher des Brandenburger Bildungsministers. Aber dieses Bürgertum sucht sich nicht als Erstes die Privatschulen aus, um seine Kinder zu platzieren, sondern die Gymnasien. Es ist ein geradezu explosiver Anstieg der Gymnasialquote zu betrachten. In Landkreisen wie Kleinmachnow oder Potsdam Mittelmark besuchen teilweise 90 Prozent eines Jahrgangs das Gymnasium. Dorthin zieht eine typische Gymnasialklientel, die es versteht, den Nachwuchs auf eine höhere Schule zu bugsieren. Dort entstehen inzwischen auch verstärkt Privatschulen – weil die staatlichen Gymnasien die Nachfrage nicht stillen können. »Dieser Zuzug«, meint der Ministeriumssprecher, »hat die normale Brandenburger Sozialstruktur aufgebrochen.«

Bildungsforscher bestätigen, dass die bildungsbürgerlichen Schichten Brandenburgs ihren Anteil an höheren Schulen binnen weniger Jahre um zehn Prozentpunkte erhöht haben. Und zwar an den Gymnasien. Alle anderen Schichten stagnieren im Drang zum Gymnasium. Im Jahr 2006 besuchten über 62 Prozent der Akademikerkinder das Gymnasium – im Jahr 2000 waren es nur 53 Prozent gewesen. Die intellektuelle Oberschicht, so die Interpretation der Forscher des Leibniz-Institutes für die Pädagogik der Naturwissenschaften und Mathematik in Kiel, hat ihre Lektion aus PISA gelernt. Das ist gut – aber es bringt das sensible Gleichgewicht der Bildungsgerechtigkeit sofort aus dem Lot. Denn im unteren Leistungssegment werden nicht ebenso große Erfolge erzielt. Brandenburgs Entwicklung zeigt das Drama von Schulerfolgen und sozialer Gerechtigkeit. Besserwerden allein reicht nicht. Die Schere zwischen guten und schlechten Schülern geht auf – wenn Akademikerkinder ihre Leistungen stärker verbessern als die Arbeiterkinder. Und genau so geschieht es rund um Berlin.

Mit der Sonderung durch Privatschulen hat das allerdings nichts zu tun. Die Verschlechterung des Gerechtigkeitsfaktors in Brandenburg geht auf das Konto einer zurückbleibenden Unterschicht – und eines aufstrebenden Gymnasiums.

Zukunftsmodell Charter School

Staatliche Schulen, die mehr Autonomie wagen

■ Zu Besuch in der Jenaplan-Schule in Jena und
der Wartburg-Grundschule Münster

Gar nicht so einfach. Mike Bruhn hat erst ein wenig mit seinen Schülern herumgeflachst. Dann hat der Sozialkundelehrer einen ungewöhnlichen Auftrag für seine 12. Klasse. »Bitte malt mir aus dem Gedächtnis Europa auf«, gibt er den Schülern auf. »Tragt dort die Umrisse der EU ein. Und markiert bitte auch noch die Städte Europas, in denen die wichtigen Institutionen der EU sitzen.«

Einige murren jetzt doch. Ist ja wirklich Arbeit. Dann versuchen sie, Europa zu zeichnen. Aus dem Kopf! Und dann die Funktionsstädte Brüssel, Frankfurt, Luxemburg und Straßburg einzutragen. »Kann ich meine Oma als Telefonjoker anrufen?«, fragt ein Schüler. »Nee«, antwortet Bruhn, »du kannst dir schon mal Gedanken machen, wozu das gut ist!« – »Der will uns fertigmachen«, witzelt ein anderer. Jetzt ist erst mal Ruhe. Viele konzentrierte Kartografen sind am Werk. Europa entsteht neu, 13-mal anders.

12. Klasse an der Jenaplan-Schule in Jena. Es herrscht eine entspannte, aber trotzdem konzentrierte Atmosphäre. Die

Witze am Anfang waren eher für die Besucher. In Wahrheit arbeiten sie alle ganz fleißig. Und sie haben sich genau überlegt, welche der Lernmethoden sie wählen, die ihnen Lehrer Bruhn nach der Europa-Malstunde anbietet. Sie entscheiden sich für Karteikarten. Jeder schreibt darauf seine Assoziationen zu Europa. Bei dem einen steht, dass Europa im Auftrag Amerikas Kampftruppen nach Afghanistan entsandt hat. Eine andere stellt nüchtern fest, »dass die EU viel Verantwortung hat und viele Fördergelder verteilt«.

Der Sozialkundelehrer Bruhn wählt diesen Einstieg in das Schwerpunktthema Europa, weil er so an das Vorwissen und die Interessen der Schüler anschließen kann. »Die Schüler und ich bekommen einen Überblick über das, was ihnen im Kopf rumspukt, Voreinstellungen werden sichtbar«, erklärt er. Anschließend wird er die Karteikarten an einer Tafel anbringen und clustern, also bündeln. »Dann haben wir genügend Ausgangspunkte für das weitere Planen des Unterrichts.« Bruhn findet, dass dies ein schülerzentriertes Herangehen ist. Und ein anstrengendes. »Für die Schüler ist diese Schule wirklich auch Stress«, sagt Bruhn. »Sie müssen wahnsinnig viel selber machen.« Tatsächlich ist die kleine Diskussion der Einstieg in eine Europaepoche der 12. Klasse. Dabei werden sie zum Beispiel herausfinden, dass kein einziger Soldat der EU auf afghanischem Boden steht – schon allein deshalb, weil es gar keine EU-Truppen gibt.

Die Jenaplan-Schule gehört zu den besten deutschen Schulen. Sie ist eine staatliche Schule, die jahrgangsübergreifend arbeitet. Ihr Ziel ist es, die Schüler ab der 1. Klasse ans selbstgesteuerte Lernen heranzuführen So ähnlich stand es schon im kleinen Jenaplan des Reformpädagogen Peter Petersen von 1927, der selbsttätiges Arbeiten der Schüler als Ziel des Lernens sah. Diesen Plan griff eine Jenaer Schulinitiative im Jahr 1991 auf. Sie nutzte das gesetzliche Vakuum der Wendezeit und etablierte eine Reformschule mit vielen Freiheiten, die inzwischen weit über die Grenzen der Stadt hinaus bekannt ist.

Aber das Idyll des Schulkonsenses von Thüringen ist gestört. Seit einiger Zeit schon üben die Schulbehörden zunehmend Druck auf die Jenaplan-Schule aus. Ein Referendar, den die Schule ausgebildet hatte, wurde an eine andere Schule als Lehrer versetzt – obwohl alle wollten, dass er bleibt. Als ihn die Kommune dann als pädagogischen Assistenten anstellte, erteilte das Schulamt gar ein Lehrverbot. Jetzt ist der nach Abschlussnote beste Mathematik-Junglehrer Thüringens an seiner Wunschschule – aber darf nicht mehr allein in der Klasse stehen. Ohne staatliche Genehmigung und Auftrag darf kein Lehrer an Thüringens Schulen unterrichten und sei er der beste Absolvent des Landes in seinem Fach.

Schulleiterin Gisela John ist nervös. »Wir waren viele Jahre lang Schulversuch. Dabei haben wir uns Freiheiten erarbeitet, die teilweise sogar ins Thüringische Schulgesetz aufgenommen wurden. Aber seit einiger Zeit weht ein anderer Wind.« John ist auch verärgert. Den jungen Lehrer hatte sie zielstrebig aufgebaut. Er soll helfen, auch die 6. Klasse in das jahrgangsgemischte Arbeiten der Klassen 4/5 in Mathematik einzubeziehen. Statt dieses Lehrers hat man ihr dann einen zufällig freiwerdenden Kollegen zugewiesen. Der erfuhr einen Abend vor Dienstantritt in der Jenaplan-Schule von seinem Glück. »Ich finde das unseriös. Der Kollege kann ja gar nichts dafür. Aber der hatte noch nie jahrgangsübergreifend gearbeitet. Warum weist man uns den zu?«, fragt die Schulleiterin. »Manchmal denkt man, im Schulamt werden Schulen nicht entwickelt, sondern verwaltet.«

Inzwischen hat sich die Situation entspannt. Es gibt eine neue Regierung in Thüringen. Die wird möglicherweise ihre prominenteste Schule nicht gängeln, sondern sie weiterentwickeln. Aber die Geschichte hat gezeigt: Staatliche Schule kann ein Roulette-Spiel sein. Wechseln die Personen in der Administration, kann es passieren, dass Daumenschrauben angelegt werden. »Man hat mir gesagt, wenn ich nicht nachgebe, dann wird hier keiner mehr befördert«, berichtet John.

Am meisten betrübt aber ist Frank Schenker. Der heutige Bürgermeister für Familie und Soziales in Jena war einer der Ersten, der sich nach der Wende in einem Arbeitskreis für neue Erziehung engagierte. Später ging er zur CDU und half als Leiter des Jenaer Schulamtes systematisch, die Schule mit aufzubauen. »Die Freiheiten der Jenaplan-Schule sind ja nicht vom Himmel gefallen, die haben wir uns mühsam erkämpft«, erzählt er. Zusammen mit einem bayerischen Staatssekretär und der heutigen Ministerpräsidentin Christine Lieberknecht (CDU) gaben sie der Schule die notwendigen Spielräume, damit sie sich zu einer guten Schule entwickele. Neben dem jahrgangsübergreifenden Lernen kommt sie ohne Noten und ohne Auslese nach der 4. Klasse aus. Die Kinder können im Prinzip vom Kindergarten bis zum Abitur aufsteigen. Bei der Verleihung des Deutschen Schulpreises wurde die Schule dafür 2007 mit einem zweiten Platz belohnt.

»Aber nun gibt es Leute in den Schulbehörden, die sagen: ›Was Reformpädagogik ist, das entscheiden immer noch wir‹«, erzählt Vizebürgermeister Schenker. »Das ist doch nicht rational. Da wird ein 20 Jahre dauernder, erfolgreicher Prozess der Schulentwicklung aufs Spiel gesetzt.« Schenker geht es vor allem um die Auswahl der Lehrer. Die Schule muss entscheiden können, wer zu ihr passt. Wenn man den Schulen die Freiheit nehme, ihre Lehrer selbst heranzuziehen und auszuwählen, dann gäbe es Probleme. »Schulentwicklung ist in erster Linie Personalentwicklung«, sagt Schenker. Was der Bürgermeister da sagt, gehört zu den andauernden Schildbürgerstreichen der deutschen Schulpolitik. Der wichtigste Faktor für gutes Lernen in einer Schule sind die Lehrer. Die Schulen aber bekommen ihre Lehrer zugewiesen. Sie müssen fast immer nehmen, was kommt. Zwar gibt es inzwischen Möglichkeiten, bei der Lehrerauswahl mitzubestimmen. Diese Verfahren tragen den ulkigen Namen »schulscharfe Ausschreibungen«. Sie werden in mehreren Bundesländern praktiziert.

Aber erstens weiß niemand, ob dieses Verfahren verlässlich bleibt oder nicht. Die Personalpolitik der Kultusminister ist das wohl chaotischste Metier, das ihre ständige Konferenz (KMK) betreibt. Die Lehrerbildung gilt seit vielen Jahren als die größte Reformbaustelle. Erst im Jahr sieben nach dem PISA-Schock einigten sich die Kultusminister auf gemeinsame Standards – obwohl ihre erste Reaktion auf die verheerenden Ergebnisse das Versprechen gewesen war, sofort die Lehrerbildung zu verändern. Sachsen-Anhalts Bildungs-Staatssekretär Winfried Willems (CDU) sagte, »wenn es uns nicht gelingt, in wesentlichen Fragen wie den Standards für die Lehrerbildung übereinzukommen, dann kann man die KMK auflösen«.

Zweitens weiß niemand, was die »schulscharfen Ausschreibungen«, an denen auch die Schulleiter mitwirken, wirklich taugen, wenn demnächst der große Lehrermangel ausbricht. Dann muss man jeden nehmen – egal, ob er wirklich passt oder nicht. In den nächsten Jahren gehen Hunderttausende Lehrer in den Ruhestand, aber es werden viel zu wenig neue Lehrer ausgebildet. Die Bundesländer haben daher bereits den Konsens gebrochen, sich die Lehrer gegenseitig nicht abzuwerben. Die reichen Bundesländer kaufen mit regelrechten Prämienzahlungen den Lehrermarkt leer. Wechselt ein Lehrer von Berlin nach Hamburg, so kann ihm das netto 1000 Euro plus bringen.

»Ich weiß gar nicht, wie man auf so eine verrückte Idee kommen kann, den Schulen die Lehrer zuzuweisen!« Peter Fratton ist ein entschiedener Reformer, gleichwohl ein eleganter und freundlicher Mann. Beim Thema Lehrerauswahl aber verliert er jede Zurückhaltung. »Das kann man vielleicht mit einer Maschine machen. Aber doch nicht mit denen, die kreativ mit Kindern arbeiten! Man muss sich doch mögen, wenn man in einem Team zusammenarbeiten soll.« Der Schulreformer aus der Schweiz und pädagogische Leiter der Freien Schule Anne-Sophie in Baden-Württemberg schüttelt ratlos den Kopf. »Ich finde, das ist neben dem Beamtentum das Fatalste am deutschen Schulsystem: dass man sich die Lehrer nicht aussuchen kann.«

Das findet auch Frank Schenker. Und deswegen hat sich der CDU-Politiker etwas ausgedacht, um den Jenaer Schulen die Chance auf Entwicklung wieder zurückzugeben. »Wir wenden uns an jene Schulen, die einen besonderen Bedarf an Personalentwicklung haben«, sagt Schenker. Und dann legt er ein Papier auf den Tisch, das er gerade in den Ausschüssen des Jenaer Stadtrats diskutieren lässt. Beschlussvorlage Nr. 09/0099-BV steht über dem Papier. Ziffer 1 lautet: »Der Oberbürgermeister wird beauftragt, mit dem Thüringer Kultusministerium Verhandlungen über die Kommunalisierung von zwei Jenaer Schulen im Rahmen eines Modellprojektes zu führen.« Ziffer 2 enthält den Kern dessen, um was es geht: »Ziel der Verhandlungen ist es, die direkten Gestaltungsmöglichkeiten durch die Kommune entsprechend dem Beispiel der Schulen in freier Trägerschaft zum Schuljahr 2010/2011 zu vereinbaren. Die staatliche Finanzierung sollte die vom Freistaat zu tragenden Personalkosten beinhalten.« Liest sich so, wie Stadtratsvorlagen eben sind, enthält aber die Schlüsselworte. Erstens, »entsprechend dem Beispiel der Schulen in freier Trägerschaft«. Das heißt auf Deutsch: Schenker will, dass die Stadt Jena die Schulen übernimmt – und ihnen die gleichen Freiheiten wie Privatschulen gibt. Zweitens, »staatliche Finanzierung der Personalkosten«. Das bedeutet: Schenker möchte, dass der Staat weiterhin die Lehrer der kommunalen Schulen bezahlt.

Das ist beides im Grunde nicht besonders neu. Die Privatschulen fordern seit langem finanzielle Gleichberechtigung mit den Staatsschulen. Und viele Regelschulen wünschen sich die Freiräume, die freie und Privatschulen bereits jetzt haben. Das Interessante an Jenas neuer Linie ist, dass beide Vorteile zusammenkommen sollen – und zwar ohne das ramponierte Image, das der Begriff Privatschule bei vielen Leuten hat. Dem Jenaer Bürgermeister Frank Schenker ist es ohnehin egal, ob das Tradition hat oder nicht. Ihm geht es darum, dass sich Schulen optimal entwickeln können. Er hat geholfen, mit der Jenaplan-Schule nach der Wende eine der besten deutschen Schulen aufzubauen. Nun muss er mit ansehen, wie die Schulbehörde der Schule langsam den Hahn abdreht. Es geht ihm aber um mehrere Schulen. »Für mich ist jede Schule ein Fall für die Kommunalisierung, die in starken Entwicklungsprozessen drin steckt und daher besonders motiviertes Personal braucht.« Schenker erzählt den Fall einer Schule, die in einem sozialen Brennpunkt liegt. Der Schulleiter wandte sich an ihn und bat um Hilfe. Die Schule brauche Sozialarbeiter und Schulpsychologen. Es herrschen schwierige Zustände dort. Schenker: »Als wir uns aber mit der zuständigen Schulaufsicht unterhielten, kam heraus, dass die längst von den Zuständen informiert war – aber keinen Handlungsbedarf erkannte.«

Bei solchen Ereignissen geht Schenker der Hut hoch. »Wir als Kommune haben ein echtes Interesse daran, dass unsere Schulen gut sind. Wir wollen mit den Schulen Bedingungen für Unterrichts- und Schulentwicklung verabreden. Das ist in kommunaler Hand viel einfacher. Weil wir viel näher dran sind. Und wir haben als Stadt auch die Möglichkeit, gute Leute zu akquirieren. Denn wir haben ein attraktives städtisches Angebot.«

Was Frank Schenker in Jena vorhat, ist in vielen Kommunen ein Thema. Wenn auch noch nicht so konkret. Viele Regionen haben begonnen, über ihre Zukunft nachzudenken. Dazu gehört, attraktive Bildungsangebote zu haben. Daher entstehen seit einiger Zeit erste Bildungsregionen. Besonders motiviert sind dabei jene Kommunen, die wegen Kindermangels bald viele Schulen schließen müssten. Gerade in den großen Flächenländern Bayern oder Nordrhein-Westfalen, in denen das große Schulsterben begonnen hat, mahnen Bürgermeister und Schulrektoren das Konzept Regionalschule an. Das bedeutet, die Schulen vor Ort erhalten Freiheiten, sich so zu entwickeln, dass sie für Kinder attraktiv bleiben – und überleben.

Auch Schenkers kommunale Schule existiert bereits in anderen Städten. Nürnberg etwa hat eine Reihe eigener Schulen. Sie war daher die erste bayerische Stadt, die an einer Realschule und einem Gymnasium gebundene Ganztagsschule anbieten konnte. »Wir hätten als Kommune viel früher damit angefangen«, sagt Nürnbergs Bildungsbürgermeister Klemens Gsell. »Das geht aber nur sehr langsam, wenn ich in München immer um Erlaubnis fragen muss.« Die Stadt betreibt eine eigene Lehrerfortbildung, sie hat ein Hauptschulmodell entwickelt, was nun in ganz Bayern kopiert wird, und es gibt noch einiges mehr, was man sich in der Stadt vorstellen kann. Aber dazu fehlen die Kompetenzen. »Es wäre in manchen Dingen hilfreich, wenn wir als Kommune mehr Freiheiten hätten«, sagt Gsell, der der CSU angehört. »Wir können viel schneller reagieren als der langsame Koloss Freistaat.«

In München selbst gibt es ebenfalls städtische Schulen. So ist etwa eine der wenigen Gesamtschulen Bayerns, die Willy-Brandt-Gesamtschule, eine Schule in kommunaler Verwaltung. Allerdings sind die Freiheiten der Schule sehr eingeschränkt. Von einer echten Gesamtschule kann man kaum sprechen, da das Land Bayern der Schule per Gesetz vorschreibt, wann sie die Klassen nach Leistungsgruppen trennen muss. Von freiem Konzept kann ebenfalls keine Rede sein. Die Personalkostenzuschüsse des Landes liegen nur bei 65 Prozent einer bestimmten mittleren Gehaltsstufe – und damit weit unter einem kostendeckenden Niveau. Das bedeutet, dass die kommunale Schule Münchens unter einem ähnlichen Problem leidet, wie Privatschulen es häufig tun: Die unzureichende Finanzierung des Lehrpersonals belastet die freien oder kommunalen Träger.

Geld und Motivation – das lässt sich nicht ewig gegeneinander ausspielen. Der Lehrer Frank Detlef sieht sich an der Schwelle zum Aufgeben. »Irgendwann kippt es, da kann man die schlechte Bezahlung und das hohe Engagement nicht mehr vereinbaren.« Detlef arbeitet an einer privaten evangelischen Schule – und ist das Musterbeispiel für die absurde Lehrerfinanzierung in Deutschland. An der staatlichen Schule bekam der Mittvierziger gutes Geld – und einen langweiligen Arbeitsplatz. An der privaten Schule ist es umgekehrt. »Mir macht die

Arbeit einen Riesenspaß, ich sehe, was wir erreichen und wie wir uns weiterentwickeln«, erzählt er begeistert. »Aber ich verdiene 1000 Euro weniger – netto. Das kann ich mir eigentlich gar nicht leisten.« Seine Schule steckt mitten in der berüchtigten Ära der Selbstfinanzierung. Das heißt, drei Jahre lang muss der Träger den Schulunterhalt vorstrecken – erst danach steigt der Staat mit ein. Die Durststrecke finanziert Frank Detlef mit. Aber wie lange macht er das noch mit? Jährlich verzichtet er auf 12 000 Euro, nur weil der Staat Privatschulen so schlecht finanziert. »Erst kommt das Fressen und dann die Moral«, sagt er.

Daher ist verständlich, wenn in Frank Schenkers Beschlussvorlage für den Jenaer Stadtrat steht: »staatliche Finanzierung der Personalkosten«. Auch Schenkers Kollege aus Nürnberg, Klemens Gsell, rät zur vollen Finanzierung der Lehrer. Sonst mache kommunale Schule wenig Sinn. Das Original der Schenker'schen kommunalen Schule ist nicht in Deutschland zuhause, sondern in den USA. Es war ebenfalls dazu gedacht, die örtlichen Schuldistrikte neu zu organisieren, allerdings mit Charter Schools. 1992 wurde die erste Charter School gegründet, eine Schulform, die nicht mehr direkt in staatlicher Hand ist, sondern sich nur noch unter staatlicher Aufsicht befindet. Die Idee der seit 1988 in Amerika diskutierten Charter Schools war es, »eine echte demokratische Alternative zu den schrecklichen staatlichen Distriktsschulen zu bieten, die man niemals von innen reformieren oder reparieren hätte können«, berichten die Schulreformer Michael und Susan Klonsky aus Chicago. Nicht mehr der Staat, sondern private oder kommunale Träger betreiben die Schule. Sie zeigen dem Staat in einer Charter an, nach welchen pädagogischen Prinzipien sie die Schule organisieren. Charter bedeutet übersetzt Freibrief oder auch Selbstverpflichtung. Unter Umständen schließen die Schulen auch Verträge mit den Behörden, in der die Bildungsziele festgelegt werden. Mittlerweile gibt es in den USA rund 5000 Charter Schools. Ihre Leistungen sind Gegenstand öffentlicher Debatten. Die einen finden, dass sie viel besser dastehen als staatliche Schulen, die anderen weisen darauf hin, dass es keine großen Unterschiede zwischen staatlichen und Charter Schools gibt. In den USA wird das von den Ergebnissen der Vergleichstests abhängig gemacht, die gerade auch in Deutschland Einzug halten.

Allerdings war der wesentliche Aspekt der Gründung von Charter Schools ein anderer. Es ging in den 1990er Jahren darum, das relativ immobile staatliche Schulwesen durch Konkurrenz wieder in Gang zu setzen. Der Erfinder der »Bildung durch eine Charta« (»Education by Charter«) ist Ray Budde. Er schrieb als Begründung, es gebe »die Notwendigkeit, mehr Entscheidungsmacht an die Einzelschule zu geben, nahe ans Klassenzimmer«. Dahinter stand – aus europäischer Perspektive betrachtet – meistens kein Begriff eines eigenständigen und nachhaltigen pädagogischen Konzepts. Es ging eher darum, aus Schulen überhaupt wieder handlungsfähige Akteure zu machen. Um Charter Schools zu einem echten Konkurrenten für die Staatsschulen werden zu lassen, verteilten die Republikaner in manchen US-Staaten sogenannte Vouchers an die Eltern. Das sind Bildungsgutscheine, die den Eltern das Recht auf freie Schulwahl geben und die zugleich ein Instrument der gezielten Schulfinanzierung sind. Für viele Beobachter sind Charter Schools daher ein Instrument der neokonservativen Revolution.

In Deutschland ist die Verstaatlichung der Schulen hingegen das Ergebnis einer fehlenden Revolution. Der Staat begann im 18. Jahrhundert, den Kirchen die Schulen wegzunehmen.

Dabei eignete er sich auch die kommunalen Schulen an, die Frank Schenker heute wieder einführen will. Die Argumente gegen die Verstaatlichung waren damals schon jene, die heute für ihre Wiedereinführung angeführt werden. Die Kommunen wussten über ihre früheren Lateinschulen besser Bescheid, heißt es in den Berichten über den zähen Kampf um die staatliche Hoheit über die Schulen. Die städtischen Verwalter seien näher dran an den sozialen Realitäten.

Dennoch entwand der Staat den Städten die Schulen – unter anderem wegen der Lehrerfrage: bessere Lehrer, mehr Professionalisierung und Entwicklung in der Lehrerschaft erhofften sich Befürworter wie der berühmte Hamelner Pfarrer Franz Georg Ferdinand Schläger vom Staat. In den *Gemeinnützigen Blättern für das Königreich Hannover* schrieb der Schulreformer im frühen 19. Jahrhundert flammende Artikel darüber, dass die Schulen besser würden, »wenn Schul-Inspectoren das Land durchreisten, wie es im Preußischen geschieht, um die höheren und mittleren Schulen zu visitieren«. Der »Schulmann« fände dann endlich eine zuständige Behörde vor, schrieb er, »die ihm eine Stelle anweiset«. Man könnte richtige Philologen anstellen, also gute Lehrer für das höhere Schulwesen. Der Lehrer »hätte einen Sporn, das Schulfach nicht als einen Uebergang zur Pfarre zu betrachten, sondern in ihm zu beharren«. Heute ist es genau andersherum. Weil die Einstellungspraxis der Behörden so anonym und unscharf ist, wollen viele die Schulen wieder unter kommunaler Aufsicht sehen.

* * *

»Ich kann mit dem Begriff Privatschule überhaupt nichts anfangen.« Gisela Gravelaars Augen funkeln. Die verbindliche und freundliche Dame hat sich gerade in eine scharf argumentierende Person verwandelt. Privatschule, so etwas möchte ich gar nicht erst haben!, lautet ihre Botschaft. Gravelaar beginnt eine kleine argumentative Rundfahrt, dass private Schulen den Geist des Schulsystems als Ganzes unterminierten, dass sie die Schülerschaft teilten und so fort. Dann macht sie eine Pause. Und sagt:»Ich fände es gut, wenn ich als selbstständige oder autonome Schule mehr Möglichkeiten der Gestaltung hätte. Es kann nicht sein, dass wir unser gutes Konzept ständig an den wechselnden und oft irrationalen politischen Vorgaben orientieren müssen.« Auf keinen Fall also privat – aber auf jeden Fall selbstständig.

Gisela Gravelaar weiß, wovon sie spricht. Sie leitet die beste deutsche Schule des Jahrgangs 2008/2009, die Wartburg-Grundschule in Münster. Gravelaar hat mit ihrem Kollegium ein sehr modernes Lernkonzept an ihrer Schule eingeführt, das stark auf die Selbstständigkeit der Kinder zielt. Sie bezeichnet ihre Schule als lernende Organisation, die sich in einem dauernden Schulentwicklungsprozess befindet. Allerdings: Frau Gravelaar würde diesen Prozess lieber selbst steuern – als ihn ständig von äußerlichen Einflüssen abhängig zu machen. Ein interessantes Beispiel dafür sind die Noten.

»Die Ziffernnoten sind etwas«, sagt Gravelaar, »was für unser ganzes Schulkonzept von existenzieller Bedeutung ist.« Genauer: Die *Abwesenheit* von Noten ist für die Wartburg-Schule von existenzieller Bedeutung. Denn die Idee dieser Schule ist nicht, die Kinder an einem abstrakten Bewertungsschema wie Noten zu messen und darüber mit anderen Kindern zu vergleichen. In der Wartburg-Schule soll jeder Schüler an sich selbst gemessen werden. Im Zentrum stehen die Lernfortschritte, die aus der Individualität des Kindes und seiner Geschwindigkeit kommen. Das ganze pädagogische und bauliche Konzept der

Schule ist um dieses Prinzip herum konstruiert. Und genau dafür hat die Schule auch im Dezember 2008 den Deutschen Schulpreis gewonnen.

Dann geschah freilich etwas Absurdes: Die Landesschulgesetze Nordrhein-Westfalens hatten der Wartburg-Schule nur ausnahmsweise erlaubt, keine Noten zu geben. Diese Sondergenehmigung lief im Jahr 2009 ab. Das heißt, die Schule hätte wieder Noten geben müssen – obwohl sie das nicht möchte und obwohl es ihrer pädagogischen Philosophie widerspricht. Um das Konzept der besten deutschen Schule zu retten, kam es zu komplizierten Beratungen. An deren Ende stand ein gutes Ergebnis. Und ein verrücktes: Die Schule bekam vom Staat eine erneute Sondergenehmigung – dafür, dass sie weiterhin so gute Schule machen darf, wie sie das will. Ohne Noten.

Gisela Gravelaar kichert abwechselnd und tippt sich an die Stirn, wenn sie die Geschichte von der Ausnahmegenehmigung für gute Schule erzählt. »Das Schulsystem braucht mehr Offenheit!«, sagt sie dann. »Ich muss selbst bestimmen können, in welche Richtung sich meine Schule entwickelt und was ich dafür brauche.« Und dann zählt die Leiterin der besten deutschen Schule auf, was ihr alles wichtig ist: alle zentralen Fragen des pädagogischen Konzepts wie Noten oder die flexible Handhabung der Lehrpläne; die Zahl der Schüler pro Klasse; die Frage, ob ein oder zwei Lehrer in einer Klasse unterrichten; die Einstellung von Lehrern, die das Schulkonzept mittragen; eigene Fortbildungen, um neuen Lehrern die Idee der Schule vermitteln zu können; eigene Budgets, um die Erzieherinnen besser bezahlen zu können, »die seit 20 Jahren bei uns sind und hervorragende Arbeit machen«; die Frage, ob die Grundschule nach oben hin zu einer Sekundarschule ausgebaut wird. Was

Gisela Gravelaar will, ist, kurz gesagt, volle Autonomie – aber ohne das Etikett Privatschule zu bekommen. Gravelaar will in Münster gerne das machen, was Frank Schenker gerade in Jena einführt.

* * *

Seit vielen Jahren bietet diese Schule ihren Abiturienten eine große Freiheit. Für die Facharbeit bekommen sie zwei Wochen schulfrei. Sie arbeiten in dieser Zeit wie Studenten. Sie recherchieren bei den Institutionen, über die sie schreiben wollen – bei Altenheimen, Firmen, Sportvereinen. Und kommen nur ab und zu in die Schule, um die Sprechstunde ihres betreuenden Lehrers zu nutzen. Über 100 Schüler sind darauf vorbereitet. Das geht nun seit 10 Jahren so. Die Schüler freuen sich schon, die Facharbeitspartner erwarten sie. Aber da haben sie die Rechnung ohne den Schulrat gemacht. Der ist seit kurzem im Amt, sieht, was am Elsa-Brändström-Gymnasium geplant ist – und sagt: »Nein, diese Hospitation fällt aus.« Erika Risse holt noch einmal tief Luft. »Können Sie sich vorstellen, was das mit einer Schule macht? Sie haben etwas als festen Bestandteil des Schullebens eingeführt; da steht eine Idee dahinter, die Kooperationspartner stellen sich auf sie ein – und dann rufen Sie einen Tag vorher an und sagen: Sorry, die ganze Sache fällt ins Wasser.« Risse macht wieder eine längere Pause. »Das ist eine Willkür, die mit einem Programm von eigenständiger Schule nicht vereinbar ist. An einer Schule in freier Trägerschaft wäre so etwas nicht passiert.«

Erika Risse ist die hoch angesehene Leiterin einer staatlichen Schule. Sie sitzt in vielen wichtigen schulpolitischen Gremien und Think Tanks. Aber sie hat damals nicht verhindern können, dass eine einzige Personalrochade im Schulamt dafür gesorgt hat, dass ihre Schule damals über Nacht viel an Kredit verloren hat. »So etwas zerstört Vertrauen. Das ist die wichtigste Ressource, die Sie in einer Schule haben – für die Schüler genau wie für die Lehrer.«

Erika Risse ist gern die Leiterin einer staatlichen Schule. Sie hat nicht nur ein Angebot aus der Wirtschaft ausgeschlagen, eine private Schule zu leiten oder aufzubauen. Aber wenn man sie fragt, »Was ist ihr Traum von Schule?«, dann gibt Erika Risse eine interessante Antwort: »Schule muss denen gehören, die sie machen.« Das ist eigentlich nur ein anderes Wort für: private Schule, autonome Schule, selbstständige Schule oder auch Charter School.

Wer Erika Risse zuhört, der wird verstehen, warum sie den Eingriff der Kultusbürokratien zum Teil als Willkür und Grobheit begreift. Denn die einst jüngste Schulleiterin in Nordrhein-Westfalen hat eine sehr präzise Vorstellung von der geplanten Entstehung guter Schulen. »Schulentwicklung heißt, individuelles Lernen möglich zu machen. Man muss auf das Individuum setzen. Dazu braucht man insgesamt in der Schule eine andere Beziehungskultur. Dafür brauche ich die Begeisterung der Lehrer. Ich muss als Schulleiterin die Lehrer in einen Flow versetzen. Das geht wiederum nur, indem ich Bewegung ausstrahle. Und indem ich mich hinter sie stelle. Auch hinter die Widerständler. Denn die können auch wichtig sein für die Schulentwicklung, weil sie immer mal sagen: ›Bitte einen Schritt langsamer, wir müssen alle mitkommen.‹«

Anfang des Jahres 2010 ist Erika Risse aus dem staatlichen Schuldienst ausgeschieden – in den Ruhestand. Aber deswegen ließ sie ihre Arbeit nicht ruhen. Bereits lange vor ihrer Pensionierung wurde sie zu einer Art personifiziertem Charter-School-Modell: Sie ließ sich als Leiterin einer staatlichen Schule zur Präsidentin der privaten Landerziehungsheime wählen. »Ich habe gezeigt, dass ich eine einzelne Schule gut machen kann. Jetzt möchte ich noch etwas bewegen – am besten über die Landerziehungsheime hinaus. Und ich habe nicht mehr viel Zeit«, sagt sie. Als das wichtigste Mittel und Ziel zugleich sieht sie dabei die Lehrer. »Schulentwicklung geht nur über die Lehrer. Wir müssen also Lehrer auswählen können. Aber wir müssen auch gute Lehrer ausbilden, und das geschieht bislang nicht. Ich kann in der Regelschule gar keine Personalentwicklung betreiben. Deswegen wollen wir da selber mitmischen, sobald es geht.«

Gisela John, Gisela Gravelaar und Erika Risse: Die drei Frauen sind sicher keine typischen Leiterinnen staatlicher Schulen. Sie sind so etwas wie die Avantgarde der Entwicklung guter Schulen. Das Interessante ist, dass diese starken Frauen unabhängig voneinander beinahe identische Ziele verfolgen. Dabei spielt die private oder pseudoprivate Schule, die Charter School, eine wichtige Rolle. Es geht John, Gravelaar und Risse an keiner Stelle um einen irgendwie profitorientierten Begriff von Privatschule, ganz im Gegenteil, der schreckt sie eher ab. »Für mich sind Privatschulen einer Idee verpflichtet – und zwar nicht einer ökonomischen, sondern einer pädagogischen Idee«, sagt Risse.

Den drei Frauen ist bei einer Privatschule das wichtig, was Silke Ramelow von BildungsCent beobachtet hat: dass die Betreiber und Mitarbeiter ihre Schule als Organisation mit eigener Identität begreifen. Private Schulen lassen sich oft besser fortentwickeln als staatliche Schulen – weil im besten Falle nicht so viele Dritte mitsprechen. Johns Jenaplan-Schule, Gravelaars Wartburg-Grundschule in Münster und das Elsa-Brändström-Gymnasium von Risse in Oberhausen haben jeweils ein eigenes Profil und eine Identität – obwohl sie staatliche Schulen sind. Zu dieser Identität gehören drei Dinge: Erstens ist ein anderer Lernbegriff Kern dieser Identität. Es geht um einen anderen Umgang mit Kindern. Sie und ihre Interessen sollen im Mittelpunkt des Lernens stehen – und nicht das Fach und das Einsortieren der Kinder in ein abstraktes Schulsystem. Zweitens streben John, Gravelaar und Risse Schulen an, die sie selbst steuern können. Der prototypische Satz dafür ist Erika Risses Traum von Schule: »Eine Schule gehört denen, die sie machen.« Und drittens setzen diese Frauen mit ihren Entwicklungsmaßnahmen an einer nicht überraschenden, aber doch extrem anspruchsvollen Stelle an: der Personalentwicklung. Das heißt, sie wollen ihre Lehrpersonen nicht nur selbst auswählen, sondern sie erheben sogar den Anspruch, eigene Fortbildungen zu organisieren, ja sogar Lehrerbildung mitzugestalten. Das ist für Einzelschulen praktisch nicht machbar, dafür ist das deutsche System der Lehrerbildung viel zu komplex und immobil.

Dennoch sind diese Frauen bereit, dort mitzuwirken. John, indem sie Referendare auf den Typus von Schule ausbildet, den sie in Jena geschaffen hat. Gravelaar, indem sie eigene Fortbildungen anbieten möchte, um den Generationswechsel in der Schule gut organisieren zu können. Und Risse, indem sie eine Lehrerbildungsakademie gründet, die Lehramtsstudenten frühzeitig mit der Pädagogik der Landerziehungsheime und der Schulpreisträger in Verbindung bringt. Und diesen Weg gehen auch andere Schulen. So hat die Freie Schule Anne-Sophie eine Kooperation mit der Pädagogischen Hochschule Ludwigsburg begonnen, um Lehramtsstudenten frühzeitig die Möglichkeit zu geben, neue Lernformen in der Praxis kennenzulernen. Das bedeutet unterm Strich, dass die professionellsten deutschen Schulleiterinnen das Reformpotenzial nutzen wollen, das von privaten oder pseudoprivaten Schulen ausgeht.

»Die Charter School wäre eine institutionelle Innovation für unser gesamtes Schulwesen«, sagt Ludwig Paul Häußner. Der Wirtschaftswissenschaftler hat am Institut für Entrepreneurship der Universität Karlsruhe über Charter Schools geforscht. Er schlägt vor, diese als frei-öffentliche Schulen zu bezeichnen. Häußner hat ein eigenes System für die Zulassung von Charter Schools entworfen. »Im Rahmen der kommunalen Selbstverwaltung könnten Städte und Gemeinden das Recht erhalten, den Betrieb von Schulen auszuschreiben und an den Educational Entrepreneur mit dem besten pädagogischen Konzept einen Charter – praktisch eine Betriebserlaubnis – zu erteilen; in Abstimmung mit den Kultusbehörden.« Er schlägt vor, dass auch Lehrer und Eltern selbst Charter Schools betreiben könnten. Solche Initiativen »erstellen ein pädagogisches Konzept, reichen dies bei der zuständigen Schulbehörde ein und erhalten bei entsprechender Begutachtung einen Charter«.

* * *

»Als ich Anfang der 1980er Jahre hierher kam, glaubte ich, dass der Bezirk eine Art schulisches Apartheidsystem betreibt«, erzählt der Mann. »Jenseits der Straße, im Nachbarbezirk hatten die Schulen gute Ergebnisse. Aber hier in unserem Quartier waren die Resultate der Schulen lausig.« Für viele Beobachter ist das kein Wunder. Denn dieser Stadtteil wird überwiegend von Zuwanderern und Arbeitslosen bewohnt. Alle sozialen Vergleichsparameter sind im Keller. Der Mann hatte von Experimenten gehört, wie man dennoch auch mit den Jugendlichen solcher Gegenden gute Erfolge erzielt – indem man sich einzelne Talente der Jugendlichen herauspickt und sie besonders fördert. Aber ihm schwebte etwas anderes vor: Er wollte keine Inseln guten Lernens mehr, er wollte alle Schüler erreichen. Nicht nur die talentierten oder die, deren Eltern einen hohen Anspruch an Schulen stellen.

Wir sind nicht in München-Hasenbergl, Hamburg-Wilhelmsburg, Dortmund-Nord, Essen-Katernberg, Berlin-Kreuzberg, -Neukölln oder -Wedding; wir sind auch nicht im Frankfurter Gallus-Viertel, in Nürnberg-Südstadt oder einem anderen abgehängten deutschen Bezirk, sondern in New York City, Stadtteil Harlem. Geoffrey Canada, der gerade das Wunder von Harlem vollbringt, ist voller pädagogischer Ideen – und Unternehmergeist. Canada betreibt seit 2004 eine Schule in Harlem, die von der Vorschule bis zur 12. Klasse reicht – mit so großem Erfolg, dass inzwischen eine zweite hinzugekommen ist. Er nennt seine Schulen gern »ein Förderband für benachteiligte Kinder«. Das Gesamtbudget liegt bei 50 Millionen Dollar, das überwiegend von privaten Geldgebern stammt. Aber auch der Staat beteiligt sich an dem innerstädtischen Schul- und Stadtentwicklungsprojekt. Denn der Clou dieser Schulen ist: Es sind Programmschulen oder Charter Schools, die kombiniert werden mit einer ganzen Reihe von Hilfs- und Gesundheitsprojekten für arme Familien. Die Schulen werden von der Kommune nach wie vor durch ihre Schulbehörde beaufsichtigt. Aber die pädagogischen Programme, die Einstellung der Lehrer, die Verwaltung und Verwendung des 50-Millionen-Budgets, das liegt alles in der Hand der »Harlem Children's Zone« von Geoffrey Canada.

Mit einer rein privaten Initiative hätte Geoffrey Canada die Lebens- und Bildungsqualität flächendeckend nicht verbessern können, nicht so schnell. Genauso wenig wie mit einer staatlichen. Dafür hätte Canada zu viele Anträge und interne bürokratische Hürden überwinden müssen. Also entschied er sich für das Instrument Charter School. Nach einer Studie der Harvard-Universität gilt die Harlem Children's Zone »wohl als das ambitionierteste soziale Experiment, um die Armut unserer Zeit zu bekämpfen«.

Was könnte das für Berlin-Kreuzberg und die verlassene Rosegger-Schule bedeuten? Die sozialen und kulturellen Verhältnisse sind überhaupt nicht vergleichbar, denn sie sind bei weitem nicht auf dem niedrigen Stand Harlems. In Kreuzberg haben die Behörden, abgesehen vom 1. Mai, niemals die Hoheit über den Kiez verloren. Hier zog keine Crack-Welle durch den Bezirk und zerbrach soziale Zusammenhänge wie ein Tornado Wälder knickt. Dennoch ist die schulische Situation vergleichbar. Die Leistungswerte, die Kreuzbergs Schulen erzielen, sind im innerstädtischen wie auch im bundesweiten Vergleich katastrophal. Hier sind in den Hauptschulen acht von zehn Schülern sogenannte Risikoschüler. Ihre Zukunftsperspektiven oszillieren irgendwo zwischen Sozialamt, Dönerbude und Frau am Herd.

»Wer kann, zieht hier weg«, heißt die Devise. »Ich habe das jetzt bis zur 5. Klasse mitgemacht«, sagt die Kreuzbergerin Heike Göbel. Sie ist mit ihrem Sohn und ihrer Mutter auf der Berliner Privatschulmesse gelandet – um sich eine neue Schule auszusuchen. »Ich möchte, dass mein Sohn die Sonne sieht. Deswegen bringe ich ihn jetzt auf eine private Schule. Mein Sohn hat Schreibschwierigkeiten. In einer Klasse, wo er der einzige geborene Deutschsprechende ist, hat er keine Chance, seine Sprachfehler auszubügeln.« Exit Kreuzberg.

Es gibt sehr wohl entschiedene Schulreformer in Kreuzberg. Ihnen gelingt es immer wieder, einzelne Schulen zu reformieren. Dazu gehört Hildburg Kagerer, die aus der kaputten Ferdinand-Freiligrath-Schule ein viel beachtetes Vorzeigeprojekt gemacht hat. Aber Schulexperimente haben in Kreuzberg die Eigenart, dass sie oft scheitern, ehe sie richtig begonnen haben.

Vor zwei Jahren versuchte eine lokale Initiative so etwas Ähnliches wie Profilschulen zu gründen. Schulen sollten ein so spezielles mathematisches, sprachliches oder musisches Profil ausweisen, dass sie ein Magnet für talentierte Kinder werden. Max Thomas Mehr, ein Journalist, hat dieses Modell in Kreuzberg propagiert – es scheiterte daran, dass sich keiner der staatlichen Schulleiter angesprochen fühlte. Neuerdings will eine Gruppe engagierter Eltern Kreuzbergs Schulen verändern. Sie haben den Antrag gestellt, dass ihre Kinder aus einer guten Kita zusammen in eine der staatlichen Schulen gehen können. Es sollte keine geschlossene Gesellschaft werden; aber die Eltern wollten, dass ihr Dutzend Kinder gemeinsam in eine Klasse kommt. Die Schulstadträtin lehnte das Projekt ab. Dann stellte der staatliche Schulrat selbst, Gerhard Schmid, ein Projekt vor: ein Migrantengymnasium und eine berufsbildende Hauptschule mit neuen Lehrmethoden. Die Vorschläge wurden in den Zeitungen empört von einer bunten Melange von Gegnern niedergemacht; der Schulrat wurde von seinen Ämtern praktisch enthoben.

»Hier gehen hoffnungslose Generationen in die Schule«, sagt Angelika Klein-Beber. »Viele Kinder verlassen die Schule ohne Abschluss.« Klein-Beber ist Anwältin und Gründerin einer privaten evangelischen Schulinitiative, die in Kreuzberg den schulpolitischen Stillstand beenden will. Sie will allerdings nicht darauf warten, bis sich das staatliche Schulsystem verbessert – sie will das Thema selbst in die Hand nehmen. Gemeinsam mit anderen hat sie die Initiative ergriffen, um eine evangelische Schule in Kreuzberg zu gründen.

Dem Begriff Privatschule steht Klein-Beber ebenfalls skeptisch gegenüber: »Wir sind keine private Schule, sondern ein freier Träger«, betont sie. Die Gebühren der Schule wären maßvoll. Maximal 150 Euro monatlich, das sei nicht vergleichbar mit dem fünfstelligen Schulgeld, das man für englische Privatschulen jährlich aufbringen müsse. Und natürlich stünde ihre Schule für Muslime offen, genau wie etwa in der evangelischen Schule des Nachbarbezirks, wo etwa ein Drittel der Schüler muslimischen Glaubens seien. Die Vorsitzende des Fördervereins für die zu gründende Schule macht zugleich klar, wer ihre Zielgruppe ist: bürgerliche Kreuzberger, die nicht aus dem Kiez wegziehen – aber zugleich ihre Kinder auch nicht in die normalen staatlichen Schulen schicken wollen.

Egal wie visionär oder professionell die Ideen Klein-Bebers sind. In das Gebäude der staatlichen Rosegger-Schule darf sie nicht hinein – weil Kreuzbergs Lokalparlament Angst hat, eine Privatschule könne den umliegenden Schulen Konkurrenz machen. Damit ist Klein-Beber die x-te Initiative, die in Kreuzberg Schule verbessern will, aber daran gehindert wird. Der schulpolitische Sprecher der SPD sagt, eine private Schule könne die umliegenden staatlichen Schulen »kannibalisieren«. Fragt man nun den Kreuzberger SPD-Fraktionschef Andy Hehmke, was sein Bezirksparlament für die staatliche Schule unternehme, damit es der Ungerechtigkeit in Kreuzberg Herr werden könne, so schüttelt er mit dem Kopf: »Dafür sind wir im Bezirk nicht zuständig, das ist Aufgabe des Berliner Schulsenators.«

Vielleicht ist es Zeit, in Kreuzberg aus dem wechselseitig blockierten Entweder-staatliche-Schule-oder-private-Schule zu entkommen. Durch ein Sowohl-als-auch. Sowohl staatliche Schule als auch private Schule. Also zum Beispiel eine kommunale Schule nach dem Jenaer Modell oder eine Charter School nach dem Vorbild Geoffrey Canadas. Dann müssten die Kreuzberger die Verantwortung nicht mehr auf den Schulsenator schieben, sondern er hätte die Kompetenz, selbst eine gute Schule anzuschieben. Angelika Klein-Beber müsste sich bei sich selbst nicht mehr dafür entschuldigen, dass sie eine Privatschule gründen will. Dann könnte man endlich ein gutes frei-öffentliches Schulmodell in Kreuzberg testen – und Vorbild werden für die vielen Regionen, die eine eigene Regional- oder Charter School entwickeln wollen.

* * *

Kurt Wilhelmi geht der Name Privatschule auf die Nerven. »Es geht nicht um die Staatsschule, die Privatschule oder Formalien der Organisationsform. Es geht um die Schule ganz allgemein«, sagt er. Gerade die Schulen, die versuchten, ihre Pädagogik selbstbestimmt und eigenständig zu entwickeln, würden aber massiv benachteiligt. Das hält der große junge Mann für einen Fehler – und will das ändern. Er will den Schulen in freier Trägerschaft helfen. Wilhelmi ist kein Lehrer, kein Schulgründer und kein feiner Herr, der sein Kind auf einer edlen Schule unterbringen will. Wilhelmi ist ein Graswurzeldemokrat, einer, der das Volk als den wichtigsten Souverän betrachtet, den es im Land gibt. Wenn man die Betroffenen nach Schule fragt, sind sie schnell sehr aufgeregt. Kurt Wilhelmi ist ganz ruhig. Er muss gelassen sein, denn er hat ein scharfes Schwert in der Tasche – ein Plebiszit.

Wilhelmi will mit seinen Mitstreitern von »Omnibus für Direkte Demokratie« in Berlin nicht mehr lange verhandeln oder diskutieren. Er möchte eine Volksinitiative abhalten und das Volk selbst entscheiden lassen, ob es gute und gleichberechtigte Schulen geben soll. Über dem Papier, das er verfasst hat, steht »Volksinitiative Schule in Freiheit«. Wilhelmi kann die vielen guten Argumente für gleichberechtigte Schulen mittlerweile wie aus dem Effeff herunterbeten. Er bemängelt, dass die Schulen in freier Trägerschaft nur etwa 65 Prozent dessen bekommen, was die staatlichen Schulen erhalten. Er bezeichnet die Lehrer »als die Umsetzungsorgane einer Vielzahl von Vorschriften«. Und berichtet davon, dass er in der staatlichen Schule nicht auf seine Kosten gekommen ist. »Weil die Lehrer nur ihren Lehrplan heruntergespult haben – und wir sollten ihr Programm dann reinspulen. Das wollte ich nicht.«

Wilhelmis wichtigstes Argument aber geht im Grunde zurück auf die Ursache, warum es in Deutschland heute noch ein Schulsystem gibt, das sich in höhere und niedere Schulen teilt. Und in dem die Privatschule deswegen einen so randständigen Stellenwert einnimmt, weil das Gymnasium gewissermaßen die staatlich organisierte Privatschule für das Bürgertum ist. Der Grund dafür ist die Tatsache, dass es niemals eine politische Revolution gab, die auch eine demokratische Schule für alle Bürger nach sich zog.

Deswegen verlangt Wilhelmis Volksinitiative auch nichts weniger als eine »demokratische Finanzierung der Schulen«. Dadurch werde »im Schulwesen mehr Freiheit ermöglicht und gefördert«. Wenn man so will, möchte der junge Aktivist die Zeit zurückdrehen und so etwas wie einen neuen Gesellschaftsvertrag über Schulen schließen. Das klingt ein bisschen hochtrabend, ist aber genau das, was viele in Deutschland wegen unserer Vergangenheit nicht zusammendenken können: dass eine demokratische Schule eine gleichberechtigte Schule für alle Bürger ist. Und dass darin auch die Privatschule das gleiche Recht bekommt wie die staatliche Schule. Weil sie eine freie, reformpädagogische, konfessionelle Schule ist. Auf jeden Fall aber eine demokratische und öffentliche Schule.

Zehn Thesen zu Privatschulen im Bildungssystem

1. Es gibt nicht zu viele, sondern zu wenige Privatschulen und Charter Schools.

Das deutsche Schulsystem unterliegt beim Entwickeln guter Schulen einer selbst auferlegten Blockade. Staatliche Schulen sind mehr oder weniger die Marionetten einer alles bestimmenden Kultusbürokratie. Es braucht daher mehr Schulen, die über ihr pädagogisches Konzept selbst bestimmen, ihre Lehrer einstellen und ihr Budget frei verwenden können. Dies kann dazu beitragen, die Schule und das Lernen aus den Fesseln des 19. Jahrhunderts zu befreien.

2. Ziel der neuen Freiheit ist die Entwicklung von Schulen für das 21. Jahrhundert.

Es geht um einen neuen Lernbegriff. Das bedeutet, nicht mehr das Fach und die Ausleselogik des gegliederten Schulsystems in den Mittelpunkt zu stellen, sondern das Kind. Die Idee des Lernens besteht darin, die Schule an den Neigungen, der Kreativität und der Geschwindigkeit des einzelnen Kindes auszurichten. Lernen heißt für Schüler nicht mehr nur Wissen aufzunehmen, zu memorieren und zu rezipieren, sondern auch Erkenntnisse selbst zu erzeugen, zu forschen und zu experimentieren.

3. **Neben dem Kind steht künftig die einzelne Schule als lernende Organisation im Mittelpunkt von Schulpolitik.**

Die Schule ist der wichtigste handelnde Akteur von Schulentwicklung. Ihr Ziel ist es, den ungestörten dreifachen Dialog zwischen Lehrer, Schüler und Gegenstand (Ute Andresen) zu ermöglichen und zu schützen. Die Leitung und das Management einer Schule sind dazu da, das Lernen zu ermöglichen und dem Lehrer ein Maximum an Freiheit zu geben. Die Privatschulen sind oft Vorbilder für Schulentwicklung, weil sie sich als eigenständige Organisationen begreifen.

4. **Privatschulen sollen ihre reformpädagogischen und organisatorischen Erfahrungen ins staatliche Schulsystem übertragen.**

Wie sich gezeigt hat, sind beinahe alle privaten Schulen auf ihre Art ein Vorbild. Deswegen sollten sich Netzwerke – vergleichbar mit dem »Blick über den Zaun« oder der Bosch-Akademie der Schulpreisträger – bilden. Diesem gehören alle Schulträger an, egal ob staatlich, privat oder Charter Schools.

5. **Der Staat sollte künftig als neutrale Regulierungsbehörde auftreten.**

Die Bundesländer nutzen bisher ihre Schulaufsicht dazu, ihr Schulkartell vor Konkurrenz zu schützen. Das muss sich ändern. Allen Schulen müssen die gleichen Bedingungen gewährt werden: den Staatsschulen, den Privatschulen und den halbstaatlichen Charter Schools. Dazu muss der Staat seine Schulbürokratien teilen: in eine unabhängige Regulierungsagentur und in eine Schulverwaltung.

6. Es müssen für staatliche, private und Charter Schools gleiche Bedingungen herrschen.

Gleiche Bedingungen bedeutet, den Staatsschulen endlich mehr Freiheiten zu geben; den Privatschulen die gleiche finanzielle Förderung wie Staatsschulen zuteil werden zu lassen; die halbstaatlichen Charter Schools als eine Sonderform von lokalen oder regionalen Schulen zu entwickeln. Gleiche Finanzierung bedeutet für Privatschulen: dass der Staat den Differenzbetrag zwischen den tatsächlichen Kosten der Schule und dem eingenommenen Schulgeld zuschießt. Das Schulgeld sollte gesetzlich auf eine maximale Höhe von 250 Euro begrenzt und regelmäßig überprüft werden. Gleiche Finanzierungsbedingungen bedeutet für Staatsschulen, dass sie die Möglichkeit haben sollen, Drittmittel zu akquirieren.

7. Privatschulen müssen künftig mehr Transparenz walten lassen.

Es ist notwendig, die wichtigsten finanziellen und sozialen Eckwerte zu veröffentlichen. Daher sollten sich die Privatschulen einen Kodex geben, nach dem sie den Bürgern folgende Informationen zur Verfügung stellen: die Höhe des Schulgeldes und sämtlicher finanzieller Zusatzbelastungen; alle Möglichkeiten der Reduzierung und Befreiung vom Schulgeld, besonders Sozial- und Leistungsstipendien für Schüler aus einkommensschwachen Familien; und die soziale Zusammensetzung der Schülerschaft.

8. Der Staat sollte als Aufsichtsbehörde eine andere Form der Regulierung wählen.

Bislang schreibt der Staat den freien Schulen vor, dass sie sich für eine Schulform entscheiden müssen. Der Staat sollte klarstellen, es gibt nicht mehr Haupt-, Real- und Oberschulen, sondern es gibt nur noch Schulen. Das heißt, Schulen sollten nur noch nach Altersstufen, nicht mehr nach Leistung unterschieden werden. Der Staat sollte zudem darauf achten, dass Schulen gemeinnützig sind und es sich um demokratische Schulen handelt. Das bedeutet: Verbot von Schulen, die einer antidemokratischen religiösen oder weltanschaulichen Idee anhängen. Wichtigstes Prinzip bei der Aufsicht sollte künftig das Sonderungsverbot sein, dass ab sofort für alle Schulen gelten muss, staatliche, private und Charter Schools. Schulen müssen grundsätzlich für alle Menschen offenstehen. Es darf nicht mehr erlaubt sein, Sonderschulen für Kinder zu bilden, die aus sozialen, kulturellen, körperlichen, gesundheitlichen oder Gründen der Hochbegabung gehandicapt werden.

9. Aufgabe der Schulverwaltungen sollte künftig die bestmögliche Unterstützung aller Schulen sein.

Die Kultusbürokratie hat die Aufgabe, den Input an Mitteln, Personal oder Know-how so bereitzustellen, wie dies für die Entwicklung der einzelnen Schule nötig ist. Jede Schule – staatliche, private, Charter Schools – soll einen Schulmanager mit Sekretariat erhalten, damit sie eine handlungsfähige Organisation sein kann.

10. **Es braucht neue bundesweite Unterstützungssysteme für Schulen.**

Zur Unterstützung sollten auf Bundesebene drei neue Agenturen bzw. Akademien gebildet werden. Erstens eine Akademie für Führungskräfte an Schulen, um den drohenden Schwund an Rektoren auszugleichen. Zweitens eine Akademie für neues Lernen, damit es schneller gelingt, den Rückstand an modernen Lehr- und Lernformen aufzuholen. Drittens einen Rat von Bildungsweisen, die einen Bildungs- und Sozialbericht schreiben, der ein gesondertes Kapitel über die Entwicklung der Privatschulen beinhalten soll.

Worauf Sie bei der Wahl einer Privatschule achten sollten

1. Sprechen Sie mit den Lehrern.

Die Lehrer sind, neben Ihrem Kind und dem Rektor, die wichtigsten Akteure in der Schule. Sie sollen Ihr Kind beobachten und mit interessanten Fragestellungen für das Lernen neugierig machen. Wichtig bei einer Privatschule: Fragen Sie die Lehrer, wie lange sie bereits an der Schule sind. Sind die Lehrer wirklich vertraut mit dem Konzept, stehen sie hinter der Philosophie der Schule? Daher ist die Frage »Seit wann unterrichten Sie hier?« die Schlüsselfrage. Falls es erst ein Schuljahr ist, fragen Sie gleich weiter, wie lange der Vorgänger hier unterrichtete. Falls der es nur ein Jährchen ausgehalten hat, dann können Sie getrost wieder gehen. Es gibt Privatschulen, die der Form nach ein ideales Konzept haben – deren Lehrer sich aber die Klinke in die Hand geben. Entweder weil sie schlecht bezahlt werden. Oder weil miese Stimmung im Kollegium herrscht. Oder gleich beides. An so einer Schule haben Sie nichts verloren. Ihr Kind ist kein Versuchskaninchen.

2. Wie soll Ihr Kind lernen?

Kleine Klassen, Englisch als Unterrichtssprache und Instrumentenunterricht: Manche Leute meinen, dass das die Attribute einer guten Privatschule seien. Das sind sie aber allenfalls zum Teil. Wichtiger ist: Steht Ihr Kind im Mittelpunkt – oder ein Fach? Ist es Ihnen wichtig, ein selbstbewusstes, zufriedenes Kind zu haben, das von seinen Lehrern gefordert wird, aber dennoch in seiner Geschwindigkeit lernen kann? An vielen staatlichen Schulen herrscht heute noch die Methode »Press-und-Stopf«. Das gilt gerade für die verkürzten Gymnasien und manche Grundschulen ab der 3. Klasse. Das sollten Sie Ihrem Kind nicht antun – und sich schleunigst nach einer privaten Alternative umsehen. Es macht keinen Sinn, wie es in Bayern geplant ist, in der Grundschule 22 Prüfungen in den Kernfächern zu schreiben. Das zerstört die Lernfreude Ihres Kindes womöglich für immer. Ihr Kind soll lernen, wie es selber lernen kann – nicht das Objekt Pawlow'scher Lernverführungen werden. Viele Privatschulen haben hingegen einen reformpädagogischen Ansatz, mit dem Ihr Kind weiterkommt und mehr Spaß am Lernen hat.

3. Zu welchem Privatschultyp zählt sich die Schule?

Ist die Schule religiös? Ihnen vielleicht eine Spur zu religiös? Unter den Privatschulen befinden sich allein 80 Prozent mit einem kirchlichen oder bisweilen zum Spirituellen neigenden Ansatz: Das sind die konfessionellen und die Waldorfschulen. Nein, das muss überhaupt kein Problem sein. Aber dennoch lohnt es sich, hier genauer hinzuschauen. Die meisten katholischen oder evangelischen Privatschulen sind längst keine Bekenntnisschulen mehr.

Das heißt, dort steht nicht mehr die Zugehörigkeit zu einer Konfession und das Beten im Mittelpunkt. Dennoch finden sich etwa bei den evangelischen Schulen noch einige missionarische Anstalten. Auch bei den Waldorfschulen lohnt es sich, aufmerksam zu sein: Viele benutzen Rudolf Steiners Lehren als Werkzeugkasten für selbstständige Lernmethoden, etwa die Epochenarbeit. Das ist gut, da sind die Waldörfler den staatlichen Schulen oft weit voraus. Andere Waldorfschulen aber vergöttern den Begründer der Anthroposophie – das muss man mögen. Viele Kinder mögen es nicht.

Das gilt übrigens auch für die superdemokratischen Schulen, den späten Nachkommen der Summerhill Schools. Ja, die gibt es noch. Und nein, das muss nicht unbedingt sein, jedenfalls dann nicht, wenn Sie und Ihre Kinder eigentlich ganz anders miteinander umgehen. Das vollkommene Laissez-faire in der Schule ist möglich. Aber es ist im Grunde nur eine Trotzreaktion auf die autoritäre preußische Schule. Heute gibt es sehr offene Lernarrangements – in denen die Kinder ganz natürlich das Lernen, Erforschen und Arbeiten lernen. Es geht um Herausforderungen, nicht um »Mach-was-Du-willst«. Lassen Sie sich Log- und Lerntagebücher zeigen; daran lässt sich leicht sehen, ob die Kinder Ihrer möglichen neuen Schule nur Tischtennis und Gameboy spielen.

4. Gilt das Leitbild der Schule dem Schaufenster – oder wirklich Ihrem Kind?

Kümmert sich die Schule systematisch darum, dass es dem Kind gut geht? Das ist heute die Leitfrage für gute Schule. Aber Achtung, jeder schöne Türspruch, jedes hochglanzgedruckte Leitbild stellt Ihr Kind in den Mittelpunkt allen schulischen Mühens, jedenfalls theoretisch. Ihr Job ist es, herauszufinden, ob das auch beim Lernen gilt – und dann, wenn es Ihrem Kind nicht gut geht. Soll vorkommen. Vielleicht sind Sie selbst ja sogar der Grund dafür. Das kann leicht sein, etwa wenn Sie überzogene Erwartungen an Ihr Kind stellen oder wenn es bei Ihnen zuhause ein Problem gibt, unter dem Ihre Tochter oder Ihr Sohn leidet. Von der Schule sollten Sie zweierlei erwarten können: Erstens, dass sie die Potenziale Ihres Kindes entdeckt und fördert. Zweitens, dass die Schule mit den Schwächen, Problemen und Beschränkungen Ihres Kindes umzugehen weiß. Kurz: Lernen möglich machen heißt in einer guten Schule, Beziehungen aufzubauen und kreative Energien freizusetzen. Woran man das sieht? Wenn die Lehrer vertraut und begeistert mit den Kindern sind. Wenn es die erwähnten Log- und Lerntagebücher sowie Portfoliomappen gibt, an denen Sie erkennen, was die Schüler wirklich machen. Wenn Sie auch beim Lernen die Möglichkeit erkennen, auf den einzelnen Schüler einzugehen. Wenn andere Lehr- und Bezugspersonen als Lehrer existieren. Wenn eine Schule ganz anders aussieht, als Sie es gewohnt sind! Sollten Sie sich beim Betreten der Schule an Ihre Schulzeit vor fünf bis 25 Jahren erinnert sehen – kehren Sie um. Kreative Schulen lösen die Klassenzimmer auf und richten Lernlabore, Gruppenräume und Studierlandschaften ein.

5. Seien Sie ein freundlicher, aber aufmerksamer Schulinspektor.

Schauen Sie sich die Schule an, in die Sie Ihr Kind gehen lassen wollen. Dazu gehört unbedingt das Klassenzimmer – und zwar dann, wenn die Schüler lernen. Dort werden Sie mehr sehen, als Ihnen jedes vielstündige Gespräch mit dem Rektor oder Geschäftsführer bringen kann. Achten Sie darauf, dass es keinen Unterricht im herkömmlichen Sinne mehr gibt: Sitzen die Schüler noch wie bei Heinz Rühmanns »Feuerzangenbowle« in Reih und Glied vor ihrem Lehrer – oder gibt es Tischgruppen, an denen die Schüler einzeln oder gemeinsam arbeiten? Sie hegen die Befürchtung, Ihr Besuch stört beim Lernen? Ja und Nein. Gibt es einen altbackenen Frontalunterricht, dann stört Ihr Besuch – den Lehrer. Arbeiten die Kinder aber bereits individuell, dann wird Ihr Besuch niemanden aus dem Rhythmus bringen. Die Kinder werden Sie wahrscheinlich gar nicht bemerken, weil sie in eine Sache vertieft sind.

6. Bauen Sie eine Sicherung ein.

Was passiert, wenn Sie das Schulgeld nicht mehr zahlen können? Wird Ihr Kind dann zum Objekt von Hänseleien in der Schule, oder fliegt es gar hinaus? Oder hat die Schule einen Sicherungsfonds installiert, der es klammen Eltern ermöglicht, mindestens das begonnene Schuljahr ihres Kindes würdevoll zu Ende zu bringen? Das muss nicht zwangsläufig zu einer Existenzkrise führen. Denn die meisten Privatschulen verlangen viel weniger Schulgeld als Otto Normalverbraucher denkt. Die Preise liegen zwischen 50 und 120 Euro pro Monat. Aber: Wenn Sie arbeitslos werden, sollten Sie sich zuerst einen neuen Job suchen können – und erst dann eine neue Schule für Ihr Kind. Das ist zugleich eine Gretchenfrage Ihrer Privatschule: Will sie Ihr Geld – oder Ihr Kind? Existiert kein Sicherungsfonds, dann gibt es übrigens noch ein zweites Risiko: Was macht Ihre mögliche neue Schule eigentlich, wenn die Schulbehörde zweimal das Geld nicht überweist? Es wäre also gut, wenn Ihre Schule genug finanziellen Rückhalt hat, um einen Engpass zu überstehen.

7. Sind Sie die einzige Geldquelle?

Lassen Sie uns noch ein wenig über Geld reden. Denn der Staat hat einige Fallen aufgestellt, die es den Privatschulen schwer machen. In vielen Bundesländern müssen die Betreiber drei oder fünf Jahre warten, ehe der Staat sich finanziell an der Schule beteiligt. Für die Schulen bedeutet das oft, eine harte Durststrecke zu überwinden – die sich auch auf Sie auswirken kann. Kommt die Schule schon am Anfang ins Schleudern, dann kostet Sie das unter Umständen Geld, Zeit und ein verwirrtes Kind, dem die Lehrer davonlaufen. Sie können das kaum verhindern. Aber Sie können sich kundig machen, ab wann der Staat Ihrer Privatschule, die ja auch eine öffentliche Schule ist, beim Laufen hilft. Und vielleicht gibt es ja noch andere Geldquellen! Vielleicht treffen Sie ja auch auf eine Privatschule, der man schon von außen ansieht, dass sie immer wieder neu investiert – in eine Bibliothek, in einen Computerraum, in ein Sportfeld etc.

8. Die Mischung macht's.

Wollten Sie Ihr Kind eigentlich in einem Raumschiff aufwachsen lassen, wo es nur die Astronauten der eigenen Schicht kennenlernt? Oder fänden Sie es gut, wenn Ihr Kind auch mal einem Marsmännchen begegnet? Und von anderen Kulturen, Herkünften und Ansichten lernt? Dann sollten Sie genau hinschauen. Denn Privatschulen unterliegen stets der Gefahr der sozialen Sonderung. Entweder sie versammeln eine selbsternannte Elite – oder sie lesen die Trümmerkinder auf, die das staatliche Schulsystem zurückgelassen hat. Beides ist gut und muss sein. Denn die Erlesenen und die Ausgestoßenen aus der Regelschule sind nicht selten die interessantesten Kinder. Aber, bitte nicht nur! Die Auffassung, dass man am besten lernt, wenn man in homogenisierten Lerngruppen im Gleichschritt geht, ist aus den Zeiten von Wilhelm II. und seinen preußischen Vorfahren. Heute gilt: Gegensätze ziehen sich an – auch beim Lernen. Aber wer will schon ausschließlich mit verzogenen Schnöselchen aufwachsen – oder sich einzig und allein mit verhaltensauffälligen Kindern herumschlagen? Die größte Schwäche des deutschen Schulwesens ist sein Auslesedruck und Sortierzwang. Also, fragen Sie nach der sozialen Mischung. Erkundigen Sie sich, wie oft die Schulgelder an der Schule vom Jugendamt bezahlt werden. Erbitten Sie die Zahl der Hartz-IV-Empfänger – wenn es nur zwei gibt, sollte das nicht Ihre Schule sein. Denn sonst schubst womöglich eine Schar Gutbetuchter den Rektor mit Hilfe des dicken Geldbeutels herum. Übrigens: Die Frage nach der sozialen Mischung ist zugleich ein Härtetest für den Rektor der Schule: Wie transparent ist seine Schule wirklich?

9. Am Schulleiter sollt Ihr sie erkennen!

Der Rektor macht's! Die unbestritten wichtigste Figur einer Schule ist heute der Rektor, meistens die Schulleiterin, denn es sind erstaunlich viele Frauen, die heute den Ton in der modernen Schulszene angeben. Während in der staatlichen Schule oft (nicht immer!) bessere Verwaltungsbeamte und Paragrafenreiter sitzen, ist der Leiter einer Privatschule mit allen Segnungen einer solchen ausgestattet – und mit seinen Verdammnissen. Woran können Sie das erkennen? Sie werden es spüren. So wie der Leiter einer freien Schule seine Lehrer aussucht und inspiriert, so wird er Sie begeistern. Er wird nicht jammern, sondern Ihnen seine spannendsten Projekte vorstellen. Er wird Sie in einen Flow versetzen. Wenn er nur von »Unterricht« spricht, wird Ihnen von ganz alleine langweilig. Wenn er aber von den Menschen schwärmt, die seine Schule anzieht, und den Schifffahrten, Bergtouren und sozialen Projekten, die seine Schule möglich macht, dann brauchen Sie keinen Kriterienkatalog für gute Schule mehr. Und wenn Sie tatsächlich fürchten, einem Rhetor auf den Leim zu gehen, stellen Sie die Kontrollfragen: Darf ich, bitte, eine Lerngruppe meiner Wahl sehen? Wie viele Stipendien für Kinder armer Leute gibt es wirklich? Sind Ihre Lehrer eigentlich alle Lehrer oder gibt es auch andere Berufe? Ist jedes Kind für Frontalunterricht geeignet? Und: Wo ist die Toilette? Das ist noch immer die beste Visitenkarte einer Schule.

Webadressen

1. Schulen in freier Trägerschaft

Bernostiftung
www.bernostiftung.de

Bilinguale Grundschule PHORMS Berlin Süd
www.berlin-sued.phorms.de

Bodensee-Schule St. Martin Friedrichshafen
www.bodensee-schule.de

Campus Klarenthal
www.campus-klarenthal.com

Canisius-Kolleg, Berlin
www.canisius.de

Collegium Josephinum, Bonn
www.cojobo.net

Evangelische Integrative Grundschule Schwerin
www.neues-ufer.de/33-Montessori-Schule.html

Evangelische Schule Berlin Zentrum
www.ev-schule-zentrum.de

Evangelische Schule St. Marien Neubrandenburg
www.evs-nb.de

Freie Aktive Schule Wülfrath
www.fasw.de

Freie Interkulturelle Waldorfschule Mannheim
www.interkulturelle-waldorfschule.de

Freie Schule Anne-Sophie, Künzelsau
www.freie-schule-anne-sophie.de

Freie Schule Frankfurt
www.freie-schule-frankfurt.de

Freie Waldorfschule Berlin-Kreuzberg
www.waldorfschule-kreuzberg.de

Hauptschule St. Bonifatius Hamburg-Wilhelmsburg
www.bonifatiusschule.org

Kolleg St. Blasien
www.kolleg-st-blasien.de

Metropolitan School Frankfurt am Main
www.m-school.de

Neue Schule Hamburg
www.neue-schule-hamburg.org

Odenwaldschule, Ober-Hambach
www.odenwaldschule.de

Phorms-Schulen
www.phorms.de

Private Kant-Schule, Berlin
www.private-kant-schule.de

SIS Swiss International School, Fellbach
www.swissinternationalschool.de

Werkstattschule in Rostock
www.werkstattschule-in-rostock.de

2. Freie internationale Schulen in privater Trägerschaft

Frankfurt International School
www.fis.edu

International School Kreuzlingen Konstanz
www.iskk.ch

International School Neustadt / Weinstraße
www.is-neustadt.de

International School Ulm / Neu-Ulm
www.is-ulm.de

Munich International School, Starnberg
www.mis-munich.de

Neue Schule Wolfsburg
www.neue-schule-wolfsburg.de

Strothoff International School, Dreieich
www.strothoff-international-school.de

3. Schulen in staatlicher Trägerschaft

Elsa-Brändström-Gymnasium, Oberhausen
www.elsa-oberhausen.de

Ferdinand-Freiligrath-Schule, Berlin
www.ferdinand-freiligrath-schule.de

Gesamtschule Essen-Holsterhausen
www.gesamtschule-essen-holsterhausen.de

Glocksee-Schule, Hannover
www.glockseeschule.de

Grundschule Kleine Kielstraße, Dortmund
www.grundschule-kleinekielstrasse.de

Gymnasium St. Afra, Meißen
www.sankt-afra.de

Helene-Lange-Schule, Wiesbaden
www.helene-lange-schule.de

Staatliche Jenaplan-Schule, Jena
www.jenaplan-schule-jena.de

Wartburg-Grundschule Münster
www.muenster.org/Wartburg-Grundschule

Willy-Brandt-Gesamtschule, München
www.wbg.musin.de

4. Verbände und Vereinigungen

Alternative Education Resource Organization
www.educationrevolution.org

Association of German International Schools e.V. (AGIS)
www.agis-schools.org

BildungsCent e.V.
www.bildungscent.de

Bund der Freien Waldorfschulen
www.waldorfschule.info

Bundesarbeitsgemeinschaft Freier Schulen
www.agfs.org

Bundesverband der Freien Alternativschulen e.V. (BFAS)
www.freie-alternativschulen.de

Deutscher Lehrerverband
www.lehrerverband.de

Gewerkschaft Erziehung und Wissenschaft
www.gew.de

Katholische Schulen in Deutschland
www.katholische-schulen.de

Montessori-Schulen in Deutschland
www.montessori.de

Netzwerk demokratischer Schulen
(International Democratic Education Network IDEN)
www.idenetwork.org/index.htm

Schulpreisschulen der Bosch-Stiftung
schulpreis.bosch-stiftung.de

Schulreferat der Evangelischen Kirche Deutschland
www.schulreferate-online.de

Schulverbund »Blick über den Zaun«
www.blickueberdenzaun.de

Stiftung Katholische Freie Schule der Diözese
Rottenburg-Stuttgart
www.schulstiftung.de

Sudbury-Schulen in Deutschland
www.sudbury.de

Verband Deutscher Privatschulverbände (VDP)
www.privatschulen.de

Verein für die Sicherung und Unterstützung schulgeldfreier
Bildung e.V.
www.schulgeldfreie-bildung.de

Vereinigung Deutscher Landerziehungsheime e.V. (LEH)
www.leh-internate.de

Literatur

1919–2009 Waldorfschule (2009). 90 Jahre Zukunft. Hrsg.: Bund der
Freien Waldorfschulen. Jubiläums-Berichtsheft. Stuttgart: Selbst-
verlag

Andresen, Ute (2000). Ausflüge in die Wirklichkeit: Grundschulkinder lernen im Dreifachen Dialog. Weinheim: Beltz

Barz, Heiner und Dirk Randoll, Hrsg. (2007). Absolventen von
Waldorfschulen. Eine empirische Studie zu Bildung und Lebens-
gestaltung. Wiesbaden: VS Verlag für Sozialwissenschaften

Beck, Bärbel und Eckhard Klieme, Hrsg. (2007). Sprachliche
Kompetenzen. Konzepte und Messung. DESI-Ergebnisse Band 1.
Weinheim: Beltz Pädagogik

Bierl, Peter (2005). Wurzelrassen, Erzengel und Volksgeister: Die
Anthroposophie Rudolf Steiners und die Waldorfpädagogik. Hamburg: Konkret Literatur Verlag

Bohne, Jürgen und Annegrethe Stoltenberg, Hrsg. (2001). Zukunft
gewinnen: Evangelische Schulgründungen in den östlichen Bundesländern in den Jahren 1996 – 2001. Göttingen: Vandenhoeck &
Ruprecht

Bonstein, Julia u. a. (2009).»Haste was, dann wirste was«. *spiegel online.*
26.9.2009. http://www.spiegel.de/spiegel/print/d-67036826.html
(25.1.2010)

Borchard, Michael u. a. (2008). Eltern unter Druck. Selbstverständnisse, Befindlichkeiten und Bedürfnisse von Eltern in verschiedenen
Lebenswelten. Hrsg.: Konrad-Adenauer-Stiftung. Eine sozialwissen-
schaftliche Untersuchung von Sinus-Sociovision im Auftrag der
Konrad-Adenauer-Stiftung e. V. Stuttgart: Lucius & Lucius

Brater, Michael, Christiane Hemmer-Schanze und Albert Schmelzer (2007). Schule ist bunt. Eine interkulturelle Waldorfschule im sozialen Brennpunkt. Stuttgart: Verlag Freies Geistesleben

Brater, Michael (2009). Interkulturelle Waldorfschule: Evaluation zur schulischen Integration von Migrantenkindern. Wiesbaden: VS Verlag für Sozialwissenschaften

Collegium Josephinum Bonn, Hg. (2005). 125 Jahre Collegium Josephinum Bonn 1880-2005. Collegium Josephinum

Cortina, Kai S. u.a., Hrsg. (2008). Das Bildungswesen in der Bundesrepublik Deutschland: Strukturen und Entwicklungen im Überblick. Hamburg: Rowohlt

»Die ideale Schule« (2009). GEO WISSEN. Nr. 44 – 11/09

Dietrich, Dieter (2008). Friedrich Althoff und das Ende des preußischen Schulstreites: Vorgeschichte und Inhalt der Schulreform des Jahres 1900: die Junikonferenz. Borderstedt: Books on demand

Dobbie, Will and Roland G. Fryer, Jr. (2009). »Are High-Quality Schools Enough to Close the Achievement Gap? Evidence from a Bold Social Experiment in Harlem«. NBER Working Papers 15473, Harvard University

Eisinger, Bernd u.a. (2007). Grenzen der Belastbarkeit privater Haushalte mit Schulgeld: Eine Untersuchung für das Land Baden-Württemberg. München: Steinbeis-Transferzentrum Wirtschafts- und Sozialmanagement

Eisinger, Bernd u.a. (2008). Kameralistik und Kostenrechnung im deutschen Schulwesen. Münster u.a.: Waxmann

Entscheidungen des Bundesverfassungsgerichts (1987). Bd. 75, S. 40ff.

Entscheidungen des Bundesverfassungsgerichts (1992). Bd. 88, S. 40ff.

Entscheidungen des Bundesverfassungsgerichts (1994). Bd. 90, S. 107ff.

Forsa. Gesellschaft für Sozialforschung und statistische Analysen (2008). »Lebensgefühl von Eltern«. Repräsentativbefragung für Gruner + Jahr AG & Co KG, Redaktion ELTERN, Tabellenband, 4. Juli 2008

Forsa. Gesellschaft für Sozialforschung und statistische Analysen (2008). »Familie und Wahl«. Repräsentativbefragung für

Gruner + Jahr AG & Co KG, Redaktion ELTERN, Tabellenband, 5. Juni 2009

Friedeburg, Ludwig von (1989). Bildungsreform in Deutschland: Geschichte und gesellschaftlicher Widerspruch. Frankfurt am Main: Suhrkamp

Füller, Christian (2008). Schlaue Kinder, schlechte Schulen: Wie unfähige Politiker unser Bildungssystem ruinieren – und warum es trotzdem gute Schulen gibt. München: Droemer-Knaur

Füller, Christian (2009). Die Gute Schule: Wo unsere Kinder gerne lernen. München: Pattloch

Gabbert, Jan (2006). »Demokratische Schulen: Ein Film über die Lust zu lernen«. DVD. Leipzig: Tobogo Verlag

Hansen, Georg und Norbert Wenning (2003). Schulpolitik für andere Ethnien in Deutschland: Zwischen Autonomie und Unterdrückung. Münster: Waxmann

Helsper, Werner u. a. (2007). Autorität und Schule. Die empirische Rekonstruktion der Klassenlehrer-Schüler-Beziehung an Waldorfschulen. Studien zur Schul- und Bildungsforschung. Bd. 27. Wiesbaden: VS Verlag für Sozialwissenschaften

Hoffmann-Ocon, Andreas (2009). Schule zwischen Stadt und Staat: Steuerungskonflikte zwischen städtischen Schulträgern, höheren Schulen und staatlichen Unterrichtsbehörden im 19. Jahrhundert. Bad Heilbrunn: Klinkhardt

Hufen, Friedhelm und Johann Peter Vogel (2006). Keine Zukunftsperspektiven für Schulen in Freier Trägerschaft? Rechtsprechung und Realität im Schutzbereich eines bedrohten Grundrechts. Schriften zum Öffentlichen Recht. Bd. 1039. Berlin: Duncker & Humblot

Institut für Marktforschung München (2009). Repräsentative Befragung für den Verband der Privatschulverbände. [Interne Fassung]

Klein, Helmut E. (2007). Privatschulen in Deutschland, Regulierung – Finanzierung – Wettbewerb. IW-Analysen Nr. 25. Köln: Deutscher Instituts-Verlag

Klemm, Klaus (2009). Schlecht ausgebildet – heiß umkämpft? Lehrerausbildung und Lehrermangel. Vortrag anlässlich des Bundeskongresses des Verbandes Deutscher Privatschullehrerverbände e.V. am 12.11.2009 in Düsseldorf

Klonsky, Michael und Susan (2008). Small schools: Public school reform meets the ownership society. New York: Routlegde

Littig, Peter (2004). Reformpädagogische Erfahrungen der Landerziehungsheime von Hermann Lietz und ihre Bedeutung für aktuelle Schulentwicklungsprozesse: eine schultheoretische Studie. Frankfurt/Main: Lang

Lohmann, Henning, C. Katharina Spieß und Christoph Feldhaus. »Der Trend zur Privatschule geht an bildungsfernen Eltern vorbei«. Wochenbericht des DIW Berlin Nr. 38/2009. S. 640–646

Maibauer, Nathalie (2006). Educational Entrepreneurship: Schule als pädagogisch-unternehmerische Aufgabe unter Berücksichtigung des Charter-School-Modells. Schriften des interfakultativen Instituts für Entrepreneurship an der Uni Karlsruhe. Bd. 14. Karlsruhe: Universitätsverlag

Meißner, Stefan (1999). Vom Schulstreit zum Marchtaler Plan: Die Wurzeln eines Erziehungs- und Bildungsplans in der südwestdeutschen Kirchen-, Gesellschafts- und Schulgeschichte der Jahre 1945–1967. Münster, Hamburg: LIT Verlag

Näf, Martin (1998). Paul Geheeb: seine Entwicklung bis zur Gründung der Odenwaldschule. Weinheim: Deutscher Studien Verlag

Prenzel, Manfred u.a., Hrsg. (2008). PISA 2006 in Deutschland. Die Kompetenzen der Jugendlichen im dritten Ländervergleich. Münster: Waxmann

Rux, Johannes (2002). »Die Schulpflicht und der Bildungs- und Erziehungsanspruch des Staates.« In: Recht der Jugend und des Bildungswesens (2002), 4, S. 423–434

Schümer, Gundel u.a. (2004). Die Institution Schule und die Lebenswelt der Schüler. Vertiefende Analysen der PISA-2000-Daten zum Kontext von Schülerleistungen. Wiesbaden: Verlag für Sozialwissenschaften

Spieß, C. Katharina (2009). »Gebildete Eltern schicken ihre Kinder zunehmend auf Privatschulen«. Wochenbericht des DIW Berlin Nr. 38/2009

Standfest, Claudia u. a. (2005). Leben – lernen – glauben: Zur Qualität evangelischer Schulen; Eine empirische Untersuchung über die Leistungsfähigkeit von Schulen in evangelischer Trägerschaft. Münster: Waxmann

Statistisches Bundesamt (2009). Bildung und Kultur: Private Schulen Schuljahr 2008/09. Fachserie 11 Reihe 1.1. vom 29.10.2009

Statistisches Bundesamt (2009). Bildung und Kultur: Allgemein-bildende Schulen. Schuljahr 2008/09. Fachserie 11, Reihe 1. 18.09.2009

Tough, Paul (2004). »The Harlem Project«. *New York Times.* June 20, 2004. http://www.nytimes.com/2004/06/20/magazine/the-harlem-project.html (11.5.2009)

Tough, Paul (2008). »The Way We Live Now«. *New York Times.* September 5, 2008. (http://www.nytimes.com/2008/09/07/magazine/07wwln-lede-t.html (11.5.2009)

Trenkamp, Oliver (2009). »Der Schüler als Kunde: Die Bildungs-industrie entdeckt ihre Chancen.« *Le Monde diplomatique.* 11.9.2009, Nr. 8985

Ullrich, Heiner (2009). »Private Schulen in Deutschland. Kontinui-täten, Dynamiken, neue Formate«. Vortrag am 4. Mai 2009 am Zentrum für Schulforschung der Universität Halle-Wittenberg [unveröffentlichtes Manuskript]

Vondenhoff, Michael (2008). Die Schule zwischen Staatsanstalt und causa ecclesiastica: das Schulwesen des 19. Jahrhunderts im Spannungsverhältnis von Staat und Kirche in seiner rechts-geschichtlichen Entwicklung unter besonderer Berücksichtigung Preußens. Aachen: Shaker

Weiß, Manfred und Corinna Preuschoff (2004). »Schülerleistungen in staatlichen und privaten Schulen im Vergleich.«: *Die Institution Schule und die Lebenswelt der Schüler.* Hrsg.: Gundel Schümer. Wies-baden: Verlag für Sozialwissenschaften

Weiß, Wolfgang W. (2009). »Kommunale Bildungspolitik.« *Deutsche Zeitschrift für Kommunalwissenschaften.* Hrsg.: Deutsches Institut für Urbanistik. 48. Jg. Heft 1/2009.

Zimmer, Ron (2009). Charter schools in eight states: Effects on achievement, attainment, integration and competition. Santa Monica, Calif. [u.a.]: Rand

Zuber-Hinkel, Reinhild (2008). Eine Kulturgeschichte der Privatschulen für Mädchen: vom Ordenskolleg der Maria Ward zur Bildungsalternative. Marburg: Tectum

Forschendes Lernen

In vielen Schulen geht es nicht mehr nur um Wissenserwerb, sondern um die Frage, wie Kinder und Jugendliche besser lernen können. Die Antwort lautet: forschendes Lernen. Aufgaben selbst zu entwickeln, Einsichten durch eigenständige Forschung zu erzielen, Lernprozesse selbst zu steuern – auf diese Weise ausgebildet, werden junge Menschen auch in der Wissensgesellschaft von morgen bestehen können.

Die Beiträge in »Schule forscht« plädieren für eine neue Kultur des Lernens und des Lehrens: Gemeint ist eine Haltung, die von Neugier, Freude am Entdecken, aber auch von dem Willen, Probleme zu überwinden, geprägt ist. Forschendes und entdeckendes Lernen ist in allen Fächern möglich. Reportagen, Berichte und Interviews aus der Praxis dokumentieren die Vielfalt an Lernorten und Projekten, in denen auf hohem Niveau forschend gelernt wird.

Rudolf Messner (Hrsg.)
Schule forscht
Ansätze und Methoden zum forschenden Lernen

288 Seiten
Softcover | 17 x 24 cm
ISBN: 978-3-89684-335-7
Euro 16,– (D)

www.edition-koerber-stiftung.de

Was Schülerwettbewerbe leisten

Schülerwettbewerbe bieten Kindern und Jugendlichen wertvolle Chancen, sich auszuprobieren und ihre Talente und Begabungen zu entdecken. Lehrer erhalten Impulse für innovativen Unterricht. Und Schulen eröffnen sie die Möglichkeit, eigene Profile zu entwickeln und die Anerkennungskultur zu stärken. Aber welche Wettbewerbe sind pädagogisch geeignet?

»Fordern & Fördern« bietet Orientierung für Schulleiter und Lehrer, für Erziehungswissenschaftler, Bildungspolitiker und Wettbewerbsorganisatoren. Der Band zeigt, wie Schülerwettbewerbe Impulse geben: zur Werteerziehung, zum handlungsorientierten oder wissenschaftspropädeutischen Arbeiten, zur ästhetischen Bildung und zur Persönlichkeitsentwicklung von Kindern und Jugendlichen. Praktische Beispiele, Porträts von engagierten Schülern und Schulen und eine Übersicht bundesweiter Schülerwettbewerbe runden den Band ab.

Peter Fauser / Rudolf Messner (Hrsg.)
Fordern & Fördern
Was Schülerwettbewerbe leisten

248 Seiten
Softcover | 17 x 24 cm
ISBN 978-3-89684-334-0
Euro 14,– (D)

www.edition-koerber-stiftung.de

Geschichtsbewusstsein im Wandel

Vielfalt bestimmt in der Einwanderungsgesellschaft unser Zusammenleben und übt auf unseren Umgang mit Geschichte zunehmenden Einfluss aus. Wir teilen nicht die eine, nationale Erinnerung, sondern – je nach Herkunft – unterschiedliche Geschichtsbilder, die miteinander in Beziehung treten und sich verändern. Wie prägt Migration das historische Bewusstsein von Jugendlichen? Welche Einflüsse hat die Pluralität von Geschichtsbildern auf die Identitätsfindung junger Menschen in Deutschland? Wie lässt sich Geschichte an Jugendliche unterschiedlicher Herkunft vermitteln?

»Crossover Geschichte« bietet Befunde und Analysen zur Geschichtsarbeit in der Einwanderungsgesellschaft, stellt praktische Erfahrungen aus der Gedenkstätten- und Museumspädagogik vor und lässt junge Menschen mit Migrationshintergrund zu Wort kommen.

Viola B. Georgi / Rainer Ohliger (Hrsg.)
Crossover Geschichte
Historisches Bewusstsein Jugendlicher in
der Einwanderungsgesellschaft

256 Seiten
Softcover | 17 x 24 cm
ISBN 978-3-89684-336-4
Euro 16,– (D)

www.edition-koerber-stiftung.de

Körber-STIFTUNG
Forum für Impulse

edition  Körber-STIFTUNG

BegegnungsCentrum
HAUS im Park

Internationale Politik, Bildung, Wissenschaft, Gesellschaft und Junge Kultur: In diesen Bereichen ist die Körber-Stiftung mit einer Vielzahl eigener Projekte aktiv. Bürgerinnen und Bürgern, die nicht alles so lassen wollen, wie es ist, bietet sie Chancen zur Mitwirkung und Anregungen für eigene Initiativen.

1959 vom Unternehmer und Anstifter Kurt A. Körber ins Leben gerufen, ist die Stiftung heute mit eigenen Projekten und Veranstaltungen von ihren Standorten Hamburg und Berlin aus national und international aktiv.